Alle wollen sich vom Tod befreien.

Dabei wissen sie nicht, wie sie sich

vom Leben befreien.

(Lao-Tse)

Holger Kiefer

Ende der Notgemeinschaften

oder: Wie Alvor Selve das Glück fand

Ein Ratgeber für potentiell Unglückliche

© 2022 Holger Kiefer

978-3-347-54973-9 (Softcover)
978-3-347-54974-6 (Hardcover)
978-3-347-54978-4 (E-Book)
978-3-347-54981-4 (Großdruck)

Druck und Distribution im Auftrag des Autors:
tredition GmbH, Halenreie 40-44, 22359 Hamburg, Germany

Inhalt

Vorwort

Als mein Freund Alvor starb, war er sechsundfünfzig Jahre alt geworden. Nicht so alt, denkt jetzt
vielleicht der eine Leser oder die andere Leserin.
Aber für Alvor war es der perfekte Zeitpunkt, wie er
mir einmal sagte – Beethovenalter. Er war der Ansicht, dass ein Mensch nicht älter als sechzig zu
werden braucht – werden sollte – zu werden hat. Er
nannte mir immer wieder Beispiele aus der Kunst-
und Kulturgeschichte, meistens Männer, die um die
sechzig gestorben waren – die einen mit genau
sechzig, die anderen ein paar Jahre früher oder
später; und sein großes Vorbild Beethoven eben mit
sechsundfünfzig. Alvor war sogar stolz darauf, im
gleichen Alter wie der Komponist seiner Lieblingsmusik zu sterben. Wahrscheinlich hätte er sich deswegen sogar das Leben genommen, wäre nicht der
Krebs dazwischengekommen. Aber so war er ruhig
vor dem Tod, lächelte ihm zu und freute sich.

Was für ein Mensch war Alvor?

Diese Frage habe ich mir oft gestellt, die meisten
Male erst nach seinem Tod. Denn wir fragen uns ja
viele Dinge erst, wenn sie vorbei sind. Alvor ist jetzt
fünf Jahre vorbei. Aber die Erinnerung an ihn ist
sehr stark und wird es wahrscheinlich auch bleiben,
solange ich noch nicht vorbei bin. Erst dann steigen
wir gemeinsam ins Grab, besser: fällt unsere Asche
ins Meer.

Vielleicht zunächst zu dem Namen: Alvor ist Dänisch und bedeutet „Ernst". Dieses Attribut trifft zur
Hälfte auf ihn zu. Er konnte sehr ernst sein, dachte
ernsthaft über viele Dinge nach und erkannte schon

sehr früh den Ernst des Lebens oder in bestimmten Situationen auch den Ernst der Lage. Aber die andere Hälfte war geprägt von Glückseligkeit, Zufriedenheit und Vorfreude auf alles Neue. (Vielleicht kommt daher auch seine Gelassenheit dem Tod gegenüber). Er beschäftigte sich zum Beispiel insgesamt mit vierzehn Sprachen. Er wollte sie verstehen und fand allein darin Befriedigung, sich am Wochenende, wenn er Zeit hatte, ein oder zwei Stunden damit zu beschäftigen. Auf diese Weise kam er natürlich nicht dazu all diese Sprachen auch zu sprechen. Doch darauf kam es ihm auch nicht an. Er lernte nicht für den Urlaub oder den Beruf, geschweige denn für eine Prüfung. Es machte ihm einfach nur Freude, einen Text in einer anderen Sprache entziffern und verstehen zu können, als wäre es ein geheimer Code oder eine verbotene Information, die er enträtselte. Die romanischen Sprachen konnte er allerdings sprechen. Er hatte sie sechs Jahre lang intensiv studiert und bei Auslandsaufenthalten immer wieder trainiert und seine Kenntnisse verbessert, so dass seine jeweiligen Gesprächspartner erstaunt waren und ihn für seine Fähigkeiten und Ausdrucksweise ehrlich lobten. Außerdem sprach er noch Dänisch (das meinte er seinem Namen schuldig zu sein) und natürlich Englisch. Doch im Ungarischen oder Litauischen kam er nicht so weit. Aber wie gesagt: Er wollte auch nicht unbedingt weit kommen, sondern genoss allein das langsame Wandeln auf dem langen Weg des Lernens.

In seinem zweiten Vornamen Selve steckt das deutsche ‚selbst‘. Er war überzeugt, dass er das Wichtigste – und hierbei vor allem das Glück – nur selbst und allein erreichen konnte. Verheiratet war er nie, und Kinder hatte er auch nicht. Zumindest betonte er immer, dass er von keinem Kind wisse, aber natürlich auch nicht ausschließen könne, dass die eine oder andere Julia die Frucht ihrer Liebe ausgetragen hätte ohne ihm etwas davon zu sagen. Er beließ es auch dabei, denn er wollte mit Kindern nichts zu tun haben. Sie waren für ihn Störenfriede, Nervensägen und Ablenkungsmanöver, die er sich nicht leisten wollte. Er atmete auch zwanzig Jahre später noch jedes Mal auf, wenn er mir die Geschichte mit Katja erzählte, die von ihm schwanger geworden war, sich aber im zweiten Monat dazu entschlossen hatte, die Schwangerschaft abzubrechen. „Schwein gehabt.", sagte er jedes Mal am Schluss und nahm einen großen Schluck Whiskey. Aber auch hier zeigten sich die zwei Seiten seines Charakters. Er mochte Kinder nämlich auch, aber eben nur die Kinder, die ihn nicht nervten – zum Beispiel die Tochter seines langjährigen Nachbarn, die er kennen gelernt hatte, als sie acht war. Lisa war ein ruhiges Mädchen, das ihn freundlich grüßte. Das war schon fast alles. Traurig eigentlich, dass man von ihr wie von einer Ausnahme sprechen muss. Mit acht Jahren war sie auch noch nicht hübsch. Sie entwickelte sich erst im Laufe der Pubertät und darüber hinaus zu einer attraktiven jungen Frau, in die er sich, glaube ich, auch verliebt hatte. Aber zugegeben hat er es mir gegenüber nie. Er sagte, wenn ich ihn darauf ansprach: „Nein. Ich liebe sie nicht. Das ist Lisa, die Tochter meines Nachbarn, die ich kenne, seit sie ein Kind war. Sie ist jetzt eine sehr nette und schöne Frau. Aber unser

Verhältnis ist rein nachbarschaftlich. Und so etwas sollte man auch nicht aus niederen Beweggründen kaputt machen."

„Vielleicht ist es eine platonische Liebe?", fragte ich schmunzelnd.

Daraufhin zogen sich seine Augenbrauen zusammen, und er dachte ein paar Sekunden lang nach – ernsthaft, wie ich schon erwähnte, bis er antwortete: „Nein. Ich glaube nicht. Vielleicht hat das etwas mit der Liebe eines Vaters zu seiner Tochter zu tun – oder mit der eines Onkels zu seiner Nichte, oder mit der eines Großvaters zu seiner Enkelin. Ich mochte sie vom ersten Augenblick an. Und das habe ich auch sehr selten erlebt. Aber es hat nichts mit Erektion oder Eroberung, Verschmelzung oder Befriedigung zu tun. Es handelt sich um die vierte Variante, warum ein Mann eine Frau mag."

„Die vierte Variante?", fragte ich nach.

„Ja, die vierte. Die erste ist Sexpartnerin – also Lebensgefährtin / Ehefrau oder Prostituierte. Die zweite ist Beraterin – also Freundin oder Kollegin. Die dritte ist Verwandte – also Schwester oder Mutter. Die vierte ist Lisa."

„Und was ist Lisa für dich?"

Er dachte wieder ein paar Sekunden nach. „Lisa ist Lisa. Punkt."

Ich wollte nicht weiter nachbohren und gab mich damit zufrieden, dass er sie auf irgendeine Weise wohl doch lieben würde. Und schließlich gibt es ja auch die vielen verschiedenen Varianten zwischen Schwester, Sexpartnerin und Beraterin und was noch alles gepaart und gemischt werden kann. Aber es war auch nicht meine Aufgabe ihn zu bedrängen und zu einer Definition zu zwingen.

Er mochte aber nicht nur Lisa. Er erzählte mir einmal von dem Sohn seines zweiten Bruders, der still und lernbegierig war und ihn, wenn sie sich trafen, um Rat fragte oder ihm eine Frage stellte, die er sich selbst nicht beantworten konnte. Solche Kinder mochte Alvor. Wahrscheinlich mochte er sie, weil er das Wissen und das Lernen mochte; und weil diese Kinder nicht durch Geschrei und Lärmen auf die Nerven gehen. Man kann auch Fußball spielen, ohne prollige und laute Kommentare zu äußern.

Als Mitarbeiter war er wohl ein angenehmer Zeitgenosse. Ich konnte ein paar Kollegen und Kolleginnen bei einem Feierabendbier oder einem zufälligen Treffen in der Stadt oder auf einer Party kennen lernen. Sie benahmen sich alle sehr zugetan und sprachen auch in seiner Abwesenheit, ohne zu wissen, dass ich alles hören konnte, nur positiv von ihm. Und so, wie ich ihn kannte, war das auch nicht verwunderlich. Warum sollte er dort auch anders sein als in meiner Gegenwart, wenn wir allein waren? Er galt als hilfsbereit, zuverlässig, geduldig und ausgeglichen – ein angenehmer Kollege eben.

Irgendwann – wir kannten uns bestimmt schon acht oder vielleicht zehn Jahre – gab er mir das Typoskript einer seiner Erzählungen mit den Worten: „Ich habe da etwas geschrieben. Ich würde mich wirklich freuen, wenn du es liest und mir deine ehrliche Meinung sagst."

Ich war völlig erstaunt, nicht nur, weil es ein ganz neuer Aspekt war, den ich an ihm noch nicht kannte, sondern auch darüber, dass er das Vertrauen in mich setzte, diese Sache beurteilen zu können. Er hatte in den ersten Jahren unserer Bekanntschaft das Wort „Schreiben" nie erwähnt. Es schien etwas gewesen zu sein, was er für sich behalten wollte – was er vielleicht als zu fragil einschätzte, um es dem Angriff eines Mitmenschen auszusetzen – selbst mir. Allein die Tatsache, dass er etwa zehn Jahre brauchte, um es mir zu zeigen, ist ein deutliches Indiz für sein Zögern! Ich fühlte mich sehr geehrt und war mir meiner Verantwortung bewusst.

Ich nahm die Seiten ehrfürchtig entgegen, wusste ich doch sofort, welchen Vertrauensbeweis er mir damit erbrachte. Wir verbrachten diesen Abend – ich weiß es noch genau – drei Flaschen Burgunder trinkend in seiner Wohnung, hörten nicht nur Beethoven, sondern auch Rachmaninoff und Grieg und sprachen über verschiedene Dinge – Politik, Liebe, Flüchtlinge, Ereignisse aus dem Berufsalltag und auch Situationen aus den Biographien der Komponisten, die wir hörten. Aber ich kann mich noch sehr genau daran erinnern, dass ich mindestens dreiunddreißig Mal auf den Packen Papier auf dem Beistelltisch sah, der seine Erzählung enthielt.

Nach fünf gemeinsamen Stunden verabschiedete ich mich – wie fast immer, wenn wir den Abend zusammen verbrachten, gegen halb zwei Uhr morgens und ging etwas müde, aber ungewohnt neugierig nach Haus. Ich sagte mir, dass ich die Geschichte auch in Ruhe am Wochenende lesen könne oder viel später; denn er hatte mir keine Frist gesetzt; im Gegenteil: Sagte nur: „Lies sie irgendwann, wenn du Zeit, Lust und Muße dazu hast! Das Leben ist lang genug. Es eilt nicht."

Ich las sie, kaum zu Hause angekommen, in der gleichen Nacht noch durch – immerhin sechzig eng beschriebene DIN A4-Seiten – und war ... erschüttert. Ich denke, das ist der richtige Ausdruck. Ich weiß noch, dass mir am Schluss – der Morgen graute bereits und meine Augen taten weh – Tränen über die Wangen flossen, bevor ich im Sessel einschlief. Es war nicht die Geschichte, die mich rührte oder tragisch geschrieben war. Es war die Tatsache, dass ich in und zwischen den Zeilen einen Menschen erkannte, der fälschlicherweise auf diese Welt geraten war – wie ein Fisch, den man mit einer Schaufel aus dem Wasser ans Ufer wirft und ihm beim Sterben zusieht. Am Anfang versucht er noch Sauerstoff durch seine Kiemen in seinen Körper zu ziehen; doch werden die Bewegungen schnell langsamer, bis sie nur noch sporadisch erfolgen und schließlich ganz aufhören – die Augen gebrochen und der Körper leblos.

Ich möchte jetzt über Alvor nichts weiter schreiben. Aber aufgrund dessen, was ich über ihn geschrieben habe, soll dem Leser seiner letzten Erzählung klar sein, warum ich es auf mich genommen habe, sie zu veröffentlichen. Ich weiß nicht, ob Alvor es gewollt hätte, dass ich seine letzte Erzählung veröffentliche. (Es wurde übrigens nie etwas von ihm veröffentlicht.) Auch darüber haben wir uns später unterhalten: Schreiben, Veröffentlichen, Lesungen, Vorträge, Gastprofessuren, Autogrammstunden, das Leben als Schriftsteller, runde Häuser auf einsamen Inseln.

Nun befinde ich mich in dem Zwiespalt ein Freund zu sein oder einen Kameraden zu verraten. Doch nach allem, was ich über Alvor weiß, mit ihm erlebt und besprochen habe, bin ich zu der ewig zweifelnden Überzeugung gekommen, dass ich diesen Schritt gehe und seine letzte Erzählung einem Publikum zugänglich mache, weil ich es für meine Pflicht als Freund halte – weil ich diese Erzählung für augenöffnend halte – weil ich Alvor für seine Natur und seinen Charakter geliebt habe – weil ich diese Erzählung nicht verschweigen möchte (was er konnte) – weil die Menschen, die es interessiert, sie lesen sollen – egal, was sie dabei denken und empfinden – weil das das Wesen der Literatur ist: Jemand schreibt und andere lesen es. Alvor ist vorbei und gegangen. Und ich brauche auch nicht mehr lange. Und wenn ich es jetzt nicht tue, wird es niemand jemals mehr tun können. Es sind schon zu viele Schriften aus verschiedenen Gründen untergegangen. Alvor wäre das egal gewesen. Aber mir ist das nicht egal. Ich möchte nicht sterben ohne diesen Schritt getan zu haben.

Deshalb wünsche ich jedem Leser, der auf diese Erzählung stößt, das, was man jedem Leser wünschen kann, der auf etwas Außerordentliches trifft: Erfreue dich an deiner Entdeckung! Und wisse, dass du nicht allein bist auf dieser Welt, auch wenn es oft so aussieht!

Teil 1

Überraschungen

Ich wurde nicht gefragt.

Es begab sich aber zu der Zeit, als ein schnellstes Spermium meines Vaters mit einer wie zufällig am Wegesrand dastehend wartenden Eizelle meiner Mutter verschmolz. Und schon ging die ganze Scheiße los.

Ich begann mich zu teilen. Und die beiden ersten Zellen sahen sich gegenseitig etwas blöd und überrascht an, nachdem sie sich entdeckt hatten – die erste Notgemeinschaft. Seitdem kämpfe ich mit den Allüren eines schizophrenen Zwei-Seelen-wohnen-ach-in-meiner-Brust-Opfers. Ich wurde hineingespült in eine Welt, die ich mir nicht ausgesucht hatte. So viel Lärm, so viel blendendes Licht, so viele Auseinandersetzungen und Probleme – das hatte ich mir anders vorgestellt.

Ich wollte zurück. Aber ein Zurück gab es nicht; und zu einer eidesstattlichen Erklärung fehlte mir die juristische Selbstbestimmung – und außerdem noch eine Hand, mit der ich hätte unterschreiben können. Schreiben hatte ich auch noch nicht gelernt. Also alles in allem ein sinnfreies Unterfangen.

Ich teilte mich brav weiter und wuchs langsam heran, bekam an der Ausgabe die vorgesehene Ausrüstung, die ich neugierig begutachtete und mich dabei fragte, wozu man diese Dinge verwenden könnte. Da war zum Beispiel dieses große, dunkelrote Organ – Leber nennen sie es, das da an meine rechte, untere Seite gepappt wurde und sofort seine Arbeit aufnahm. Ich schaute eine Weile zu, wandte mich aber kurz darauf andern Dingen zu. Schließlich betrachtet man selbst einen Regenbogen nicht länger als fünfzehn Minuten. Es sollte noch viele Jahre dauern, bis ich den Wert dieses Werkzeugs erkennen und ihm für seine enormen Dienste dankbar sein würde.

Am lustigsten fand ich aber die Aushändigung von Augen und Ohren. Endlich konnte man hier in dem ganzen Brei etwas erkennen, auch wenn es nicht mit der Klarheit geschah, mit der ich später draußen in die Welt schaute. Und endlich konnte ich auch etwas mit den Ohren vernehmen. Endlich nicht mehr in diesem lautlosen Dunkel umherschweben und nur die sanften Stöße auf der Haut wahrnehmen, sondern endlich sehen und hören.

Ich stellte mir jetzt schon die hübschen Mädchen vor, die an mir vorübergehen und mich verschämt und verschmitzt anlächeln würden. Woher das kam, weiß ich auch heute noch nicht. Es war einfach da – wie vorprogrammiert. Und ich begann, die Stimmen meiner Eltern zu hören, wobei ich schon früh feststellte, dass meine Mutter eine Menge mehr von sich gab als mein Vater. Sie quatschte mit allen möglichen Leuten, die vorbeischauten und etwas mitbrachten oder sich einfach nur so erkundigen wollten, wie es ihr ginge. Mein Vater war da eher der schweigende Genießer. Er sprach wenig. Antwortete nur, wenn er gefragt wurde und schien die wenige freie Zeit, die ihm zur Verfügung stand, mit stillem Lesen oder Musikhören zu verbringen.

Und das war das Beste, was mir in meinem ganzen Leben passiert ist: Er hörte Platten mit Musik von Mozart, Bruch, Mendelssohn und Beethoven. Da er selbst in seiner Jugend Violine spielen gelernt hatte, hörten wir natürlich vorzugsweise Streichmusik. Aber es mischte sich auch mal eine Schubert-Sinfonie oder ein Händel-Chor unter die Leute. Und so kam ich bereits sehr früh in den Genuss dieser besonderen Art der Kontemplation, wofür ich meinem Vater ewig dankbar sein sollte – naja: Ewig eben nur, solange ich lebe. Da hört die Ewigkeit auch schon wieder auf.

Aber ich war bei den Organen und dem ganzen Klumpatsch, der mir überreicht wurde, und den ich nun eine ziemlich lange Zeit mit mir herumtragen sollte. Die nächsten Notgemeinschaften also, die ich mir nicht ausgesucht hatte. Ein Herz, das unablässig Radau machte und überhaupt nicht mehr aufhörte, das Blut durch meinen Körper zu pumpen und dabei ein Rauschen erzeugte, das sich anhörte, als würde jemand direkt über meiner Schädeldecke im ruhigsten Moment einer stillen Nacht die Dusche aufdrehen und in den nächsten sieben Monaten nicht mehr darunter hervorkommen – die Sau.

Als Weiteres ein Magen, der mir am komischsten vorkam. Ich wusste noch nicht, wofür er da sein sollte. Aber er machte schon so seltsame Bewegungen, als ob er mir irgendetwas mitteilen wollte – nach dem Motto: Spiel mit mir oder schenk mir was! Aber lass mich nicht allein!

Und ganz attraktiv, aber genauso rätselhaft wie der Magen präsentierte sich mir etwas am unteren Rand meines Rumpfes – da, wo die Beine beginnen. Ganz undurchschaubar war mir die Existenz dieses Zipfels, der da nur so herumzuhängen schien wie ein Jugendlicher, der vor der Disko auch nur abhängt, weil er nichts Besseres zu unternehmen weiß. Ich sprach ihn an und schüttelte ihn ein paar Mal, nachdem er keine Antwort gegeben hatte. Aber nichts. Null Reaktion. Er pendelte nach meinen Attacken ein paar Male hin und her und nahm wieder seine herumhängende, abhängende Position ein. So ein arrogantes Arschloch, dachte ich. Aber vielleicht ist er auch noch nicht fertig und braucht noch ein bisschen Zeit. Vielleicht wachsen ihm ja auch noch ein paar Ohren und Augen. Er könnte mich sehen und erkennen und vielleicht auch mit mir sprechen. Also ließ ich ihn in Ruhe und wartete ab. Später stellte sich heraus, dass dieser Kamerad überhaupt nicht die lasche Pflaume war, als die er im frühen Stadium auf mich wirkte. Im Gegenteil: Er entpuppte sich zu einem der reghaftesten Mitglieder meiner körperlichen Notgemeinschaft und hielt mich viele Jahre auf Trab – ohne mich zu fragen, ohne auf mich Rücksicht zu nehmen, und ohne die Konsequenzen zu bedenken, die aus seinem Handeln entstehen konnten.

So. Und irgendwann war es so weit. Der große Moment. Ich bewegte mich automatisch durch die Gebärmutter in Richtung Ausgang, von dem ich vorher noch gar keine Ahnung hatte. Ich rutschte und pflutschte an glatten und feuchten Höhlenwänden entlang und sah auch bald schon die Öffnung, die das Tor zur Welt bedeuten sollte. Und – ta-taa!! Da war ich also: Ein nasses, zerknittertes Häuflein Elend, das die Augen zusammenkniff und übelgelaunt aus der Wäsche geschaut hätte, wenn ich welche angehabt hätte. So schaute ich nur übelgelaunt.

Aber so lassen sie einen eben auf die Straße: Nackt und hilflos der großen, weiten Welt überlassen. Und vor allem: Ohne mich zu fragen. Eine Unverschämtheit!

Nach zwei Tagen Gewöhnungsphase, die sie mir zugestanden hatten, transportierte man mich vom Krankenhaus in ein gerade fertig gebautes, alleinstehendes Haus in einem Dorf in Norddeutschland. Dort warteten sechs neue Personen, die mich alle ziemlich neugierig und aufdringlich anschauten, als ob ich Scheiße auf dem Kopf hätte oder mir Gras aus den Taschen wachsen würde. Mein Vater hielt mich kurz auf dem Arm, gab mich aber schnell wieder ab, weil er Hunger hatte und das Essen auf dem Tisch stand. Als Nächstes kam meine Schwester dran, die als Älteste das Vorrecht genoss, mich von den Geschwistern als Erste zu halten. Ihr folgten meine drei Brüder – jeder einzeln. Von einem wurde ich zum anderen weitergereicht; und erst als ich zu verstehen gab, dass mich dieses ganze Bäumchen-wechsel-dich-Getue, um es deutlich zu sagen, ankotzte, legte mich meine Mutter, nachdem sie mich gesäubert hatte, in die parat stehende Wiege ab, wo ich erst einmal durchatmete, die Augen schloss und sofort in Schlaf verfiel – dem zweitschönsten Zustand nach dem Nichts.

Die nächste Notgemeinschaft, dachte ich. Familie nennen sie es. Natürlich hatte mich auch hier niemand gefragt. Es wurde einfach davon ausgegangen, dass ich gerne Teil dieser Sippe werden wollte; und wenn nicht gern, so mich doch zumindest schnell an sie gewöhnen würde. Das tat ich allerdings auch. Denn es hilft ja nichts, sich dagegen aufzulehnen, geschweige denn wegen einer solchen Lappalie eine Revolution anzetteln zu wollen. „Aussitzen" war die Devise. Damit lässt sich so manches Problem lösen.

Und jetzt kann ich mich auch vorstellen. Denn meine Sippe hatte mich ein paar Wochen nach der Geburt taufen lassen. Dazu gingen sie mit mir in eine düstere, kalte Halle in der nahegelegenen Kleinstadt, in der am Ende des Raumes ein angsteinflößendes Becken stand. Mir war nicht wohl in meiner Haut. Denn erstens mochte ich dieses Verlies nicht, in das sie mich schleppten. Und zweitens hörte ich Worte wie „Altar" und „Blut", sah einen zu Tode gefolterten Menschen an der Wand hängen und erwartete im nächsten Moment den leibhaftigen Abraham mit seinem Schlachtemesser, der mir an die Gurgel wollte. Ich schrie.

Die anderen lächelten nur, was mir ihre Kaltblütigkeit vor Augen führte. Der Abraham nahm mit einer Kelle Wasser aus dem Becken und goss mir davon ein bisschen auf meine Stirn. „Was soll das denn?", hätte ich ihn gefragt, wenn ich schon hätte sprechen können. Aber ich verkniff es mir und ließ es über mich ergehen. Er stammelte noch ein paar Worte, unter denen sich auch die für mich wichtigen befanden – meine Vornamen: Alvor Selve. Wer sich das ausgedacht hatte, wusste ich nicht. Aber wahrscheinlich waren meine Eltern nicht ganz unbeteiligt an der Sache. Wie kamen sie bloß auf diesen Namen? Welcher Schalk hatte sie da geritten? Welche Schicksalskräfte waren hier am Werke gewesen? Sei es drum! Sie hatten mir diesen Namen verpasst, und ich musste mit der nächsten Notgemeinschaft umzugehen lernen – weiter lernen zu akzeptieren, zu erdulden, jede Schmach zu ertragen und trotzdem meinen Stolz nicht zu verlieren. Wie beneidete ich den Sohn von G.W. Leibniz, der kurz nach der Geburt gestorben war, und dessen Intelligenz von seinem Vater daraufhin gelobt wurde, weil er die Welt schon erkannt hatte, ohne sie länger betrachten zu müssen, und das Leben in ihr als nicht lebenswert empfand und sich wieder verabschiedete. Aber mir waren die Mittel dazu nicht gegeben. Ich wusste noch nicht, wo der Schalter war. Aber ich nahm mir ab diesem Moment vor ihn zu suchen. Für den Fall der Fälle. Für den Notfall. Man weiß ja nie.

Ein Vorfall in dieser Richtung ereignete sich dann aber doch in meinem dritten Monat: Ich bekam Pseudokrupp und musste plötzlich in kürzester Zeit ins Krankenhaus gerast werden, weil ich zu ersticken drohte. Wahrscheinlich hatte ich intensiver über das Schicksal von Leibniz' Sohn nachgedacht und wollte es einfach mal ausprobieren. Hätte auch klappen können. Aber Eltern und Ärzte waren schneller – dieses Mal. Alle kamen mit einem Schrecken davon, und es ging normal weiter, als ob nichts gewesen wäre.

Die nächsten vier Jahre verliefen gar nicht mal so schlecht. Ich war von der Arbeit befreit, musste auch im Haus nicht viel helfen – dazu waren die Älteren verdonnert, sondern hatte nichts Anderes zu tun als gesund zu bleiben und zu wachsen. Ich konnte also ungestört meinen Lüsten frönen, die neben permanentem Fressen und Schlafen im Spielen bestanden. Manchmal beschäftigte sich der nächstältere Bruder mit mir, da wir zeitweise die gleichen Interessen hatten wie zum Beispiel Autos oder Lego. Doch da er mit weitaus weniger Geduld geboren worden war als ich, entfernte er sich bald wieder und ließ mich allein weiterfahren und bauen. Ich war ihm deswegen nicht böse. Schon damals war die Anlage in mir sehr ausgeprägt, am liebsten allein zu sein. Wahrscheinlich lag es daran, dass ich noch während meiner Entwicklung als Embryo das „Lasst mich allein" von Antonin Dvořak gehört und es mir ausnehmend gut gefallen hatte. Es war mir damals schon aufgefallen, dass ich die Zeit am besten genießen konnte, wenn niemand neben mir war, der durch sein Gequatsche oder anderes Generve meine Ruhe und Konzentration störte. Ich konnte meinen Gedanken nachhängen, sorgsam über philosophische Probleme nachdenken und die Stille genießen, die ein Kind des Geistes braucht.

Ich hatte das erkannt, aber meine Eltern nicht. Einen Monat vor meinem vierton Geburtstag steckten sie mich in den Kindergarten, in dem auch schon mein nächstälterer Bruder seit einem Jahr vormittags weilte. Unabhängig davon, ob diese Bazillenzentrale und Einrichtung zur Gleichschaltung des Nachwuchses sich positiv oder negativ auf einen intelligenten Menschen auswirkt, rebellierte ich. Ich wollte nicht mit den anderen Kindern spielen. Ich wollte nicht am gemeinsamen Essen teilnehmen. Ich wollte nicht gehorchen. Und da ich dies nur durch bockige Bewegungslosigkeit zum Ausdruck bringen konnte, wurde beschlossen mich wieder nach Hause zu holen, nachdem eine Erzieherin, die damals noch Kindergärtnerin geschimpft wurde, meiner Mutter den Kommentar mit auf den Weg gab, dass ich ja ein ziemlich verwöhntes Einzelkind sei. Sie wusste nicht, dass ich vier ältere Geschwister hatte. Daher hätte sie lieber nichts sagen sollen. Denn Schweigen war schon nach meiner damaligen Überzeugung der goldene Weg. Und wenn sie schon etwas äußern musste (sie war ja eine Frau), hätte sie sagen müssen: „Ihr Sohn ist philosophisch veranlagt und hat Kontemplation nötiger als das wilde Geschrei, wie es bei uns hier herrscht." In diesem Fall hätte sie ihrem Berufsstand alle Ehre gemacht. Aber dazu war sie nicht in der Lage. Vielleicht schwänzte sie auch einen anderen Beruf. Wer weiß das schon? Man steckt in diesen Leuten ja nicht drin. Das wollte ich auch gar nicht. So gut sah sie nun auch wieder nicht aus.

Daher ist es vielleicht auch verständlich, dass ich von meiner Kindergartenzeit, die sich um ein Jahr verzögerte, auch keine andere Erinnerung bewahrt habe als die sinnlose Fingerfarbenschmiererei, die wir an den großen Fenstern veranstalteten, die zur Straße hinausgingen – und dass ich das, was die Kinder dort lernen sollten wie zum Beispiel eine Schlaufe binden, bereits beherrschte und mich zusätzlich langweilte. Und durch ein Foto, das wie viele Fotos so unsägliche Momente festhält, weiß ich, dass ich mich auf einer Karnevalsfeier äußerst unwohl fühlte, weil ich verkleidet dorthin gehen musste und als Cowboy eine dementsprechend unsägliche Figur abgab: den Rücken gebeugt, das Gesicht errötet und hasserfüllte Blicke auf meine Betreuerin abschießend, die das Foto schoss. So feuerten wir gegenseitig aufeinander wie im besten Duell.

Damals schon freute ich mich, wenn eine Sache zu Ende ging. Die Sehnsucht so vieler Menschen nach früheren Zeiten wie Kindheit oder Studium kann ich nicht nachvollziehen. Nur Idioten können sich zu einer Zeit zurücksehnen, in der sie unwissend waren und blöd irgendwelchen Befehlen der Eltern oder Professoren gehorchten. Das liegt vielleicht im Genom der deutschen Bevölkerung, dass sie lieber dient als sich selbst zu beherrschen lernt. Ich hatte zu der Zeit bereits ein anderes Bewusstsein entwickelt. Und als das letzte Mal die Tür dieser Anstalt hinter mir ins Schloss fiel, atmetet ich auf und sehnte mich dem Neuen entgegen. Adressen tauschte ich keine aus, denn von den Nasen, die mir ihre Gesellschaft aufgedrängt hatten, wollte ich keine wiedersehen. Zum Glück gab es damals auch noch keine Handys, die die Speicherung von Telefonnummern idiotensicher machten. Wenn mich irgend so ein Gör ansprach, sagte ich nur, dass ich noch Termine hätte und mich melden würde. Dazu lächelte ich kurz und nahm aber sofort wieder eine ernste Haltung ein, um keine weiteren Fragen aufkommen zu lassen. Ich wollte das alles einfach nur hinter mir lassen und so schnell wie möglich vergessen – ad acta legen, wie der reife Kindergartenabgänger sagt.

Erste Liebe, erste Rache

Danach begann etwas, was mich einmal wirklich weiterbrachte. Ich betrat den Pfad des Wissens und konnte endlich mit etwas anfangen, was mich für den Rest meines Lebens begeistern sollte. Es war natürlich nicht die Schule als Institution. In dieser Hinsicht erkannte ich sehr schnell, dass hier auch nur wieder das gleiche Schafescheren vonstattenging wie schon im Kindergarten. Nein. Es war die Eröffnung der Möglichkeiten, sich in allen erdenklichen Disziplinen auszutoben und Vorlieben zu entdecken. Die Welt des Wissens und Denkens vergrößerte sich auf einmal bis ins Unermessliche. Es gab so viel Neues zu lernen und zu sehen, zu bestaunen und zu begreifen, dass mir schier das Herz überging. Und das war auch der Grund, warum ich weniger unter der Notgemeinschaft litt als im Kindergarten oder in der Familie. Natürlich war ich auch hier wieder einer Mischpoche ausgeliefert, die ich mir nicht selbst ausgesucht hatte. Aber das tangierte mich ziemlich schnell nur noch peripher, da der Magnetismus des Lernstoffs alles Unangenehme wie eine sämtliche Dinge überschwemmende Flutwelle überdeckte und verschlang. Selbst der Wangenkuss eines in mich verliebten weiblichen Objekts ließ mich nicht schwanken, sondern den Vorfall schon in der nächsten Sekunde mit der linken Hand wegwischen.

Was mich aber schon störte, war die Langsamkeit, zu der wir schnelleren verdammt wurden. Die Notgemeinschaft des Klassenverbandes brachte es mit sich, dass wir immer da gebremst wurden, wo die anderen nicht mitkamen. Auf die Dauer nervte das und führte dazu, dass wir uns entweder gegenseitig ablenkten oder einzeln mit etwas beschäftigten, was nicht zum Lehrstoff des Unterrichts gehörte. Damals empfand ich diese Situation noch als störend. Heute weiß ich, dass es auch Vorteile hat; denn man kann andere Sachen erledigen, die man nicht auf den Nachmittag zu schieben braucht. Man kann etwas Neues für sich entdecken und mehr erfahren als die Langsamen. Man kann auch seinen Gedanken nachhängen, solange die anderen noch in der Aufgabenbewältigung stecken, die man bereits abgeschlossen hat. Daher bin ich heute sehr zufrieden mit diesem Umstand. Ich habe im Laufe meiner Schul- und Studienzeit eine Menge Dinge entdeckt, die den meisten anderen bis heute verborgen geblieben sind. Und ich habe die Möglichkeit gehabt, noch mehr zu lesen, mehr zu lernen, mich mit noch mehr Fragen zu beschäftigen.

Diese Tatsache ist insofern von Belang, da es mir nach dem Schock durch die Notgemeinschaften zeigte, dass es auch eine Welt der Wahl und des Ablehnens gibt – also neben der Schule und der Familie eine Parallelwelt, in der es nur mich und das andere gab, also keine Person, die mir reinredete, mich störte oder einen Kompromiss verlangte. Denn jeder Kompromiss ist faul und stinkt.

Das betrifft an erster Stelle den Bereich der Musik. Ich hatte schon erwähnt, dass zu den ersten Dingen, die ich mit meinen erworbenen Ohren vernehmen konnte, Kompositionen von Beethoven und Mendelssohn gehörten. Nun drückte man mir eine Sopranflöte in die Hand und ließ mich probieren. Ich probierte, bestand und siegte. Von diesem

Zeitpunkt ab flötete ich durch meine gesamte Schulzeit, wann immer es mir passte und was immer ich gerade spielen wollte. Bach und Händel hatten da immens vorgearbeitet, so dass die Auswahl unermesslich schien. Es kamen später auch Alt- und Querflöte sowie Klavier hinzu, auf dem ich mich noch auf andere Weise austoben konnte.

Was allerdings auch wieder dazu kam, waren neue Notgemeinschaften. Und die Querflöten- und Klavierlehrerinnen überlebte ich nur – oder überlebten nur, weil ich dem Instrument zu sehr zugetan war als Medium, um in die andere Welt zu kommen. Hätte diese Anziehung nachgelassen, hätte es mindestens eine Leiche gegeben. Aber auch das hatte ich inzwischen gelernt: Alles hat einmal ein Ende. Und wenn man schon in frühester Embryonalphase seine Ausdauer und Geduld trainiert, erscheinen einem die späteren Herausforderungen als Kinderspiel, auch wenn es manchmal ein paar Jahre dauert, bis ein unbefriedigender Zustand wie die Schulzeit stirbt. Aber wie schon geschrieben: Flöte und Klavier konnte ich mir aussuchen. Und niemand zwang mich, damit weiterzumachen. Es waren keine Notgemeinschaften. Es sind Möglichkeiten, durch die ich immer wieder hinüberreisen kann, wenn mir wieder einmal diese eine Welt zu öde und nichtssagend erscheint.

Und was noch mit dem Eintritt in die Grundschule einherging, war die Bekanntschaft mit einem braunen Hundewelpen, den wir von einer Nachbarin bekamen, weil sie zu viele davon hatte. Wir wurden gefragt und entschieden uns dafür. Eigentlich sollten sich alle Kinder um den neuen Mitbewohner kümmern. Aber es stellte sich schon nach wenigen Wochen heraus, dass ich der einzige bleiben sollte, der regelmäßig mit ihm spazieren ging oder im Garten spielte. Es war der Anfang einer wunderbaren Freundschaft – der einzigen, die ich in meinem Leben haben sollte. Denn nachdem Tro – diesen Namen hatte ich dem Hund gegeben – gestorben war, suchte ich mir keinen neuen mehr. Zum einen lebte ich nach seinem Tod in großen Städten und arbeitete fast den ganzen Tag, so dass er die meiste Zeit alleine gewesen wäre, und ich ihm auch das Stadtleben nicht zumuten wollte. Zum anderen waren Menschen und andere Tiere nicht in der Lage, einer wahren Freundschaft gerecht zu werden – abgesehen vielleicht von einem Pferd. Aber die Erfahrung hatte ich nie gemacht.

Was übrigens auch schön an der Ausdauer und Geduld ist, zeigte mir ein Vorfall auf dem Schulhof. Als Achtjährigem wurde mir einmal auf einer Geburtstagsfeier eines Nachbarjungen von dessen Cousin ein Schlag in die Magengrube verpasst. Warum er das tat, weiß ich bis heute nicht. Wahrscheinlich war er auf irgendetwas eifersüchtig und schlug ohne Vorwarnung zu, weshalb ich den Schlag auch in keiner Weise abwehren oder abmildern konnte. Ich lief verstört nach Hause und wollte auch nicht mehr zurück auf die Feier. Zwei Jahre später ergab sich die Gelegenheit, ihn zur Rede zu stellen. Er leugnete und lachte nur. So etwas mochte ich noch nie.

Ich war inzwischen aber um einiges gewachsen und hatte angefangen meinen Körper zu trainieren, so dass ich meinem um ein Jahr älteren Widersacher nun ebenbürtig war. Da ich keine Lust hatte, mit ihm lange zu diskutieren, schlug ich ihm einfach ein paar Male ins Gesicht und in den Magen, bis er blutend auf den Boden sank und wimmerte. Seltsamerweise machte er keine Anstalten sich zu wehren. Zumindest nahm ich seine schwachen Armbewegungen nicht als Abwehr, geschweige denn Kampfposition, wahr. Er rief auch nicht nach einem Lehrer. Und es kam auch keiner. So dachte ich nur: Ende gut, alles gut. Ich hatte mich gerächt. Und er hatte verstanden.

Am Ende der Grundschule, also in der vierten Klasse, lernte ich – zum Glück erst einmal nur für kurze Zeit – eine Notgemeinschaft kennen, die mir später noch viele Unannehmlichkeiten, viel Kopfzerbrechen und noch mehr Herzschmerz bereiten sollte. Die Notgemeinschaft hieß Hormone. Und der erste Herzschmerz hieß Katrin, Katrin Bruse.

Was zieht einen Jungen von zehn Jahren an einem gleichaltrigen Mädchen an? Ich bin mir auch heute noch nicht sicher. Aber es musste etwas sein, was andere Mädchen nicht haben. Sonst wäre er ja von allen Mädchen angezogen. Gut: Solche Jungen gibt es auch. Das scheint mir aber eher krankhaft zu sein und auf Dauer auch mächtig auf die Eier zu gehen, wenn man pausenlos begatten möchte. Bei mir war es eben nur Katrin. Vielleicht war es ihr Gesicht, das mich ansprach. Denn das Gesicht hatten andere nicht. Wahrscheinlich war es auch ihre ruhige und zurückgezogene Art, mit der sie die Dinge anging und alles erlebte. Sie wohnte mit ihrer Mutter und ihrer Großmutter außerhalb des Ortes in einem allein stehenden Haus am Waldrand. Die anderen Dorfbewohner nahmen daher auch keinen Kontakt zu ihnen auf und erzählten sich nur Geschichten, die irgendjemand erfand, wenn man sich sonst nichts zu erzählen hatte. Das war ja alles noch zu einer Zeit, in der die Leute sich noch nicht von ihrem eigenen Zeiteisen hetzen ließen – so wie heute, da fast alle meinen, immer etwas zu tun haben zu müssen, um vor sich selbst als etwas zu gelten. Das Gute daran ist allerdings, dass die Leute daher auch nicht mehr so viel Zeit haben, Gerüchte über andere zu ersinnen und zu verbreiten. Die Nachbarn sind einfach egal geworden, weil es immer etwas Dringenderes gibt als sich das Maul zu zerreißen – entweder das Fitnessstudio auf dem Programm steht oder der eingeredete Sexualtrieb auf einer Ü30-Party ausgelebt werden muss.

Wie gesagt: Ihre ruhige Art unterschied sie von den anderen Mädchen, die nur mädchenhaft herumkicherten und sich über ihre Hanny-Nanny-Geschichten austauschten. Ich erkannte ein bisschen von mir in ihr, was uns bekanntlich anzieht; und so möchte ein Geselle gern in der Nähe einer Gesellin sein, wenn er etwas Gleiches in ihr entdeckt. Wir sahen uns nachmittags allerdings nicht oft. Wenn der Unterricht vorbei war, fuhren wir noch gemeinsam mit dem Schulbus nach Hause. Ich stieg zwei Stationen vor ihr aus, ging zum Mittagessen nach Hause, machte meine Hausaufgaben und verschwand entweder zum Handballtraining oder ging mit Tro über die Felder am Rande des Dorfes, ließ mir dabei Zeit und las unterwegs meistens ein Buch, während Tro nach fiktiven Mäusen grub oder die Krähen auf dem Acker jagte. Seltsamerweise ist mir nie der Gedanke gekommen, dass ich Katrin hätte besuchen können. Ich fühlte mich mit Tro in meiner Nähe zufrieden. Natürlich dachte ich regelmäßig an sie, stellte mir vor, was sie gerade machen würde und freute mich auf den nächsten Tag, an dem ich sie in der Schule wiedersehen würde. Aber ein spontaner Besuch entsprach damals nicht meinem Naturell. Und auf eine Einladung ihrerseits konnte ich ewig warten. Sie traf sich nie mit anderen – warum auch immer. Wie sollte ich da erwarten, dass sie mich ansprechen würde?

Allerdings erschien sie eines Tages – es war Winter – an unserer Haustür. Ich hatte auf ihr Klingeln hin geöffnet und blickte überrascht in ihr freundliches, von der Kälte etwas gerötetes Gesicht. Sie hielt mir meine Handschuhe entgegen, die ich im Bus hatte liegen lassen, und sagte nur: „Die hast du im Bus vergessen." Ich nahm die Handschuhe entgegen und bedankte mich auch bei ihr. Aber irgendein Dämon muss mir weitere Worte aus dem Hirn gestohlen haben. Wir sahen uns noch eine Weile lächelnd in die Augen – ich in Strümpfen drinnen, sie mit ihrer blauen Wollmütze draußen – bis sie sich, nachdem von mir nichts weiter kam, verabschiedete und die Treppe hinabging. Erst als ich die Tür geschlossen hatte und meine Mutter mich fragte, wer denn an der Tür gewesen sei, und dass es von Katrin ja sehr nett gewesen sei, bei der Kälte den langen Weg zu uns zu kommen, wo sie mir die Handschuhe doch auch am nächsten Tag in der Schule hätte geben können, und warum ich sie nicht hereingebeten hätte, da verstand ich und lief zur Tür, riss sie auf und suchte nach Katrin. Aber sie war schon wieder auf ihr Fahrrad gestiegen und außer Hörweite. Ich Idiot!

Ich war vorher so in mein Flötenspiel vertieft gewesen, dass Katrin mich da herausklingelte und mich nur sprachlos vorfand. Ähnliche Situationen sollte ich später allerdings noch einige Male erleben. Ich hatte verstanden, aber nichts daraus gelernt. Und so kam es, dass ich auch sehr deutliche Hinweise von an mir interessierten Mädchen nicht oder erst dann verstand, wenn sie wieder verschwunden waren. Allerdings versuchte ich, das Fehlverhalten wieder gut zu machen. Ich nahm ein paar Tage später meinen ganzen Mut zusammen und fragte Katrin in der Schule, ob wir nicht gemeinsam Plätzchen backen wollten. Bis Weihnachten waren es zwar noch drei Wochen. Aber ich wollte nicht mehr warten. Zu meiner Überraschung sagte sie sofort zu. Ihre Oma würde sowieso backen. Daher sollte ich am übernächsten Tag zu ihnen kommen. Wir könnten der Oma zusammen helfen. Denn alleine ließ die Mutter sie nicht an den Ofen.

Es war ein schöner Nachmittag. Wir halfen der Großmutter, die routiniert alles koordinierte, uns das eine zu zweit und das andere getrennt machen und uns nach getaner Arbeit auch mit dem Hinweis an ihre Enkelin alleine ließ, dass sie sich doch noch um ihren Gast kümmern sollte, der ja schließlich nicht nur zum Arbeiten gekommen sei. Und selbst heute meine ich mich noch an ein kurzes verschmitztes Lächeln der Großmutter zu erinnern.

Als es dunkel wurde, musste ich mich verabschieden, obwohl ich nicht gehen wollte. Aber es wäre überaus unhöflich gewesen, mich aufzudrängen. Also zog ich meine Jacke und meine Handschuhe an und setzte mich auf mein Fahrrad. Katrin war noch mit nach draußen gekommen und winkte mir nach. Ich war überglücklich, da ich die Sache mit der Haustür nun geradegerückt und ihr meine Zuneigung ausgedrückt hatte. Das Herz schlug nun jedes Mal schneller, wenn wir uns sahen, und ich begann ihr kleine Geschenke zu machen: Ein Zettel mit einem aufgemalten Herz, den ich ihr während der Pausen in ihr Federmäppchen steckte (natürlich ohne Absender) oder einen besonders schönen Tannenzapfen, den ich auf einem der Spaziergänge mit Tro gefunden hatte. Manchmal dauerte es ein paar Tage, bis sie sich bedankte. Aber auch das Warten war ein schönes Gefühl, wusste ich doch, dass sie mich irgendwann wieder mit ihrem Lächeln belohnen würde. Es war eine schöne Zeit…

… bis sie nach der Ausgabe der Halbjahreszeugnisse nicht mehr im Unterricht erschien. Zuerst dachte ich, dass sie krank sei. Doch am dritten Tag erklärte die Klassenlehrerin, dass Katrin mit ihrer Familie weggezogen sei und nicht mehr wiederkommen würde. Da ich mich auch damals schon nicht durch das Schicksal hinreißen ließ, blieb ich ruhig auf meinem Stuhl sitzen. Denn schließlich war das ein Stuhl mit einem blauen Punkt und nicht mehr, wie in der ersten Klasse, mit einem gelben. Ich gehörte nun zu den Großen auf der Schule. Aber getroffen hat es mich schon. Und ich fragte mich, warum sie mir nichts gesagt hatte; warum sie so klammheimlich verschwunden war; ob da vielleicht eine Verschwörung gegen unser Verhältnis stattgefunden hatte oder alles nur ein Traum oder eine Lüge gewesen sei.

Ich erhielt keine befriedigende Antwort – auch bis heute nicht. Aber damals stieg zum ersten Mal der Gedanke in mir auf, dass sich alles, was sich rund um uns bewegt und abspielt, nur Lüge oder Traum sein könnte. Und ich begann Wachen aufzustellen: Die erste nannte ich Zweifel. Die Zweite bekam den Namen Skepsis. Und die Dritte taufte ich Gottlosigkeit. Denn in einer der Nächte, die auf die Nachricht von Katrins Verschwinden folgten, bat ich Jesus inständig, sich fünf Minuten Zeit zu nehmen und an mein Bett zu kommen. Allein er kam nicht. Das war für mich der Beweis, dass es ihn nicht gab. Denn wer mir damals ausschließlich half, waren die Zeit und meine späteren Erfahrungen, meine Herren so wie die aller anderen.

Mut – Sieg und Niederlage

In den nächsten zwei Jahren musste ich die Orientierungsstufe – das waren die fünfte und sechste Klasse – in einem Nachbarort durchlaufen, von der ich zwar keinen Lehrstoff, dafür aber prägende Eindrücke mitgenommen habe. Der erste war der Anblick des Gebäudes am ersten Tag: Während die Grundschule am Rande eines kleinen Dörfchens inmitten eines kleinen Wäldchens lag und aus einem dreiteiligen Gebäudekomplexchen mit pfannenbelegtem Spitzdächlein bestand, vor dem ein vom Hausmeister gepflegtes Gärtchen jeden Tag die Lust auf Lernen erzeugte, hauchte uns der billige Beton-Bunker-Bau der OS mit seinen frostig-schlitzäugigen Fenstern gleich die Kälte und Unbarmherzigkeit einer Eier-Sortierungsmaschine entgegen. Hier sollten wir gesondert, geschieden und aussortiert werden. Wir wurden dort zu Eiern der Güteklasse A, A/B oder B gemacht, was darüber entschied, auf welche weiterführende Schule wir gehen durften. Und durch den jeweiligen Schwierigkeitsgrad und inhaltlichen Anspruch des Lernstoffes wurde die Spreu vom Weizen getrennt und hatte auch später keine Gelegenheit mehr dazuzugehören. Hier wurden die Weichen gestellt. Und hier legten sie fest, wer später zur Elite oder wer zum Fußvolk gehören würde. Und auch hier konnte ich feststellen: Sie wissen nicht, was sie tun.

Da ich ein Oktoberkind bin und schon fast sieben Jahre alt war, als ich eingeschult wurde, gehörte ich während meiner gesamten Schulzeit fast immer zu den Älteren in der Klasse, was dazu führte, dass meine kognitiven Fähigkeiten der Mehrheit meiner

Mitschüler und Mitschülerinnen immer um mindestens ein halbes Jahr voraus waren. Durch den Vorteil vier ältere Geschwister zu haben, vergrößerte sich dieser Vorsprung bald auf ein Jahr und darüber hinaus. Gehorchte also die Masse der Hörigen weiterhin in zu Hause anerzogener, patriarchalischer Manier den Lehrern und Lehrerinnen, wuchs in mir bereits der Keim antagonistischen Revoluzzerblutes. Ich hinterfragte den Lehrstoff und fragte die Lehrkraft mit dem Ergebnis, doppelte Hausaufgaben erledigen zu dürfen. Da ich damals aber noch, was die Energiereserven betrifft, aus dem Vollen schöpfen konnte, machten mir diese Einschüchterungsversuche nichts aus. Ich erledigte die doppelten Hausaufgaben und fragte weiter – ohne befriedigende Antworten zu erhalten. Nachdem ich begriffen hatte, dass mein Sonderinteresse und Denkeinsatz nicht gefragt waren, beließ ich es bei dem Null-acht-fünfzehn-Lernen und widmete mich immer mehr meinen aufkommenden Leidenschaften, die in erster Linie aus der Lektüre Hemingways und dem Interesse für Beethovens Werk und Leben, kurz danach aber auch aus der Hinwendung zum weiblichen Geschlecht bestanden. Die Geschichte mit Katrin Bruse war das vage Wahrnehmen eines fremden Geruchs in meinem Revier gepaart mit höflicher Zurückhaltung gewesen. Was in den fünfzehn Jahren danach folgte, glich eher der wollüstigen Begierde eines unbefriedigten Pans auf der ständigen Suche nach neuen Nymphen mit dem Unterschied, dass ich in den Kreaturen keinen panischen Schrecken, sondern mit Hilfe meines muskulösen Körpers in der Regel Bewunderung und Anziehung erzeugte. Das zeigte mir wiederum, wie einfach das weibliche Gehirn in diesem Stadium funktioniert. Es ist halt auch nach zwanzigtausend Jahren immer noch das primitive Zusammenwirken von Schutzbietendem und Schutzsuchender – die Abmachung zwischen Starkem und Schwacher, der Handel von Verteidigung (Lebensunterhalt kommt später dazu) gegen sexuelle Dienstbarkeit. Daher amüsierte ich mich auch im Biologieunterricht auf meine Weise, als die Lehrerin mit bunten Folien auf dem Tageslichtprojektor versuchte, den staunenden Kindern zu erklären, dass und wie ein steifer Penis synonymiter erigiertes Glied in die Vagina der Frau eindringt und sich nach ein paar Ruckelbewegungen übergibt und das weiße Fluid seiner Prostata in Richtung ihrer Ovarien spritzt. Mein Problem war vielmehr, wie ich meine Gedanken von den üppigen Brüsten der Lehrerin abwenden beziehungsweise die Lehrerin ins Bett bekommen konnte. Da war es wieder – eines jener Probleme: Ich wusste längst, wie es funktioniert, scheiterte jedoch an der Umsetzung – und hatte ganz andere Sorgen und Gedanken als die Lehrerin vermutete. Aber so sind sie halt: Die Lehrerinnen und Frauen. Machen sich Gedanken über Schrott und das Geld. Dabei liegt die richtige Antwort auf der Hand, besser in der Hand.

Und abgesehen von der Begebenheit, dass mir der Schuldirektor auf einer Klassenfahrt in die Eifel, während der ich mein erstes Erdbeben erlebte, das Beziehen eines Bettes beibrachte, bleibt mir nur noch die große Pause auf dem kleinen Sportplatz in Erinnerung, die mich Großes lehrte. Denn es brachte mich in die nächste Liga. Ein Junge, der zwei Klassen über mir die Schulzeit absaß, drängelte sich am Ende der ersten großen Pause zwischen den anderen hindurch, die auch ins Gebäude wollten, und schubste sogar einige zur Seite. Als sich zwei kleinere beschwerten, drehte dieser Große um und baute sich vor ihnen auf, was sie umgehend verstummen ließ. Da ich gleich danebenstand, forderte ich ihn auf, sich doch mit Gleichrangigen zu messen und sich nicht an Schwächeren zu vergreifen. Er sah mich erstaunt an. Da die Pause aber zu Ende war, zitierte er mich für die nächste große Pause auf den Sportplatz hinter dem Gebäude, wo die Aufsicht führenden Lehrer nicht nachsahen. Da hatte ich die Rechnung. Bloßes Gerede ist halt halbherzig. Jetzt musste ich auch zu meinem Wort stehen oder besser für die verbale Hilfe einstehen.

Ich überlegte, ehrlich gesagt, ob ich kneifen sollte, weil der Typ einen ganzen Kopf größer war und auch stärker aussah. Aber etwas sagte mir, dass ich mich dafür den Rest meines Lebens hätte schämen müssen. Große Reden schwingen und den Schwanz einziehen: Das machen Politiker. Und ich war kein Politiker und wollte auch keiner werden. Ich wollte, dass mir auch in Zukunft Leute das glauben können, was ich sage. Und vor allem wollte ich mir weiterhin auch selbst glauben können. Also musste ich da durch. Sieg oder Niederlage, egal. Aber gemacht werden musste es. ‚A man can be destroyed but not defeated', hatte ich gelesen. Jetzt sollte ich es lernen.

In der nächsten Pause ging ich zunächst an die falsche Ecke des Sportplatzes und stellte fest, dass dort niemand wartete. Seltsam, dachte ich. Haben sie alles abgeblasen? Mir fiel nach zwei Sekunden jedoch die etwas versteckte Grasfläche auf der Rückseite des Gebäudes ein. Und ich begab mich normal gehend dorthin. Da ich durch diesen Umweg etwa fünf Minuten später ankam, verhöhnte mich mein Gegner bereits und fragte, ob ich es mir anders überlegt hätte und lieber auf seine Abreibung verzichten möchte. Es hatten sich viele Mitschüler dort versammelt. Und einige lachten ob seiner Worte. Ich jedoch sagte nichts und stellte mich vor ihm auf, die Hände gehoben und wartend.

Ohne Vorwarnung schlug er mir mit seinen langen Armen zweimal ins Gesicht, links rechts. Das hatte mich überrascht und ließ mein Gesicht erglühen. Allerdings wusste ich jetzt, dass es kein langes Getanze geben würde. Ich konzentrierte mich auf seine langen Arme und wich den nächsten Schlägen erfolgreich aus. Als das so gut funktionierte, konzentrierte ich mich auf meine Arme. Ich wehrte einen Schlag seiner Rechten mit meinem linken Arm ab und pfefferte ihm meine Rechte direkt unters Kinn. Volltreffer: Seine Brille flog im weiten Bogen ins Gras, er taumelte und stolperte hinterher und lag auf dem Rasen. Diese Gelegenheit ergriff ich ohne nachzudenken und warf mich auf ihn drauf, wobei ich mit den Knien seine Arme auf den Boden drückte, so dass er sie nicht mehr bewegen konnte. Von da ab verabreichte ich ihm im Sekundentakt Schläge von links und rechts, bis mich ein durch das Geschrei der umstehenden Brüllmeute aufmerksam gewordener Lehrer von hinten packte und von meinem Gegner herunterzog. Schade. Es war der Vier-

Viertel-Takt einer Gavotte, die ich tags zuvor auf der Flöte eingeübt hatte, und die mir anscheinend immer noch im Blut taktete und auf sein inzwischen blutverschmiertes Gesicht niederging wie die Rache des Herrn, gegen die man auch nichts machen kann. Doch eines stand ohne Zweifel fest: Ich war Sieger und hatte es diesem Rüpel aus der höheren Klasse gezeigt. Und es gab niemanden, der das anzweifelte. Wenn später irgendwo in den Pausen ein Streit entstand, genügte es, dass ich auftauchte, damit sich alle beruhigten und wieder vertrugen – ohne Schläge. Das war eine sehr interessante Erfahrung, und ich lernte viel über die Menschen. Insgeheim dachte ich nur: Geht doch.

Der Direktor war natürlich nicht amüsiert und musste reagieren. Wir mussten beide getrennt voneinander unsere Version des Geschehens schildern und die Strafe abwarten. Und so schilderte ich die Geschichte, wie ich sie erlebt hatte, und warum es zum Schlagabtausch gekommen war. Der Direktor teilte mir mit, dass es mit dem Rabauken schon desöfteren Probleme gegeben hatte. Das nahm ich als positives Zeichen und Rechtfertigung für meine daher wohl längst überfällige Zuchtmaßnahme. Aber der Direktor lächelte nicht. Klar. Er musste mir gegenüber natürlich auch Härte zeigen und mich irgendwie bestrafen. Er schien nur noch nicht zu wissen wie. Sein Gesicht glättete sich, und ihm schien etwas Originelles eingefallen zu sein. Ich sollte die ganze Geschichte „zur Strafe" aufschreiben, mindestens zwei DIN A4-Seiten. Und ich sollte nicht vergessen zu erwähnen, warum eine Prügelei niemals zur Lösung eines Problems beitragen kann.

Mir fiel ein Stein vom Herzen. Keine Strafarbeit geschweige denn Schulverweis. Kein Nachsitzen oder doppelte Hausaufgaben. Nein: Eine Geschichte schreiben. Das war super, hatte ich doch eine Woche zuvor mein erstes Gedicht geschrieben. Und jetzt gleich eine Kurzgeschichte. Mann, oh Mann. Ich setzte mich noch am gleichen Nachmittag an meinen Schreibtisch und begann. Und das war der Beginn einer wundervollen Freundschaft mit dem Schreiben. Meinen Direktor von damals muss ich daher als meinen Inspirator bezeichnen und danke ihm ebenfalls bis heute für seine Strafe. Vielleicht hatte er sich in dem Moment der Urteilsverkündung auch nur an unser gemeinsames Bettenbeziehen in der Eifel erinnert und irgendetwas davon mitgekriegt, dass ich Hemingway las. Lag damals vielleicht auf dem Nachttisch. Wer weiß?!

Auf jeden Fall lieferte ich die Story am nächsten Tag ab, was ihn wohl zusätzlich beeindruckte. Ich hatte auch nicht vergessen, mich über das unrühmliche Dasein von Prügeleien auszulassen, und dass sie auf keinen Fall eine Lösung für etwaige Probleme sein könnten. Er las diese Fiktion in meinem Beisein, ließ mich stehend warten und abwarten. Zwischendurch lächelte er und verkniff es sich wieder. Am Ende lächelte er ganz offen, bedankte sich und sagte, dass die Sache damit erledigt wäre. Ich bedankte mich bei ihm, verabschiedete mich höflich und verließ sein Büro.

Drei Jahre später hörte ich von Mitschülern, dass mein ehemaliger Gegner bei einer Schlägerei vor einer Diskothek ums Leben gekommen war.

Er hat nichts daraus gelernt, dachte ich. Wer nicht hören will, muss fühlen. Und wer nichts mehr fühlt, ist tot. Und es war gut, dass er tot war, auch wenn seine Mutter wahrscheinlich geheult hat. Aber hätte sie ihn nicht einfach erziehen können? Oder im empfängnisbereiten Zustand auf Kondome bestehen sollen? Aber im Nachhinein ist man immer schlauer.

Von Karnickeln und Eulen

Auslese, Herkunft und Erziehung hatten ihren Erfolg gezeitigt: Ich landete auf dem Gymnasium.

Ob das allerdings etwas mit den Genen zu tun hat, bezweifle ich. Wenn ich meinen Werdegang mit anderen vergleiche, die es nicht aufs Gymnasium geschafft hatten, fällt mir auf, dass ich im Gegensatz zu ihnen mich schon als Säugling Herausforderungen gegenübersah, die nach eingehender Recherche jenen vorenthalten wurden. Dazu gehören zum einen ohne Zweifel meine vier älteren Geschwister, die oft die Älter-sein-Karte ausspielten, um mich dümmer dastehen zu lassen oder selbst schlauer dazustehen. Das ging mir damals schon auf die Eier, von denen ich am Anfang nach ihrer Entdeckung an meinem Körper auch deshalb dachte, sie seien dazu da, das Auf-die-Eier-Gehen anzuzeigen, also dem Ärger über andere Personen Ausdruck zu verleihen.

Zum anderen wuchs ich in einem Haushalt auf, in dem viel gelesen und musiziert wurde. Das mit der Musik hatte ich ja schon erwähnt. Man kann es gar nicht oft genug sagen, auch wenn es nichts nützt. Doch über das mit dem Lesen habe ich noch nicht berichtet. Als ich nämlich von Zimmer zu Zimmer lief und unter meinen Geschwistern einen Spielgefährten suchte, lehnten alle dankend ab und verwiesen darauf, dass sie noch Hausaufgaben machen und dafür viel lesen müssten. Auch meinen Vater sah ich meistens, wenn er nicht arbeitete, in seiner Freizeit in einem Buch lesen. Und ich fragte mich irgendwann automatisch: Warum lesen die alle? Was ist denn so interessant am Lesen? Und bevor ich weiter fragen (heißt: die anderen nerven) und die Sache wissenschaftlich untersuchen konnte, hatte ich schon eigene Lektüre zur Verfügung und probierte damit einfach mal aus, was so passieren würde. Allerdings muss ich der Gerechtigkeit halber auch einfügen, dass meine Mutter mir schon, seit ich atmen konnte, Lieder vorgesungen und Geschichten vorgelesen hatte. Es ging jetzt nur darum, den Part meiner Mutter selbst zu übernehmen. Und da ich davon ausging, dass ich entgegen der Überzeugung einiger religiöser Kreise nicht gleich dem Teufel verfiele, wenn ich läse, wagte ich den kleinen Sprung ins Ungewisse und landete mitten im Wissen. Und siehe da! Es war wohlgetan. Das Entziffern der Buchstaben entpuppte sich als permanentes Lösen von Rätseln, als andauerndes Entdecken neuer Welten und Gedanken und kontinuierliches Einzahlen auf mein geistiges Sparbuch, von dem ich noch nicht wusste, wann ich davon Gebrauch machen sollte oder könnte.

Sie machten mir also alle nichts vor, um mich bewusst zu erziehen. Sie beispielten mir unbewusst

ein Leben des Geistes vor, dass ich zuerst nach-
ahmte, um es lieben zu lernen und während meiner
gesamten biologischen Haltbarkeitsdauer, was andere ‚Leben' nennen, nicht mehr abzulegen. Und
mein Vater verdiente genug Geld, arbeitete aber
auch dementsprechend, um jedes Buch zu kaufen,
was einer von uns sich wünschte. Und nicht nur das.
Er kaufte auch solche Werke, die sich keiner gewünscht hatte: Globen, Lexika aller Art, Biographien, Wörterbücher, Fachzeitschriften. In jenem
zarten Alter habe ich mir noch nicht so viele Gedanken gemacht wie später, nachdem er gestorben
war. Ich war einfach nur dankbar und habe mich gefreut, dass er mir wieder einmal den nächsten
Wunsch erfüllte und erfüllen konnte – und las. Erst
viel später, als ich weniger über mich denn über ihn
nachdachte, begriff ich, dass er es auch seinetwegen tat. Er hatte in seiner Kindheit einen Vater, der
ihn liebte und den er respektierte. Aber sein Vater
verdiente nicht so viel Geld, um seinen Kindern alles bieten zu können. Sein Vater musste viel mehr
rechnen und noch mehr rechnen, als er es sich mit
den Nazis verscherzt hatte und strafversetzt und
minderbezahlt wurde. Hinzu kam, dass mein Vater
die Zeit zwischen seinem siebzehnten und dreißigs-
ten Jahr damit zubrachte, sein Leben als Soldat und
Kriegsgefangener in Russland zu verbringen. Er
hatte genauso wissbegierig wie ich begonnen; nur
fehlten ihm nach dem Krieg plötzlich seine späte Jugend und Reifezeit – dreizehn Jahre der ‚normalen'
Entwicklung, des unbeschwerten Lesens, des ruhigen Nachdenkens und des konzentrierten Studie-
rens. Es fehlte ihm das, was er uns allen

ermöglichen wollte und ermöglicht hat. Er wollte, dass es keine Hindernisse geben sollte, wenn jemand lernen will. Und er wollte von dem, was die Weltgeschichte ihm genommen hatte, zumindest einen Teil nachholen, also zwei Fliegen mit einer Klappe schlagen oder, wie die Iraner als Nachfolger der Perser heute noch sagen, zwei Vögel mit einem Pfeil abschießen.

Doch eigentlich wollte ich von meiner beginnenden Reifezeit in dieser Institution berichten, in der vor zweieinhalbtausend Jahren noch männliche Jugendliche nackt ihre körperlichen Kräfte maßen und sowohl im Sport als auch in der Kriegskunst ausgebildet wurden. Platon würde die Arme über dem Kopf zusammenschlagen, wenn er erführe, dass in dieser ehrenwerten Institution hauptsächlich nur noch Kaugummis unter die Tische geklebt und die Schüler in Betrug und Sophistik ausgebildet werden.

Der erste Tag war sehr vielversprechend. Denn in meiner Klasse saß in der vordersten Reihe ein wunderschönes Mädchen, dessen Gesichtsfarbe nicht zwischen deutschblass und schminkbunt changierte. Sie hatte auch nicht eine von diesen piepsigen oder langweiligen Stimmen, die einen Mann gleich im ersten Moment der Begegnung abstoßen. Ihr Lächeln war freundlich und artete nicht in ein fratzenhaftes Grinsen aus, das man so oft beobachten kann. Ihr Lachen war zurückhaltend und glich in keiner Weise dem so oft zu hörenden Gewieher des weiblichen Geschlechts. In den folgenden Tagen konnte ich mich auch noch davon überzeugen, dass unser Humor der gleiche war und sie über die gleichen Dinge nachdachte wie ich. Also waren die einhundert Prozent erfüllt, die eine Frau für mich attraktiv machen. Sie war mein Ziel, meine Lust und meine Beute. Wie ich später von ihr erfuhr, war ich das Gleiche für sie. Möge nun ein für Liebesangelegenheiten zuständiges Gremium entscheiden, wer hier Sieger und wer Verlierer war! Zu welchem Schluss es auch kommen mag: Spaß macht beides.

Sie hieß übrigens Arsinoë, wie die kleine Schwester Kleopatras der Siebten, die im Auftrag ihrer Schwester von Markus Antonius erstochen wurde, weil es in der Regel keine zwei Schwestern in einer Familie geben kann oder warum auch immer. Und Arsinoë und Alvor blieben ein Paar, bis der Liebestod in Form von Eifersucht und Reizen anderer körperlicher Gestalten sie schied. Das dauerte etwa eineinhalb Jahre – die längste Zeit, die ich mit einer Sexualpartnerin zusammen war. Nachdem wir uns anschließend sieben Jahre böse waren und nach der Schulzeit getrennte Wege gingen, packte uns immer wieder die Sehnsucht, die mich beim ersten Mal tausend Kilometer durch Deutschland jagte, bis wir uns in den Armen lagen und eine ganze Nacht durchknutschten. Sie war zwar nicht meine erste Liebe. Das war ja Kathrin. Aber mit Kathrin hatte ich nicht gefummelt und geknutscht. Also war Arsinoë sozusagen meine erste Vollkontaktaufnahme, die mir als hormonelle Notgemeinschaft den Rest meines Lebens anhing. Denn seit dieser ersten Chaotenfahrt von Sonthofen im Allgäu nach Damp an der Ostsee haben wir uns immer mal wieder im Abstand von einem oder zwei Jahren getroffen – egal ob sie verheiratet war oder ich gerade mit einer anderen Lebensabschnittsgefährtin zusammen lebte. Das ist ja das Kreuz mit den Notgemeinschaften: Man kann sie nicht einfach herausoperieren oder wie einen Pickel ausdrücken. Man kann das schwarze Haar mit der Pinzette aus dem Gesicht ziehen; es wächst jedoch jederzeit wieder nach.

So viel erst einmal dazu. Was ebenfalls gerade angefangen hatte, war mein Querflötenunterricht bei Herrn Schreiber. Das war ein freundlicher und gemütlicher Herr um die Fünfzig, der sich meistens gerade eine Tasse Tee eingegossen hatte, als ich in sein Haus eintrat, und nach etwa der Hälfte der Unterrichtszeit eine Pfeife ansteckte, die einen angenehmen Duft im Raum verbreitete und deren Rauchschwaden sich in geschwisterlichem Reigen mit meinen spiralisierenden Melodien verbanden – zum Beispiel nach den Noten eines Christoph Willibald Gluck. Natürlich hatte ich vor der ersten Stunde schon zu Hause den Ansatz geübt, da ich dachte, dass ich das können müsste. Doch wir begannen trotzdem mit dem Ansatz, brauchten aber aufgrund meiner Vorbereitung nicht so lange damit zuzubringen und konnten schnell mit den ersten kurzen Stücken beginnen. Das nahm etwa drei Jahre in Anspruch, bis Herr Schreiber feststellte und mir mitteilte, dass er mir nun nichts mehr beizubringen hätte und mich an eine Hochschuldozentin verwies, bei der ich nach weiteren zwei Jahren meine niederen Weihen erhielt und mit ihrer Hilfe auch einen Wettbewerb gewann.

Vorher allerdings, kurz nachdem ich mit dem Unterricht bei Herrn Schreiber begonnen hatte, forderte mich der Musiklehrer des Gymnasiums auf, mit meiner Flöte zur Orchesterprobe zu erscheinen. Ich teilte ihm meine Zweifel mit, da ich ja gerade erst angefangen hätte und man solche Leute wie mich daher auch als Anfänger bezeichnet. Er sagte daraufhin nur: „Das sind wir alle einmal. Wir sehen uns heute Nachmittag."

Ich setzte mich schüchtern zwischen die anderen erfahrenen Flöten und steckte mein Instrument zusammen. Es ging los, gleich ganz in die Vollen. Ich wusste, was auf dem Notenblatt stand: Das schnelle Menuett aus Schuberts fünfter Sinfonie. Aber was mir da an Tönen um die Ohren pfiff, hatte nicht sehr viel Ähnlichkeit mit dem, was Schubert sicherlich beabsichtigte. Ich hatte Mühe, meine Finger zu sortieren und mit den Lippen mitzuhalten. Doch beim ersten Durchgang ließ ich etwa die Hälfte dieser Töne sausen, sprich ließ sie aus, um nichts Falsches zu spielen. Denn eine schweigende Flöte ist immer noch besser als eine falschspielende. Das gilt übrigens für jedes Instrument inklusive aller menschlichen Stimmen. Beim zweiten Durchgang lief es schon besser, da ich die Fallen ja bereits kennen gelernt hatte, die chromatischen Leitern schon einmal herabgestiegen war und überrascht vor den Achtelpausen innegehalten hatte. Nach dem Unterricht erhielt ich einen eigenen Satz Noten und machte mich zu Hause natürlich sofort daran, meine Stimme ohne Fehler einzuüben. Die nächste Probe sollte nämlich am übernächsten Tag stattfinden. Und siehe da: Ich spielte ohne Fehler meinen Part.

Das hört sich alles ziemlich gut an. Ich weiß. Aber wo Licht ist und ein paar Gegenstände oder Menschen herumstehen, fällt auch Schatten auf den staubigen Boden oder sonst wohin. Schon bald kamen die Momente, in denen ich merkte, dass meine Bemühungen ins Leere liefen. Die meisten anderen Orchestermitglieder übten ihre Stimmen nicht zu Hause, sondern waren der Meinung, dass das bisschen Probe am Nachmittag ausreichen würde und sie dort Zeit zum Üben hätten. Viele Takte mussten immer und immer wieder gespielt werden, bis das ganze Orchester die Töne spielen konnte. Wir waren aber weit davon entfernt, das Menuett aus Schuberts Fünfter zu spielen. Ich begann mich zu langweilen und meldete mich nach einem halben Jahr und zwei oder drei miesen Aufführungen vor tauben Eltern und nichtsahnenden Mitschülern aus dem Orchester ab und verfolgte bis zur elften Klasse eigene Ziele, spielte hier und da mit verschiedenen anderen Willigen auf privaten oder öffentlichen Feiern und bekam sogar Geld dafür, so dass in mir der Gedanke wuchs, später einmal Berufsflötist zu werden.

Das Orchester und kurze Zeit später auch der Chor mit seiner Eliteeinheit des Kammerchors, in denen ich eine Zeit lang mitmusizierte, gehörten nicht zu den Notgemeinschaften. Man wurde dort aufgenommen, wenn man über Musikalität verfügte, und konnte jederzeit wieder gehen. Das brachte mir die große Erkenntnis jener Zeit, dass man auch nein sagen und eine Gemeinschaft verlassen kann.

Manchmal bedarf es weniger Mut, manchmal etwas mehr. In Bezug auf diese Musiziergruppen bedurfte es weniger Mut. Ich hatte irgendwann einfach keine Lust mehr, auf diesem Niveau zu musizieren und ständig auf langsamere oder faule, talentlose oder gleichgültige Zeitgenossen Rücksicht zu nehmen. Ich bekam damals ein Gefühl dafür, wie hinterlistig und falsch die Erziehung an uns vollzogen wurde. Niemand braucht alle Menschen in einer Gesellschaft. Einige sind einfach überflüssig, zu nichts zu gebrauchen und daher zu nichts geboren. Wer braucht, global gesehen, heute acht Milliarden Menschen, von denen ein Großteil irgendwo hungernd in der Wüste sitzt oder sich in den Metropolen nichts tuend auf die Füße tritt?

Uns jedoch wurde beigebracht, dass jeder Mensch, jedes Lebewesen wertvoll sei und wir es zu achten hätten – dass alle Menschen gleich wären und gleiche Rechte hätten. Natürlich stimmt das alles nicht. Die Wirklichkeit sieht anders aus. Wie kommen die darauf, dass ein sterbendes Negerbaby den gleichen Wert hätte wie ein ausgebildeter Agrarwissenschaftler oder ein Sexualmörder den gleichen Wert wie ein Mitarbeiter der Müllabfuhr? Es ist so, dass sich auf der einen Seite die wertvollen und auf der anderen Seite die wertlosen Menschen befinden. Wer auf welcher Seite steht, entscheiden verschiedene Faktoren, die wir nur teilweise selbst beeinflussen können. Doch nur, weil einer das Pech hatte, in der Wüste geboren zu sein, gibt es ihm noch lange nicht das Recht auf Leben. Schließlich überleben die meisten Wasserschildkröten ihre ersten Stunden auch nicht.

Solch ein Wissen bewies mir damals schon die Richtigkeit meiner Erkenntnis: Was für Tiere und Bäume zutrifft, findet auch beim Menschen seine Anwendung. Dieser übel riechende Gedanke, dass der Mensch etwas anderes als ein Tier, ja sogar eine andere Daseinsform sein sollte, erregte schon früh meine Abscheu und einen im Laufe der Jahre immer größer werdenden Ekel vor dieser Kreatur. Je herausgehobener aus diesem planetaren Stoffwechsel und Stuhlgang er sich fühlte, desto müffelnder und abstoßender war mir seine Gegenwart.

Nachdem ich mit etwa zwanzig meine Kanickelphase hinter mir hatte, in der ich meist weibliche Gemeinschaft suchte, um zu begatten und meine Gene zu verbreiten, weil mein Zipfel mich nun in ständige Bedrängnis brachte, wuchs auch parallel zu meiner Erkenntnis das Bedürfnis, immer weniger Zeit mit diesen Kreaturen und immer mehr Zeit mit den kulturellen Errungenschaften einzelner zu verbringen, vor allem mit der Musik und der Philosophie. Und da bin ich wieder angekommen bei dem Einzelnen, der wertvoller ist als die anderen zusammen, die die Masse ausmachen. Gern gäbe ich eine Milliarde Menschen her, um einen Beethoven wiederzubekommen. Die anderen Milliarden würde ich wahrscheinlich gegen Seneca, Mozart, Aristoteles, Vivaldi, Feuerbach, Rachmaninoff und Löns eintauschen. Da hätten wir doch ein kleines, aber feines Kränzchen von Gleichgesinnten, die auf ein paar kleinere Reibungspunkte und daher Diskussionsansätze nicht zu verzichten bräuchten. Ich würde mich auch dazu überreden lassen, statt einer Milliarde nur eine Million herzugeben. Dabei blieben statt acht Auserwählten achttausend Ausgesuchte, die den Planeten besiedeln würden. Das ist wahrscheinlich realistischer; denn Nahrungsbeschaffer und Handwerker brauchen wir ja auch. Aber viele andere bräuchten wir nicht. Wer braucht schon Banker, Politiker und andere Betrüger?

Zum Schulquatsch kam parallel auch noch der Konfirmandenunterricht hinzu – der nächste Lügenhort. Eine gewisse Pfiffigkeit kann man den Popen aller Religionen ja nicht absprechen. Sie rekrutieren ihre Mitglieder als wehrlose und nicht selbstständig denkende Wesen im Säuglingsalter und zwingen sie in ihre Notgemeinschaft. Einige bleiben ihr ganzes Leben lang nicht selbstständig denkende Wesen und daher diesen Gemeinschaften treu. Die Intelligenten finden früher oder später aus diesem Labyrinth von Lüge, Drohung und Aberglaube hinaus in die religionslose Freiheit. Und es werden erfreulicherweise täglich mehr. Ich gehöre zu denen, die über Geduld verfügen und abwarten können. So ließ ich die Konfirmandenzeit über mich ergehen, hörte mir die Lügen an, ließ mich konfirmieren, um, als es möglich war, durch ein kurzes Schreiben aus der Kirche auszutreten. Sie hatten mich nicht überzeugt. Und je mehr ich mich danach mit anderen Religionen und Völkern beschäftigt habe, desto lächerlicher wurde dieser Gedanke einer Religion, die sich jedes Völkchen selbst ausdenkt. Pferde würden wahrscheinlich ihre Götter als Pferde malen, und Ratten erfänden Ratten mit Flügeln, nur um das ans Firmament zu projizieren, was sie sich wünschen, aber selbst nicht sein können. Was doch unser kleiner, so bedeutungsloser Tod so alles anrichten kann und in der Weltgeschichte angerichtet hat. Peinlich. Da lobe ich mir die Gelassenheit eines Elefanten, die er beibehält, wenn er verspürt, dass seine Tage gezählt sind, und sich langsam und schweigend an den Ort seines Sterbens begibt.

Ich war zu der damaligen Zeit – es muss etwa in der neunten Klasse gewesen sein – noch nicht auf die sporadische, vermeintliche Ungerechtigkeit des Todes vorbereitet. Eines Tages lähmte mich die Nachricht, dass Henning gestorben sei, während eines Praktikums von einer vom Gabelstapler herabfallenden Holzpalette erschlagen. Es war das erste Mal, dass jemand aus meinem persönlichen Umkreis aufhörte zu leben, aufhörte zu lachen, aufhörte in meiner Nähe zu sein – einfach aus dieser Gemeinschaft herausgerissen wurde, gegen den Willen aller getötet wurde. Aus bodenentziehender Trauer und schierer Verzweiflung heraus bot ich einer unbekannten Macht ohne Umschweife und bedingungslos an, mein Leben gegen das seine einzutauschen. Doch meine bisherigen Erfahrungen wurden nur wieder aufs Neue bestätigt, dass das nicht funktionierte. Ich lebte weiter, und Henning kam nicht zurück.

Ich habe ihn als lachenden und verständigen älteren Mitschüler in Erinnerung, mit dem ich im Chor zusammen gesungen habe. Während der Konfirmandenfreizeiten sorgte er als Betreuer für nichtkirchliche Unterhaltung, was dem Ganzen die frohe Botschaft verlieh und uns einen riesigen Spaß bereitete. Und er war zwei Jahre älter als ich – also definitiv zu jung zum Sterben, dachte ich damals.

Erst später lernte ich, dass der Tod nichts mit Gerechtigkeit oder Ungerechtigkeit zu tun hat, nicht zur rechten oder unrechten Zeit kommen kann. Er ist blind, denkt nicht nach, fühlt nicht und trägt keine Uhr, schon gar nicht eine Schweizer Uhr mit Präzisionslaufwerk. Und bei dem Gestorbenen sieht es genauso aus. Das Leid und der Schmerz existieren nur in den Überlebenden, die sich da etwas ausdenken. Sie bemitleiden sich selbst und bejammern ihren Verlust, aber nicht den Toten – wie ein Börsianer, der sich gerade verspekuliert hat. Pfui!

Ich schrieb weiter Gedichte und Erzählungen und hatte ein neues Thema gefunden. Das bestand nicht im Tod an sich. Denn den hatte ich als kleines Kind schon an überfahrenen Tieren in meinem Dorf kennen gelernt, die ich mit meinem Tretauto einsammelte und auf einem selbst eingerichteten Friedhof begrub. Nein. Das neue am Tod war eben, dass er immer mal wieder bei mir selbst vorbeischaute und elnen Menschen aus meinem Kreis mitnahm, als ob er sagen wollte: „Schau, mein Junge! Heute nehme ich deine Oma oder deinen Freund, deinen Vater oder deine Geliebte mit. Beim nächsten Mal könnte es dich treffen. Also genieße dein Leben, so lange du kannst! Denk an heute und spare nicht für die Zukunft! Das könnte sich als fataler Fehler erweisen."

Und was soll ich sagen? Seitdem befolge ich seinen Rat. Und es ist einer der besten Ratschläge, die mir erteilt wurden. Von Menschen habe ich noch keinen gleichwertigen Rat erhalten. Die tun immer nur so, als hätten sie etwas zu raten. Aber dies war mal ein echter, wertvoller Tipp – todsicher so zu sagen.

Ich lebte und lernte so leidlich vor mich hin, hielt meine Lungen durch Tennis- sowie Flötenspiel auf Trab und erfüllte meinem Zipfel in der einen oder anderen Frau seinen Wunsch. Das Leben ging weiter, spazierte so vor sich hin und pflückte die eine oder andere Frucht von den Bäumen, an denen es vorbeikam. Einmal fand ich sogar einen Zwanzig-Mark-Schein auf einem Feldweg. Eine weitere Erkenntnis, die ich aus der Schulzeit mitnahm, war, dass man Leuten wie mir lieber Privatunterricht erteilen sollte. Denn das ewige Stutzen auf Mittelmaß befriedigt die Talentierten nicht und lässt sie abgleiten – die einen in Drogen, die anderen in einen frühen Freitod oder Obdachlosigkeit. Das Arschkriechertum in unserer so genannten Demokratie ist keine wirklich gute Alternative zur echten Aristokratie des Geistes oder einer real existierenden Timokratie. Und was noch tierisch auf die Arschbacken ging, war die ewige Herumreiterei auf der so genannten deutschen Schuld. Wir wurden fast in jedem Schuljahr entweder in Geschichte oder Gemeinschaftskunde oder Ethik in die Gehirndusche gestellt, wobei uns vorher gesagt wurde, dass es der Reinlichkeit diene. Sie wollten uns die Zuneigung zu der Natur, in der wir aufgewachsen sind, und die Freude über die Kultur der eigenen Sprache mit ihren palabren Störfeuern gründlich verhageln. Sie haben uns dieses Hitlergewissen mit dem Schlägel der Wiederholung eingepaukt, dass uns hören und sehen verging. Erst später – nach dem Entkommen aus dieser Leeranstalt – öffneten sich unsere Augen und Ohren aufs Neue und erkannten die Relativität, mit der sich auch die deutsche Geschichte abspielt. Die böse Welt bestand weder zu jener Zeit noch irgendwann früher oder später nur aus Deutschland, obwohl einige Lehrer immer so getan hatten. Der Blick in die Geschichte anderer Länder stößt auf ebenso tiefe, teilweise sogar tiefere Abgründe des Menschen. Und dass Einiges falsch dargestellt wurde und sich später als unbewusster oder bewusster Irrtum herausstellte, macht die Sache nicht besser. Das ist einer der Gründe, warum ich keinen Tag meines Lebens und schon gar nicht die Schulzeit wiederholen möchte. Wer sich zurücksehnt, um diese Periode seines Lebens noch einmal zu erfahren, muss ein wahrer Trottel sein, der auch in seinem weiteren Leben seine geistige Unabhängigkeit noch nicht erreicht hat – oder ein gläubiges Tier, dem es aus Gewohnheit oder geistiger Faulheit oder beschränkter Auffassungsgabe nicht auf Wahrheit und selbstständiges Denken ankommt.

Ich hatte endlich die zwölfte Klasse erreicht und sehnte mich immer stärker nach dem in Sicht gekommenen Ende dieses pädagogischen Guantánamos. Da kam Christine.

In dem Moment, als ich den Kontakt aufnahm, mit ihr in Kontakt trat und in Kontakt kam, hatte sich mein Denken und Fühlen auch schon infiziert. Die nächsten fünf Jahre meines Lebens musste ich investieren, um endgültig von ihr loszukommen. Dabei dauerte unser Zusammensein lediglich zehn Tage.

Es fing auf einer Feier an, die von der Schule veranstaltet wurde, damit sich die Jugendlichen kennen lernen. Der eine Teil bestand aus uns deutschen Sängern des Schulchores, der andere Teil aus den Sängern einer US-amerikanischen Schule. Schüleraustausch nennt man so etwas.

Nachdem ich mein Interesse gezeigt hatte, lächelte sie mich an. Und wir entfernten uns händchenhaltend von der Menge und setzten uns auf die Rückbank des Autos, das einer meiner Brüder in der Nähe abgestellt hatte. Zum Glück war er auch Mitglied des Chores, und zum Glück hatte er – im Gegensatz zu mir – schon einen Führerschein. Das Auto stand also abseits der Meute und jeglicher Beleuchtung. Ich rechnete damit, dass sie mich erhören würde – um einmal Schuberts Worte zu gebrauchen. Doch es hatte mit Schubert weiterhin nicht mehr viel zu tun. Wer hören musste, war ich. Sie erzählte mir von ihrem langjährigen Freund, der sie vor kurzem sehr verletzt habe, und von ihren Gewissensbissen ihm gegenüber, wenn sie jetzt hier mit mir allein im Auto sitzt.

Ich war eindeutig im falschen Film, hörte aber geduldig zu und gab zwischendurch auch mal so etwas wie eine Antwort. Zuhören kann ich. Das mag ein Vorteil sein und zu den seltenen positiven Eigenschaften zählen. Hier wollte ich allerdings etwas Anderes praktizieren. Aber sei es drum! Sie redete, und ich hörte zu, bis sie ausgeredet hatte und wir wieder auf die Feier gingen. Jedoch bekam ich zum Abschied wenigstens einen Kuss auf die Wange.

Wir sahen uns in den folgenden zehn Tagen immer wieder einmal, obwohl der Zeitplan des gesamten Treffens sehr eng ausgerichtet war. Wir mussten getrennt proben. Sie war mit ihrer Gruppe oft im Bus unterwegs, um die Gegend kennen zu lernen. Ich saß schmachtend im Unterricht und schickte meinen Blick hinaus aus den Fenstern des gymnasialen Gefängnisses und konnte sie nur in Gedanken begleiten. Weiterhin ein paar Treffen unter Aufsicht (die Augen der anderen sind überall) und ein paar verstohlene Küsse. Am Flughafen Bremen am Ende des Austausches der schmerzhafte Abschied.

Aber es war nicht das Ende. Es war der Anfang einer langen (ich sagte schon: fünfjährigen) Tortur aus Sehnsucht, Unerreichbarkeit und viel Alkohol. Ich quittierte alle musikalischen Tätigkeiten mit sofortiger Wirkung und unterzog mich einer unendlichen Reihe von Versuchen, Kummer und Sorgen mit Hoch- und Niedrigprozentigem zu ersäufen, und stellte regelmäßig fest, dass diese Dinger schwimmen können und wie mit einem Dreizack bewehrte kleine Teufelchen aus Kork immer wieder an die Oberfläche treiben.

Ich rief sie mehrmals in der Woche an, bis ich merkte, dass das auch nichts half. Das dauerte allerdings ein paar Monate. Mein Vater bezahlte die Telefonrechnungen und schwieg. Ich trank jeden Abend ein bis zwei Flaschen eines mundigen deutschen Rotweins dazu und ging spät und bettschwer schlafen. Mein Vater bezahlte die Weinrechnungen, sorgte für Nachschub und schwieg. Ich vernachlässigte die Schule, interessierte mich für nichts mehr, ging regelmäßig später in die Schule und schwänzte immer häufiger bestimmte Stunden und später auch ganze Tage. Mein Vater sprach mit den Lehrern und dem Direktor und schwieg nicht mehr. Nachdem es immer weiter bergab gegangen war und ich mit Bekannten auch immer häufiger über den ehrenhaften Freitod sprach, also keinerlei Um- oder Aufschwung abzusehen war, bat er mich um ein Gespräch. Natürlich sagte ich das nicht ab. Denn mein Vater ist einer der ganz wenigen Menschen, die ich als solche nicht nur respektiere, sondern vor denen ich darüber hinaus auch große Achtung habe.

Wir sprachen. Wir hatten uns dazu einen separaten Raum in seinem Haus ausgesucht, wo wir ungestört waren. Aus meinen Augen rannen Schmerz und Verlust ununterbrochen die Wangen hinab. Doch seine Stimme blieb ruhig und leise. Er wählte kurze Sätze und gewährte mir lange Pausen. Nach einer Stunde erhob er sich, legte seine rechte Hand kurz auf meine linke Schulter und verließ den Raum, ließ mir noch Zeit, um allein zu bleiben und nachzudenken.

Die zwölfte Klasse musste ich wiederholen. Daran war nichts mehr zu ändern. Aber ich kriegte die Kurve und legte schließlich mein Abitur ab, hatte es geschafft und hinter mich gebracht. Ich war noch nicht frei, konnte mich aber auf Neues und Unbekanntes freuen und vieles von dem Alten durch einen Ortswechsel endlich hinter mir lassen. Mit dem Zertifikat in Händen erhielt ich die offizielle Genehmigung und Berechtigung, die Stadt zu verlassen, um meinen Ausbildungsweg weiterzuverfolgen. Und obwohl das Thema Christine noch nicht ganz abgeschlossen war, fühlte ich, dass ich da draußen in jedem Fall würde freier atmen können – neue Aufgaben bewältigen, andere Menschen kennen und verstehen lernen, interessantere Erfahrungen sammeln.

Was ich jedoch trotz aller interessanteren Erfahrungen und neuer Menschen bis heute nicht verstanden habe, ist dieser starke Infekt, den ich durch Christine erlitten hatte. Sie war nach meinen Vorstellungen wunderschön und einzigartig. Ich bildete mir ein sie zu lieben. Körperlich hatte sich nichts Anderes als ein paar Küsse und Berührungen der Hände abgespielt. Und in dem, was sie sagte, steckte nicht viel, was mir Hoffnungen gemacht hatte. Normalerweise verbucht man das heute unter Liebelei oder rosa Wölkchen, die der nächste Wind schon wieder auseinanderweht. Es ist mir auch vorher und nachher nicht mehr widerfahren. Man kann darüber sicherlich viel spekulieren und philosophieren. Aber erstens habe ich das lange gemacht. Und zweitens habe ich nicht mehr die Zeit, darüber länger nachzudenken. Es bleibt einfach eins von den Dingen, die wir unbeantwortet vor dem Grab stehen lassen. Sollen sich andere damit abplagen!

Und jetzt, am Ende meines Lebens, stellt sich die Sache auch positiver dar. Christine war eine Liebe – eine komische Liebe, die ich nicht und wahrscheinlich auch kein anderer erklären kann. Aber ich war wahrscheinlich chemisch-hormonell zu ihr hingezogen, sah in ihre schmalen, von ihrer japanischen Großmutter geerbten Augen und war von dem Widerhall ihrer mezzosopranähnlichen Stimme in meinem Körper fasziniert, entzückt von dem fremden, US-amerikanischen Dialekt, der mich heute abstößt, und wollte mir eine gewünschte Gegenwart und Zukunft vorstellen, die irgendeiner geschriebenen oder noch unveröffentlichten Erzählung glich, aber nichts mit der Realität zu tun hatte – und schon gar nichts mit ihr und mir.

Das Leben – behalten, lassen und nehmen

Es begab sich aber zu der Zeit, da noch die allgemeine Wehrpflicht in Deutschland herrschte. Der kalte Krieg wurde offiziell noch am Laufen gehalten, obwohl Gorbatschow und Genscher schon anderes Zeug in ihren Tee gerührt hatten und auf einem neuen Trip waren, wovon wir Massen aber noch nichts wussten und wissen sollten. Alles zu seiner Zeit!

Meine drei Brüder hatten es geschafft, sich durch Tricks und Lügen dem Dienst zu entziehen. Der eine und andere Mitschüler meldete seinen Wohnsitz in West-Berlin an und brauchte deshalb nicht zur Waffe zu greifen. Mir erschien das alles höchst verdächtig und kirroyal – rannten alle weg, wenn es drauf ankam. Höchst abstoßend und widerwärtig in meinen Augen. Heute bekommt man dafür von seinen Bekannten einen unsichtbaren Orden ans nicht vorhandene Revers geheftet. So ändern sich die Zeiten. Abstoßend und feige bleibt es dennoch, wenn man im Angesicht eines drohenden Angriffs die Fliege macht.

Vielleicht hatte ich auch durch schon früher eingeübte Entschlossenheit gelernt, dass man einen Angriff durch einen Gegenangriff schnell beenden kann. Zumindest hielt ich es für meine Pflicht – wie das Wort ‚Wehrpflicht' ja auch nahelegt – diese Ausbildung zu durchlaufen, mich vorzubereiten und Im Ernstfall eben auch mein Leben einzusetzen und dranzugeben – für was auch immer. Aber bloß nicht feige sein! Das schien mir schlimmer zu sein als mutig zu sterben. Wahrscheinlich hatte ich damals schon über die Spartaner gelesen und mich beeindrucken lassen. Allerdings hat sich in dieser Hinsicht bis heute nichts an meiner Einstellung geändert. Wir kommen in Bezug auf die heutigen syrischen Männer noch darauf zu sprechen.

Zumindest meldete ich mich, da ich ja sowieso gehen wollte, freiwillig für zwei Jahre. Achtzehn Monate hätte ich machen müssen. Aber hinsichtlich der vermeintlich verlorenen Zeit vor dem Studium sollte es sich für mich lohnen. Nicht nur saufen, sich langweilen und schießen, sondern auch etwas Längerfristiges mitnehmen, Neues lernen. Damit konnte ich mich schon immer kriegen: Ich brauchte mir nur zu sagen, dass etwas neu und deswegen interessant sein würde, und schon war ich dabei, auch wenn es sich im Nachhinein als banal darstellte. Das war beim Ficken so, das war bei gefährlichen Mutproben so, und das war so, als ich meinen ersten Mann küsste. Also hinein ins Neue!

Kasernierung, Vier- oder Sechs-Mann-Stuben, Disziplin. Ich schaute mir etwas ab und lernte.

Waffenausbildung, Drill und Alarmstuhl. Bereit sein und dem Gegner etwas entgegensetzen können.

Rückendeckung, Kameradschaft, Opfer bringen. Verantwortung, Respekt und Zuverlässigkeit. Das war die Grundausbildung.

Was darüber hinausging, wurde in den Offizierslehrgängen vermittelt: Operative und strategische Ziele, Einsatzplanung, logistische Probleme, rechtliche Grundlagen, Menschenführung.

Wie klein und unbeholfen kommen mir heute Männer vor, die diese Zeit nicht erlebt, diese Ausbildung nicht durchlaufen haben. Wie peinlich ist es heute mit ansehen zu müssen, wie verweichlichte Kunstfellkapuzenträger nervös auf ihr Smartphone glotzen, wenn der Akku leer ist oder innerhalb von zehn Minuten keine neue Animation auf dem Bildschirm auftaucht.

In dieser Zeit habe ich gelernt, dass eine Notgemeinschaft nicht nur sinnvoll sein kann, sondern die einzige Möglichkeit zu überleben ist. Und nicht nur das, sondern auch eine Möglichkeit ist, etwas zu verteidigen oder zu erreichen, was von Wert ist. Aber da scheiden sich auch schon wieder die Geister.

Denn was soll man verteidigen? Und was soll man erreichen?

Was kann ich alleine verteidigen? Und was kann ich alleine erreichen?

Was ist von Wert?

Das Bild der Notgemeinschaft wandelte sich.

Michael Schenker, Jens Schmaukle und Olaf Schnäbler hießen die drei Kameraden, mit denen ich die längste Zeit in der Ausbildung zusammen war. Wir schliefen auf der gleichen Stube, waren dem gleichen Stress ausgesetzt und erzählten uns von unseren Sorgen und Vorlieben. Wir waren alle vier nicht scharf aufs Befehlen und Gehorchen, Marschieren und Schießen. Aber für jeden war klar, dass eine Verweigerung das eigene Gewissen wahrscheinlich bis ans Lebensende belastet hätte, so wie sich Menschen ihr ganzes Leben lang ärgern, wenn sie nicht das Abitur gemacht haben – aus Faulheit, Ungeduld oder Nichtwissen.

Aus heutiger Sicht, gerade wo die Wehrpflicht ausgesetzt wurde, verstehen die meisten nicht, warum wir gegangen sind. Genauso wenig wie wir verstanden haben, warum unsere Väter und Großväter gegangen sind. Wir hatten es sogar noch einfacher als unsere Väter und Großväter, weil wir davon ausgehen konnten, dass es keinen Krieg geben würde, obwohl wir uns in Wirklichkeit zu der Zeit auch nicht sicher waren. Aber unsere Väter und Großväter hatten den Krieg schon an der Backe und gingen trotzdem – oder erst recht.

Wir sagten uns: Wer nicht das eigene Leben und das seiner Familie zu verteidigen bereit ist, hat nicht das Recht in einem Land zu leben, das ihn ernährt. Und durch den Dienst an der Waffe zeigten wir auch, dass wir es ernst meinten. Wir gaben einen Teil unserer Lebenszeit ab, um etwas für die Gemeinschaft zu tun. Das gehört dazu, wenn man nicht zu den Schwätzern gehören möchte, die das gleiche sagen, aber daraufhin nichts machen und auf diese Weise verrätern und verschweinden.

Natürlich hätten wir auch etwas Besseres vorgehabt als uns den Befehlen fremder Männer unterzuordnen, die uns nicht interessierten, oder uns der Kasernierung zu unterziehen, die so gut wie keine Privatsphäre zulässt. Natürlich wollten wir auch eine zivile Ausbildung absolvieren, eine Existenz aufbauen und die weitere persönliche Zukunft planen. Aber das ist eben einer der Unterschiede zwischen ihnen, die feige sind und nur an sich denken, und uns, die wir ebenfalls an uns, aber eben auch an die anderen denken, die sich nicht verteidigen können und dennoch Schutz brauchen. Und das sind keine Parolen, die wir erst als Uniformträger vorgesetzt bekamen, sondern Überzeugungen, die wir schon vor dem Gang durch das Kasernentor entwickelt hatten. Sonst wären wir nicht dort gewesen.

Natürlich sehnten wir uns während der winterlichen Nachtmärsche in ein gemütliches Wohnzimmer, wenn wir aus der Ferne im Dunkel ein Haus sahen, aus dem mattgelbes Licht auf den Schnee fiel. Wir stellten uns Leute vor, die vielleicht in Wollsocken und kuscheligem Pullover auf dem Sofa saßen und fernsahen oder sich in der Familie über das gemeinsame Spielen freuten – Monopoly oder Mensch-ärgere-dich-nicht. Und während sie später in ihre weichen Daunendecken schlüpften und müde in einen ruhigen Schlaf fielen, waren wir damit beschäftigt, in irgendeinem Wald das Biwak aufzubauen und zu sichern – also nach den dreißig Kilometern Marsch auch noch in der Kälte weiter zu arbeiten, ebenfalls müde in den Schlafsack zu kriechen, aber nach zwei Stunden wieder unsanft geweckt zu werden, um die Wache zu übernehmen –

am Ende der Wache Aufbruch und Abmarsch, ein neuer Tag. Was für eine tolle Nacht!

Am Ende der Übung, nachdem wir die Kaserne im Morgengrauen schon von weitem gesehen hatten und sich Vorfreude auf ein ausgedehntes Frühstück in geheizten Räumen und ein Nickerchen im eigenen Bett breitmachte, das Reinigen von Waffen und Ausrüstung mit anschließender Abnahme durch den Zugführer – versteht sich. Also zwei Stunden putzen, rubbeln, einfetten, waschen, trocknen. Auf den Zugführer warten, der natürlich nicht zur gleichen Zeit überall sein konnte. Direkte Kritik erfahren, was andere „Anschiss" nennen, und alles noch einmal reinigen – eine weitere Stunde putzen, rubbeln, einfetten, waschen, trocknen, auf den Zugführer warten, der natürlich nicht zur gleichen Zeit überall sein konnte.

Wenn das Zeug abgenommen war, beim Zeugwart in der Schlange warten und es abgeben. Selten konnte alles vollständig und intakt abgeliefert werden. Bei jeder Übung gab es Verschleiß und Schwund. Das musste natürlich gemeldet und schriftlich festgehalten werden. Formulare waren auszufüllen, manchmal zweimal oder dreimal, weil die Müdigkeit hartnäckig die Aufmerksamkeit attackierte und der Schlaf an den Augenlidern zog wie eine Manglerin an den Laken.

Als das alles erledigt war und wir auf die Stuben zurückgekehrt waren und matt auf den Stühlen oder auf unseren Betten hingen, erscholl auf dem Flur die Stimme des Unteroffiziers zum Antreten auf dem Kasernenhof. Das hieß natürlich nicht erst in fünf Minuten, sondern sofort. Pech für diejenigen,

die ihre Stiefel schon ausgezogen und das Feld-
hemd in die Ecke geworfen hatten; denn er bekam
ein besonderes Lob vor dem versammelten Zug
und, wenn er noch mehr Pech hatte, eine Extraauf-
gabe. Für die anderen war der Dienst allerdings
auch noch nicht vorbei. Schluss war erst um sieb-
zehn Uhr, wie es der Dienstplan vorsah.

Als es so weit war, hörte man nichts mehr von
den Soldaten: keine Stimmen, kein Flaschengeklin,
keine Musik. Wer mittags noch seine Freundin anrufen wollte, verschob es auf den nächsten Tag.
Wer sich mittags noch auf das kühle Bier nach Feierabend gefreut hatte, ließ es ungeöffnet im Kühl-
schrank stehen. Und wer mittags noch vielleicht ein
paar Zeilen auf dem Balkon lesen oder schreiben
wollte, fand das am Abend auch nicht mehr so wichtig. Wir fielen alle in die Betten und waren innerhalb
von fünf Sekunden eingeschlafen.

Wir schliefen gut – wie jeder sich vorstellen kann,
der dieses Pensum schon einmal hinter sich gebracht hat. Natürlich bestanden nicht alle Tage aus
diesen Anstrengungen. Es gab als Ausgleich auch
Tage, an denen wir im Unterrichtsraum saßen und
rechtliche Grundlagen lernten oder Sport trieben,
ohne uns zu verausgaben. Und es gab Schießtage,
an denen wir mehr warteten als schossen. Es gab
Tage der Vorbereitung für eine besondere Veranstaltung, die nicht sehr hektisch verliefen. Und es
gab Stunden zur freien Verfügung, die wir an sonnigen Nachmittagen mit offenem Hemd auf dem Balkon verbrachten, Gesetze oder Silhouetten feindli-
cher Flugzeuge lernten und uns unterhielten. Dazu
muss gesagt werden, dass wir unsere Ausbildung

in einer der alten, rustikalen Kasernen im Oberall-
gäu durchliefen – die Gebäude aus grauem Natur-
stein, die breiten, durchlaufenden Balkone aus dun-
kelbraunem Holz. Da sie oberhalb des Ortes lag
und auch über einen burgfriedartigen Palas verfügte, in dem wir unsere Jiu-Jitsu-Stunden erhielten,
wurde sie von uns und dem Einheimischen als
‚Burg' bezeichnet. Sie trug nach dem Zweiten Weltkrieg den Namen eines widerständigen Generals.

Jens und Michael trainierten hin und wieder auch
mal Karate, womit beide schon während der Schulzeit angefangen hatten. Michael hatte bereits den
ersten Dan erlangt, während Jens noch den roten
Gürtel trug. Sie hüpften etwas abseits von uns aufeinander zu und besprachen Schwachpunkte, die
sie daraufhin beseitigten, während Olaf Ratschläge
zum Projektmanagement las und ich Französisch-
Vokabeln übte. Das war vielleicht nicht das, was wir
eigentlich lernen sollten; aber die Vorgesetzten kontrollierten unser Leben in dieser Zeit nicht, sondern
ließen uns unsere Freiräume – eine sehr kluge Einstellung, wie ich damals zu lernen und verstehen
begann.

Was wir vier in jener Zeit auch lernten, waren
vielfältige Dinge und Tatsachen. Zum einen wussten wir nach ein paar Wochen gemeinsamer Ent-
behrungen und gegenseitigen Kennenlernens, dass
wir uns aufeinander verlassen konnten. Wir hatten
alles gemeinsam ertragen und genossen. Jeder
hatte seine Schwächen gehabt und preisgeben
müssen. Und die anderen hatten nicht gelacht und
sich lustig gemacht, sondern geholfen, unterstützt
und Aufgaben abgenommen, wenn es nicht mehr

weiterging. Michael war ein Schrank von einem Meter zweiundneunzig und, wie ich schon schrieb, verfügte über den ersten Dan im Karate. Ich wünsche nur den schlechten Menschen, ihm wütend und Anlass gebend zu begegnen. Aber der Bereich, wo er unsere Hilfe brauchte, war das Psychologische. Er kam aus einer speziellen Familie, hatte acht jüngere Geschwister und konnte in die Gefahr geraten unter der Last der Verantwortung zusammenzubrechen. Er machte sich Sorgen über jeden einzelnen Geschwisterteil, erzählte uns von den individuellen Problemen eines Bruders oder einer Schwester, hatte Sorgen um sie und vor allem Angst davor, einem nicht rechtzeitig helfen zu können, im richtigen Moment nicht da zu sein, nicht vor Ort zu sein, um ihm oder ihr zur Seite zu stehen, nichts machen zu können, weil er hier festsaß – einfach die Angst zu spät zu kommen.

Er saß in einer Zwickmühle. Auf der einen Seite verdiente er hier das Geld, was seine Familie brauchte; auf der anderen Seite konnte er aber auch nicht bei seiner Familie sein, um sie zu beschützen. Wie sich die Situation genau darstellte, wussten wir anderen drei nicht genau, weil er bestimmte Einzelheiten nicht erwähnte, abbrach, wenn wir ihn danach fragten. Aber wer sich die Mühe macht, sich in die Situation einzufühlen, wird wohl verstehen, wie belastend es sein kann. Wir hörten ihm zu, wenn er plötzlich anfing zu sprechen. Wir schwiegen, während wir ihm zuhörten. Wir warteten, bis er fertig erzählt hatte und unsere Antworten und Reaktionen hören wollte. Wir überlegten zusammen und berieten. Wir stellten unsere Probleme zurück und arbeiteten alle an diesem einen „Fall". Denn es war Michael, um den es ging – unser Kamerad, der das Gleiche für uns … nicht tun würde, sondern längst getan hatte. Es war nicht die Frage im Konjunktiv, die sich so viele Schwätzer erlauben. Es war bereits Tatsache. Wir hatten es alle vier bewiesen. Und deshalb dachte auch keiner von uns mehr darüber nach, ob er helfen und seine Zeit investieren solle oder nicht. Darüber wurde einfach nicht mehr nachgedacht. Es war so selbstverständlich geworden wie das Atmen, wie der Reflex beim Fallen, dass man seinen linken oder rechten Arm ausstreckt.

Wenn ich heute sehe, wie Mitschüler miteinander umgehen oder wie Kinder ihre Eltern bezeichnen, wie schnell die Leute ‚Freunde' auf Facebook finden, wie schnell sie Worte wie „lieben", „hassen" oder „total" gebrauchen, schäme ich mich, dass ich mich zur gleichen Art zählen muss wie diese oberflächlich lebenden Dekadenten, die auch in ihrer weiteren Anti-Entwicklung nichts mehr dazulernen, weil sie das Lernen nicht gelernt haben, sondern es als Störung ihres permanenten Befriedigungsdranges empfinden.

Im Nachhinein bin ich sehr froh, dass ich diese Erfahrung gemacht habe. Die meisten Menschen sind nicht dazu gemacht auf Dauer Frieden zu halten. Sie gehören weiterhin zu den aggressiven Tieren, zu den Raubtieren eben, die davon leben, andere zu fressen und aus ihrem Lebensraum zu verdrängen. Dass das Fressen und Verdrängen heute auf andere Weise geschieht, anders aussieht und anders genannt wird als vor zwanzigtausend Jahren, täuscht viele nur darüber hinweg, dass das Grundprinzip das gleiche geblieben ist. Diese Raubtiere haben sich nicht weiterentwickelt und leben unter uns oder in direkter Nachbarschaft. Und daher will ich bereit sein und wissen, was zu tun ist, wenn sie angreifen. Ich möchte nicht wie andere wehrlos und geistig besiegt und heulend danebenstehen, wenn Raubtiere versuchen, meine Schwester zu vergewaltigen oder meinen Vater zu töten. Was sind das denn für Menschen, die solche Dinge zulassen würden, nur um ihr eigenes jämmerliches Leben zu erhalten? Sind das Menschen? Oder sind das Hasen, die so oder so geschlachtet werden?

Und wie gesagt: Wir hatten das Glück uns nicht im Krieg zu befinden oder auf den Krieg vorbereitet zu werden. Wir hielten nur die Stellung und zeigten damit, dass ein Angreifer auf Gegenwehr treffen würde. Heute wissen leider zu wenige, dass Einheiten der bundesdeutschen Armee mehr als nur das eine Mal während der Kubakrise in Alarmstellungen an der deutsch-deutschen Grenze lagen und auf den Feind warteten. Es ist ja heute so leicht von schönem Wetter zu schwätzen, wenn man nicht weiß, dass der Wind stärker wird und ein Tiefdruckgebiet auf uns zuweht.

Und man sieht in der Gesellschaft auch den Unterschied zwischen denjenigen, die geholfen haben, und solchen, die sich gedrückt haben. Genauso verhalten sie sich in der Gesellschaft. Die einen haben den Wert der gegenseitigen Unterstützung erfahren und leben es weiter. Die anderen versuchen nach wie vor nur das Beste für sich selbst und vielleicht noch für ihre Kinder herauszuschlagen – aber nur vielleicht. Sie wollen Rosinen essen, sind aber nicht in der Lage eine Rebe zu pflanzen geschweige denn zu pflegen. Und wenn ich an die Aussetzung der Wehrpflicht und den gleichzeitigen Anstieg der Zahlen von verkorksten ADHS-Soziallegasthenikern und anderen Egoisten denke, überlege ich, ob ich meine erlernten Fähigkeiten nicht gegen diesen inneren Feind gebrauchen soll. Denn so jemanden im Ernstfall an seiner Seite haben zu müssen, bedeutet den sicheren Tod. Und wir hatten gelernt auch innere Gefährdungen zu liquidieren, um damit die Gruppe zu retten.

Als 1990 der Ostblock nicht mehr der Feind war, weil er sich aufzulösen begann, konnte ich noch in den letzten Monaten meines Dienstes erfahren, wie schnell die NATO und damit auch Deutschland damit waren einen neuen Feind zu erklären. Die Unterlagen und Schulungsmaterialien wurden innerhalb von zwei Wochen in der Art geändert, dass alle Aufmerksamkeit sich nun auf die islamischen Länder im Nahen Osten richtete und die Verteidigungslinien sich plötzlich an deren westlichen Grenzen befanden. So schnell kann es gehen, dachte ich. Kaum ist der eine Feind verschwunden, tritt schon der nächste auf. Man muss immer bereit sein.

Aber ich hatte vorerst meinen Dienst geleistet und konnte mich meinen eigenen Interessen widmen. Jetzt waren die anderen dran. Ich hatte Pause. Wie lange die Pause dauert, wird sich herausstellen. Derweil kümmere ich mich um die Sprachen und Literaturen dieser Welt. Ficken, fressen, fernsehen, arbeiten und töten können Tiere auch.

Ich will mich jetzt des Menschseins erfreuen und mich mit dem rein Menschlichen und dem hohen Menschlichen befassen. Das ist mein Begehr.

Die andere Nahrung

Nach zwei Jahren in modisch zeitlosem Olivgrün und als Leutnant der Reserve vorläufig entlassen, bemerkte ich, dass mein Hunger auf literarische Kost sehr groß geworden war. Ein ruhiges Gewissen und die Lust auf etwas Neues ließen mich das Studium der Anglistik, Romanistik und Philosophie in Münster befreit und sehr motiviert aufnehmen.

Doch auch hier lauerten neue Notgemeinschaften, und schlummernde alte erwachten.

Vom Sold der Bundeswehr hatte ich so gut wie nichts gespart. Ich lebte zwischen Zapfenstreich und Morgenappell unabhängig vom Vater, bezahlte in den Kneipen meinen Alkohol und lud oft andere ein, weil ich es konnte, und kam für die Benzinkosten auf, die manchmal auch sieben sibirische Tiger hätten retten können, erlaubte mir die eine oder andere größere Ausgabe wie zum Beispiel eine Reise nach Venedig und gönnte mir gleich nach der Dienstzeit den Motorradführerschein, weil ich das unbedingt noch machen wollte. Ich habe nie ein Motorrad gekauft und hatte auch bis zum Schluss keine Lust auf Mückenfressen und Beinebrechen; doch ich wollte einmal dieses Gefühl und die Kenntnis haben und vor allem die Fähigkeit besitzen und nachweisen ein Motorrad fahren zu können. Es ist auch bei den Fahrstunden und der bestandenen Prüfung geblieben – bis heute. Abgehakt.

Das hieß aber eben auch wieder zurück in Abrahams Schoß beziehungsweise aus Papas Geldbeutel leben und studieren. Es war mir unangenehm. Doch redete mir mein Vater meine Skrupel relativ schnell aus, indem er erklärte, dass es auf der einen Seite seine Pflicht und Aufgabe wäre, mich bis zum Ende zu unterstützen, was auf tragische Weise eine besondere Bedeutung erhielt, weil er zwei Jahre vor meinem Abschluss verstarb. Auf der anderen Seite erfüllte er sich damit selbst einen Wunsch, da er nie studieren konnte. Er genoss es mich studieren zu sehen, mich mein studentisches Leben führen zu sehen, mich Freude und Muße für das Studium haben zu sehen. Sein Vater war Postbeamter im mittleren Dienst. Kein Geld für eine höhere Schule geschweige denn ein Studium, schon gar nicht um 1930, und erst recht nicht, wenn man sich den Nazis verweigerte.

Also brachte es mein Vater (fast) fertig mir die Gewissensbisse auszureden. Ich übernahm seine Argumentation, dass das eben so sein müsse, wenn ich Interesse für ein Studium hegte, und konzentrierte mich auf das Studium.

Das bedeutete aber auch, dass ich möglichst sparsam lebte und Rechenschaft ablegte, obwohl mein Vater gar nichts davon hören wollte. Ein eigenes Auto und eine geräumige Wohnung fordern und dafür nichts entgegenbringen, wie es heute einige Studenten machen, war mir fremd. Ich wollte tatsächlich den Abschluss und nicht das Studentenleben bei Sonnenschein im Cabrio.

Also ging es zunächst nach Havixbeck. Und das war gut so. Havixbeck kennt kein Schwein, ich weiß. Aber es liegt in der Nähe von Münster. Und jetzt weiß auch jeder, wo ich anfing zu studieren. Und es weiß jetzt auch jeder, dass es dabei nicht blieb. Havixbeck war gut, weil ich weg war – raus aus der ewigen Provinzstadt, in der ich aufgewachsen war, in der mir fast jeder Mitbürger auf die Eier ging, weil er aus dieser Stadt war, mit mir in dieser Stadt lebte und mich nervte, weil er meinte, dass wir deswegen etwas gemeinsam hätten. Nichts hatten wir gemeinsam. Die Menschen sind unterschiedlich – unterschiedlicher geht es gar nicht. Und diese Typen nervten einfach nur damit, dass sie meinten, wir hätten etwas gemeinsam. Scheiß drauf! Wir hatten nichts gemeinsam außer der Tatsache, dass wir aus Not in der gleichen Stadt zur gleichen Zeit leben mussten. Hatte mich jemals jemand gefragt, ob ich mit diesen Nervensägen zusammen leben wollte? Nein. Hatte sie jemals jemand gefragt, ob sie mit mir zusammen leben wollten? Vielleicht. Aber das ist für mich irrelevant.

Zurück zu Havixbeck: Ein sehr kleines Zimmer (neun Quadratmeter) im Kellergeschoss eines Einfamilienhauses – Souterrain darf man das heute nennen und deswegen eine leicht erhöhte Miete verlangen. Ein Kleiderschrank, ein Schreibtisch und ein Bett – und wenig Licht. Das entsprach meiner Vorstellung von Studentendasein und Schriftstellertum. Ich hatte die Matratzengruft entdeckt. Heine war mein Seelenverwandter, Jean Paul mein virtueller Zimmernachbar und Schiller mein Helfer in der Not. Ich war erst einmal angekommen.

Nach Wohnungssuche und Immatrikulation begann auf natürliche Weise das erste Semester für mich. Es war eine unkomplizierte Geburt. Die frühe Lektüre in Jugendjahren und die Erfahrung, selbst eigene Gedanken aufschreiben und Geschichten erdenken und aufschreiben zu können, hatten den Samen in die frischen Furchen meines Herzens fallen lassen. Es erwuchs daraus eine Pflanze, die ihre Wurzeln immer tiefer in die europäische und amerikanische Literaturgeschichte dringen ließ und über der Oberfläche an der frischen Luft Gemeinsamkeiten und Erkenntnisse in Form von hellgrünen Blättern trieb, die immer zahlreicher und enger umeinander wuchsen.

Ich erinnere mich an William Wordsworth und Laurence Sterne, aber auch an Jane Austen und Virginia Woolf und viele andere, die nun zu meiner neuen Familie gehören. Meine biologischen Geschwister hatte ich mir nicht aussuchen können; die literarischen jedoch unterlagen meiner Vorliebe, meiner Sympathie, meines Interesses und meiner Neugierde. Und ich konnte entscheiden: Du kommst rein, und du bleibst draußen. Zu Shakespeare zum Beispiel hatte ich von Anfang an ein gespaltenes Verhältnis. Ich weiß nicht genau warum. Vielleicht, weil er zu viel Blut auf die Bühne brachte oder eine Frau von einem Esel ficken ließ. Die Sprache allerdings betäubt auch heute noch, so dass er nun seit zwanzig Jahren noch vor der Tür steht und um Einlass bittet – wenigstens um Hamlets Willen. Doch ich hadere noch mit ihm und mir und zögere; manchmal liegt meine Hand schon auf der Innenklinke der Tür, um ihn willkommen zu heißen. Aber dann gleitet sie wieder langsam herab und lässt die Tür verschlossen, damit ich mich zunächst Oscar Wilde oder D.H. Lawrence widme. Shakespeare hat es nicht leicht mit uns. Wir sind schon eine große Familie, bei der es auf das eine oder andere Mitglied nicht weiter ankäme; dennoch sträubt sich etwas gegen ihn. Also muss er sich noch eine Klitzekleinigkeit gedulden. Und bei seinem Alter kommt es ja auf das eine oder andere Jahrhundert wohl nicht an.

Von meinen Geschwistern spanischer- und italienischerseits sind auf jeden Fall Dante Alighieri und Miguel de Cervantes zu nennen, die aber erst später dazukamen, nachdem wir schon alle einmal umgezogen waren, denn in Münster lernte ich zunächst die Worte und grammatischen Strukturen, um meine Neuzugänge auch verstehen zu können.

Neben dieser Basis führte aber auch kein Weg an mucha teoria und langweiligen Details vorbei: Linguistik I und II, Sprachhistorik, Phonologie und Vorlesungen von Professoren, die am liebsten aus ihren eigenen Büchern vorlasen und dabei grinsten, was wir als überzogene Selbstliebe oder Spaß an folternder Häme interpretieren durften. Denn der Geist ist ja frei.

Im ersten Winter lag oft Schnee auf den Straßen. Und ich erinnere mich an die langsamen Fahrten von Havixbeck nach Münster und zurück – zwischen dem Aufdrehen der Heizung in meinem Neun-Quadratmeter-Imperium am Morgen und dem Aufwärmen in irgendwelchen Seminarräumen den ganzen Tag über. Ich erinnere mich aber auch daran, dass niemand von den neuen Studenten darauf aus war, einen anderen neuen Studenten kennen zu lernen. Nun ist mir bekannt, dass ich zu den eher zurückhaltenden Naturen zähle; aber es hat mich doch gewundert, dass ich auch bei den anderen kein Interesse an neuen Kontakten wahrnahm. Das fand ich interessant. War der Sprung ins trockene Whirlpool der Bücher so schockierend für uns alle gewesen, dass wir uns erst einmal selbst besinnen mussten? Oder lag es an der nährstoffarmen Luft der Fakultätskorridore, die uns die Lust auf Austausch nahm? Sei es drum! Es gibt Momente im Leben, die man auch nach einem ganzen Leben nicht erklären kann, auch wenn man andere danach fragt, weil sie genauso ratlos und nebelbenommen sind. Manchmal gibt es zwar Leute, die meinen, etwas erklären zu können. Doch hört es sich nur an, als ob sie Mund und Anus verwechselt hätten: Statt deutlicher Worte und eines klaren Sinnes vernimmt man nur einen trockenen Furz. Und man schaut sich gegenseitig an, als wäre ein Kaninchen vorbeigelaufen und hätte uns genau zwischen unsere Schuhe gekotzt.

Ich nahm die Situation hin, versuchte das Beste daraus zu machen, lernte also fleißig und ging in den Wäldern spazieren, die auch Annette von Droste-Hülshoff gekannt hatte, dachte über Tod und Vergänglichkeit, Suizid und Feuerbestattung nach – worüber ein dreiundzwanzigjähriger Mensch ebenso nachdenkt.

Ich war froh gewesen, der Provinz, wie ich sie kennen gelernt hatte, entkommen zu sein. Nun war ich in einer anderen Provinz gelandet und konnte das Glück am Horizont kaum ausmachen. Sicher war ich zunächst zufrieden damit, meinen

Interessen nachgehen zu dürfen. Die Studienfächer waren Lustfächer, die ich ein paar Jahre studieren konnte, ohne über meine weitere Zukunft nachdenken zu müssen. Denn ich hatte keinen blassen Schimmer davon, welchen Beruf ich damit ausüben könnte. Das lag vielleicht auch daran, dass sie mich auf dem Gymnasium mit so viel Quatsch und Matsch vollgestopft hatten, dass ich erst einmal eine Phase der inneren Reinigung durchmachen musste – mit so viel Ballast behängt, den ich erst einmal abwerfen musste. So brachte ich die ersten zwei Semester damit zu, die Prüfungen zu bestehen und mich nicht umzubringen.

Was mich im dritten Semester wirklich aufbaute, war wieder einmal etwas Neues, ein neues Gebiet, eine neue Herausforderung, eine neue Sprache. Ich hätte das nicht machen müssen; aber ich tat es. Ich ergriff die Gelegenheit einen Italienischkurs für Nicht-Italienisch-Studierende in den Semesterferien zu belegen. Und es ist auch Dottore Steffano zu verdanken, dass ich noch nicht in den ewigen Gründen jage – einem etwa dreißigjährigen, dunkelblonden Italiener mit Brille, der uns (naja, zumindest mich) mit seiner freundlichen Ausstrahlung und einem mitreißenden Benigni-Humor die italienische Sprache schmackhaft machte. Ich hatte weniger Schwierigkeiten, das Italienische sogleich mit meiner Leidenschaft für Musik zu verbinden. Aber auch ohne das hatten wir kaum eine Chance, uns der Melodie und der Phonologie (ich hatte wirklich schon etwas gelernt) des Italienischen zu entziehen. Wer sich die Mühe macht und sich Worte wie „costruisce" oder „desiderio ardente" auf der Zunge zergehen lässt, der denkt nicht mehr an dunkle Straßen des Lebens oder zertretene Hoffnungen am schwarzen Horizont der Toteninsel. Dottore Steffano erschien mir Verzweifelndem und Bedrängtem als ein von einem Heiligenschein umgebener Messias, der mir stets in einem sauberen Hemd von strahlendem Weiß die neue Botschaft verkündete und mir neuen Wein aus alten Schläuchen einflößte und brutzelnde Pasta auf sauberen Tellern kredenzte.

Ich atmete auf, schöpfte neue Hoffnung, fing wieder Feuer. Und als ich nach mehreren Monaten der Abwesenheit von meinem Ort des Aufwachsens wieder einmal meine Eltern besuchte, lernte ich an einem unbestimmten Abend im Oktober in einer der bekannten Kleinstadtkneipen zufällig alte Schulbegleiter treffend Katja kennen.

Sie war nicht das, was andere hübsch nennen. Was mir zuerst auffiel, war ihre an jenem Ort ungewöhnliche Tätigkeit. Während wir anderen Bier tranken und Billard spielten, nebenbei eine Zigarette nach der anderen rauchten (Was für paradiesische Zeiten das doch damals waren!) und uns in dem verqualmten Feldlager wie unbeaufsichtigte Landsknechte fühlten (jedoch bei weitem nicht so benahmen), saß sie an einem Tisch im vorderen Bereich der Kneipe auf einem Stuhl an dem von unseren Jacken besetzten Tisch, ein Bein übergeschlagen, und las in einem Buch. Ich weiß nicht mehr, welches Buch es war. Aber ich erinnere mich, dass ich sie daraufhin ansprach und sie mir kurz über das Buch berichtete, das ich noch nicht kannte.

Das war der Anfang. Ich fand sie sofort sympathisch – sie mich wahrscheinlich auch; denn wir verabredeten uns danach mehrmals, bis sich der erste Kuss ereignete, der wie eine von einem flügeltragenden Heckenschützen abgefeuerte Kugel sein Ziel nicht verfehlte. Wir stellten etwas verdutzt fest, dass wir ab jetzt zusammen seien und zelebrierten das auch in jeder neuen Begegnung – also in die Äuglein schauen, Küsschen hier, Küsschen da, Händchen halten und hin und wieder im selben Bettchen schlafend. Schließlich waren wir schon erwachsen.

Sie hatte sich gerade in Kiel für Ozeanographie eingeschrieben (schon wieder etwas Neues für mich) und sprach begeistert von ihrem Fach. Schließlich war sie ja auch vom Fach. Ich hörte zu und überlegte nebenbei immer wieder und immer intensiver, ob sich ein Wechsel lohnen würde – ob ein Wechsel sinnvoll sei oder reine Lustverschwendung. Das Ergebnis war, dass ich mich zum schnellstmöglichen Zeitpunkt, also zum nächsten Semester in Münster exmatrikulierte und in Kiel immatrikulierte. Ich habe dabei gelernt, dass man für einen solchen Schritt immer zwei gute Gründe haben sollte. Liebe allein reicht da nicht aus. Denn Liebe ist vergänglich, sehr vergänglich – Liebe ist wie ein freier und rebellischer Vogel, der sich für einen Moment auf einen Zweig setzt und sein Lied trällert und – kaum dass man einen Briefumschlag seiner Samstagspost geöffnet hat – im nächsten Moment schon wieder weggeflogen ist. Das hatte ich auch schon gelernt.

Also überlegte ich: Welche Argumente gäbe es für und welche gäbe es gegen einen Wechsel des Studienortes. Die Anziehung in Richtung Katja war relativ groß – ein mittelstarker Magnet aus dem Chemielabor der Schulen, die ich kennen gelernt hatte. Kiel liegt am Meer, hat einen Hafen – schon immer ein weiteres Agens, dass eine der Kompassnadeln in meinem Inneren ausschlagen ließ. Also Liebe und Meer – zwei starke Argumente. Ich dachte über mein Dasein in Münster und Münster selbst nach. Da war nicht viel zu holen: Eine katholische Stadt mit viel zu viel Glockenlärm, altbacken und auf seine Weise lähmend. Havixbeck eine Erfahrung, die bereits gemacht worden war und mit keinen Neuigkeiten mehr aufwarten konnte. Das Studium autoritär-verfilzt und wenig Gelegenheit zur Freude bietend. Die Kommilitonen graue Schatten mit eigenen Problemen und kaum wahrnehmbar. Die Kommilitoninnen teilweise hübsch und drall in einer Latzhose ihre Reize präsentierend, aber als Ansprechpartnerin nicht wirklich attraktiv, weil noch zu mädchenhaft schwatzend die Atmosphäre überzuckernd. Alles war für sie süß und lieb und toll – wie eine reife Kirsche am Baum der Erkenntnis. Kirschen hatte ich noch nie wirklich gemocht.

Ich glaube, dem Leser ist das Ergebnis meiner Überlegungen schon klar: Ich ging zum nächsten Semesteranfang nach Kiel, nahm Katja in die Arme und genoss die Meeresluft, die man dort jeden Tag in der Nase hat, auch wenn sie durch das Studium einmal verstopft sein sollte. Und was das Beste war: Mein Vater bezahlte eine Wohnung, in der ich mit ihr gemeinsam leben konnte. Das heißt: Wir suchten, fanden und bezogen sie gemeinsam. Ein tolles Gefühl – in jenem Alter. Inzwischen bin ich ja reifer und finde vieles nicht mehr so toll. Aber das steht auf einem anderen Blatt – irgendwo in dieser Geschichte. Caesar und Kleopatra, Harald und Maude, Romeo und Julia, Bernhard und Bianca – wir wussten noch nicht, wer wir waren. Aber ein Anfang war gemacht.

Wir lebten glücklich und zufrieden – nicht bis wir starben, sondern bis zu jener Nacht, die sich nach etwa neun Monaten ereignete – wie eine Fata Morgana an uns vorüberschwappte und unseren gemeinsamen Weg spaltete, wie es eine kalte und scharfe Klinge einer Axt mit einem festen Holzscheit veranstaltet (Veranstaltungen an der Uni hatten wir ja beide zur Genüge kennen gelernt) – ohne Gewissen, ohne Gnade, ohne Gefühl.

Vorangegangen war ein Ereignis, das sie sehr mitgenommen hatte, wie der Leser und besonders die Leserin sich vorstellen können. Es war aber auch an mir nicht spurlos vorbeigegangen. Nach sieben Monaten Zusammenseins sagte sie mir, dass sie schwanger sei, und wartete meine Reaktion ab. Ich wartete auch ab und überlegte, begann zu argumentieren und abzuwägen und kam schließlich zu dem Schluss, dass wir das Kind bekommen könnten, da mein Vater sicherlich mit sich reden lasse und uns bei der Finanzierung helfen würde. Ich hatte zwar zuerst auf der einen Seite keine Lust mein Leben von unserer Reproduktion verändern geschweige denn bestimmen zu lassen; auf der anderen Seite war es nun einmal passiert. Und damals konnte ich mich noch in die Stimmung versetzen Vater zu werden. Je öfter ich darüber nachdachte, desto freudiger wurden die Gedanken daran, ein Kind aufzuziehen. Ich antwortete, nachdem sie mich nach einer klaren Antwort gebeten hatte, mit einem sehr klaren Ja.

Sie sagte dazu noch nichts und freute sich nicht. Sie ging auf Distanz und diskutierte viel mit einer besten Freundin. Eines Tages sagte sie mir, dass sie sich entschieden habe, die Schwangerschaft zu beenden. Drei Wochen später war das Kind weg. Sie fühlte sich der Aufgabe nicht gewachsen und bekam Panik, wenn sie an die immer größer werdende Notgemeinschaft in ihrer Gebärmutter dachte. Kann man eine Notgemeinschaft immer früher oder später beenden, so gehörte die Schwangerschaft zu jenen Notgemeinschaften, die sich relativ schnell beenden lassen. Gleichzeitig hatte Katja ihren Muttertrieb überwunden und das Gewicht auf ihr Studium gelegt – und auf ihr Gewissen, wie sich kurze Zeit später herausstellte. Doch die Entscheidung war getroffen und hatte gezeigt und bewiesen, dass es immer mindestens zwei Möglichkeiten gibt.

Das Leben ging für mich also so weiter wie bisher, ohne Kind: studieren, feiern, schreiben, lesen. Nach der Abtreibung wurde Katja allerdings sehr anhänglich, machte sich Vorwürfe. Und als sie von mir nicht anders als sonst behandelt wurde, schlief sie mit einem guten Bekannten von uns beiden, was sie mir auch am nächsten Morgen sofort mitteilte. Wieder wartete sie meine Reaktion ab. Ich dachte ein paar Tage nach und überlegte. Nach dieser Zeit setzte ich sie davon in Kenntnis, dass unsere Beziehung beendet sei – ein sehr klares Nein.

Sie wollte kämpfen, was für Frauen endlos diskutieren bedeutet. Allerdings kannte sie ja schon meine konsequente Haltung Entscheidungen gegenüber (genau deswegen denke ich vorher nach, und nicht nachher). Daher glichen ihre Schmeicheleien und Attacken eher dem verzweifelten und ohnmächtigen Geballer der 6. Armee bei Stalingrad. Zum Schluss sagte sie zum siebten Mal nur noch, dass sie mit ihm nur geschlafen habe, weil ich mich nicht genug um sie gekümmert habe. Doch auch beim siebten Male hatte dieses Argument nur die Wirkungskraft einer Seifenblase. Wir wohnten noch ein paar Wochen zusammen, bis sie die Möglichkeit gefunden hatte, bei ihrer einen besten Freundin zu wohnen, die übrigens kurz darauf das Studium abbrach und eine Familie gründete. Denn sie hatte bereits auf einer der Partys ihren Juristen und Versorger gefunden, wie sie Katja einmal unter dem Schutz der Verschwiegenheit offenbarte.

Obwohl ich mich für das Kind entschieden hatte, bin ich Katja im Nachhinein bis heute dankbar, dass sie es nicht weiterleben ließ. Mein Leben wäre anders verlaufen – und so wie ich es heute beurteilen kann, langweiliger und festgefahrener. Ich hätte viele Dinge nicht machen können, die für meine Ausbildung essentiell waren. Und der permanente finanzielle und zeitliche Druck hätte mich über mindestens zwanzig Jahre vielleicht so stark belastet, dass ich entweder mich oder das Kind oder Katja oder uns alle drei getötet hätte. Kommt ja vor, dass Männer und Frauen manchmal keine andere Lösung finden als alles zu beenden. Also standen seitdem auch auf dem Abtreibungsdatum drei Kreuze in meinem persönlichen Vergangenheitskalender, an die ich immer wieder dachte, auf die ich immer wieder trank, über die ich mich immer wieder freute.

Das Studium blieb interessant. Was mir vorher nur eine Ahnung war, entpuppte sich am Ende als eine Tatsache. Es gibt keinen Gott. Es hat noch nie Götter gegeben. Das waren alles nur Erfindungen der Schlaueren, um die Dümmeren benutzen zu können – als Machtinstrument, Kanonenfutter, Steuerzahler, um sich auf Kosten der Masse zu bereichern, ein schöneres Leben als die Masse zu führen, sich als Besseres zu fühlen und über die Masse zu erheben. Religion macht mächtig. Und Macht macht reich. Und Reichtum macht sexy. Amen. Die ganze Christianisierung und Islamisierung nur ein stinkender Pfuhl von Massentötungen und Machtausdehnung. Diese ganzen Verbrechen an der Menschheit legitimiert von den Mächtigen – von wem sonst? Man könnte meinen: Gut, haben wir da eben ein bisschen Scheiße gebaut. Dumm gelaufen. Eine Notgemeinschaft eben. Machen wir es heute besser! Aber das ist ja gerade das Betrübliche: Der Finger der Religion steckt heute immer noch vielen Leuten im Hintern und lenkt sie wie eine Marionette durchs Leben, ohne dass sie etwas dazugelernt hätten. Es ist also noch nicht vorbei. Leider. Und leider werden Kant und Feuerbach immer noch zu wenig gelesen. Auch eine Schande. Aber was solls? Wurschteln wir halt so weiter. Hat ja bisher auch geklappt. Wird schon. Auch Nazi-Größen haben ihr Handeln nicht bereut. Die Erde ist groß genug für unsere Schweinereien.

Und dann die andere Geschichte! Auch eine Notgemeinschaft, mit der wir leben müssen, wenn wir uns mit ihr auseinandersetzen: Betrügereien, Lügen, Verschlimmbesserungen in der Technologie und der Medizin. Und immer wieder die Frage: Warum gibt es eigentlich den Menschen, wenn er mit seinem Gehirn nichts anzufangen weiß? Und wann nimmt es mit diesem Elend Mensch endlich ein Ende?

Aber ein Genuss dagegen das Studium des kulturellen 19. Jahrhunderts – der Höhepunkt im sinnvollen Schaffen des Menschen. Das bedeutet aber eben auch für die Zeit danach Erschlaffung, Niedergang, Dekadenz, Entleibung. Das Letztere kann sich allerdings noch ein paar Jahrhunderte hinziehen. Zum Glück bin ich zu dem Zeitpunkt schon längst weg und vorbei. Aber zurück zu den Errungenschaften. Was haben sie nicht alles Schönes geschrieben und komponiert! Endlich einmal etwas, was man genießen und dem Menschen hoch anrechnen kann: Symphonien, Klavier- und Violinkonzerte, Romane, Philosophien und der Ansatz eines gemeinsamen europäischen und weltweiten Geistes. Es wurde ein Garten angelegt, in dem die schönsten Pflanzen wuchsen und gediehen, bis er von den Lausbubenfüßen der Politik wieder gründlich zertrampelt wurde. Und damit sind wir bei dem leidigen Thema der Wiederholung der Geschichte. Es gibt nichts Neues auf der Erde mehr. Es ist alles gesagt und getan. Nur wenn man nicht liest, muss man halt die ganze Scheiße noch einmal erleben. Und das scheint das Schicksal der Menschheit zu sein: Zu dumm und zu schwerfällig, um voranzukommen – dumm gelaufen eben mit seiner Existenz.

Im fünften Kieler Semester, am 09. April, starb mein Vater während der zweiten Operation nach einem Blutsturz auf dem Operationstisch direkt unter den Händen des operierenden Chefarztes. Trotzdem wurde meiner Mutter noch die Rechnung von knapp dreißig Tausend Euro unter die Nase gehalten. Auch der Tod ist nicht umsonst. Und verdient wird auf jeden Fall. Leben oder Tod – scheiß egal. Die Götter in Weiß habens nicht gegeben. Die Götter in Weiß habens nur genommen.

Die Sache mit Katja war erledigt. Ich befand mich bereits im Hauptstudium, musste aber noch das eine und andere Hauptseminar besuchen und geriet unter Zeitdruck. Doch mein Vater hatte vorgearbeitet, so dass gerade genug Geld übrigblieb, damit auch der letzte seiner fünf Schmarotzer noch ein Studium erfolgreich beenden konnte. Nachdem ich in den ersten Monaten nach seinem Tod überlegt hatte, ob ich das Studium nicht abbrechen solle, um Geld zu verdienen, überwog der geisteswissenschaftliche Überlebenswille es zu Ende zu bringen, so wie ich vieles nur durchhielt, um es zu Ende zu bringen. Das verhielt sich mit der Lektüre schlechter oder langweiliger Bücher so und auch mit Beziehungen aller Art: Wenn das das Nervige und Zeitverschwendende noch etwas hinauszögert und das Leiden verlängert, ist man am Ende vollständig überzeugt mit dem Todesstoß auch das Richtige zu tun und getan zu haben. Keine späteren

Gewissensbisse oder nachträglichen Fragen. Die Sache ist erledigt, der Löwe tot.

Ich versuchte mich noch mehr zu beeilen; doch dauert ein Semester eben sechs Monate und das Hauptstudium mindestens vier Semester. Da kann man hetzen und hecheln, wie man will; die Geschwindigkeit der Erdumdrehung lässt sich deswegen nicht beeinflussen. Und die Tage werden aufgrund unserer Ungeduld auch nicht kürzer. Also befand ich mich ständig zwischen dem Dasein eines Peitsche schlagenden Kutschers und dem eines galoppierenden Pferdes, das an den Rand seiner Kräfte gelangt war und deswegen auch nicht schneller laufen konnte als es eben möglich war.

Dottore Caso war nach Dottore Steffano der zweite Engel, der aus appenninischen Gefilden in meine Welt herübergeflogen war, um das Lied der italienischen Literatur weiterzutragen. Bei ihm besuchte ich Vorlesungen und Seminare zu Dante Alighieri und Alessandro Manzoni, Giacomo Leopardi und Giuseppe di Lampedusa, Italo Svevo und Luigi Pirandello. Er war eine Generation älter als Steffano, dafür aber auch eineinhalb Köpfe kleiner. Um uns Studenten, die sich stets in überschaubarer Zahl von maximal acht um ihn herum versammelten, kümmerte er sich wie ein Karnickelzüchter um seine Rammler, das heißt: Vor der ersten Veranstaltung um acht Uhr morgens gab es erst einmal einen selbst aufgebrühten Espresso aus eigener Maschine und selbst eingegossen. Erst nach ein paar freundlichen Worten zum Wetter oder zur Tageszeit widmeten wir uns der Lektüre und Interpretation.

Und so umsorgt wurden wir eineinhalb Stunden später in den frühen Vormittag entlassen.

Nachdem ich durch die Beerdigung meines Vaters drei Tage Veranstaltungen verpasst und mich deswegen bei Dottore Caso entschuldigt hatte, sagte er als Erstes nur: „Zu früh." Ich bestätigte mit einem: „Ja. Er war erst siebzig." Worauf er erklärte: „Nein. Zu früh für Sie." Was er damit meinte, sollte ich erst später verstehen – lange, nachdem sich unsere Wege wieder getrennt hatten und er in die appenninischen Gefilde zurückgeflogen war, um dort seinen Ruhestand zu genießen und zu sterben.

Als Zweites verschaffte er mir noch am gleichen Tag ein Stipendium, das mir einen zweimonatigen Aufenthalt in Urbania ermöglichte. Ich sollte nur gegen Mittag noch einmal vorbeikommen, um zu erfahren, ob es geklappt hätte. Natürlich hat es geklappt; sonst hätte Dottore Caso es doch gar nicht erwähnt. Er kannte die richtigen Leute, und er erkannte die richtigen Studenten. Und er verkannte nie die Situation.

Also beendete ich meine laufenden Kurse mit den entsprechenden Prüfungen bis Ende der Vorlesungszeit und machte mich Anfang Juli auf den Weg in die Marken, wo ich meinen Verlust verarbeitete und viel Schönes und Neues entdecken durfte – das meiste davon in Form von weiblichen Kreaturen und blühenden Naturen.

Da war zunächst Violeta. Wie sie wirklich hieß, habe ich schon vergessen. Sie war eine zweiunddreißigjährige Sopranistin aus New York, die zusammen mit ihrer Lehrerin und anderen Elevinnen dorthin gereist war, um ihre Aussprache zu verbessern. Bei US-Amerikanern hört es sich ja weniger als komisch an, wenn sie versuchen eine andere Sprache zu sprechen geschweige denn zu singen. Der Schwerpunkt ihrer Proben und Stunden lag auf Arien aus ‚La Traviata', weshalb ich sie eben auch nur als Violeta in Erinnerung behielt. Wir lernten uns ohne Zwang auf einem abendlichen Treffen aller Schüler im Sprachinstitut kennen und verbrachten daraufhin die Freizeit während des Restes ihrer vier Wochen zusammen in unseren Zimmern, auf Spaziergängen oder nächtlichen Besuchen von Kirchen oder Gärten, um dort weitere Körperflüssigkeiten auszutauschen.

Auch hier genoss ich die relative Abgeschiedenheit von der realen Welt meines Studiums und des Fertig-werden-Müssens. Ich lauschte ihrer zweitklassigen Opernstimme vor und nach dem Koitus, schrieb Gedichte über die Liebe und den Tod und war seltsamerweise nicht traurig, als wir uns an ihrem letzten Tag verabschiedeten. Ein Kuss, eine Umarmung, ein letzter Blick – und das wars. Ihr Bus war am Ende der Straße um die Ecke gebogen, als ich mich umdrehte und in der nächsten Bar einen Campari trank, in dem sich der Rest Bitterkeit befand, die ich zu fühlen noch imstande war. Die Stimmung begann sich langsam zu heben. Und so ging ich am Abend, nachdem ich mich auf meinem Zimmer frisch gemacht hatte, auf das nächste Treffen aller Schüler im Sprachinstitut, wo die Neuen bewillkommnet wurden, und traf auf Carla. Später verriet sie mir, dass sie eher auf mich traf. Denn eigentlich war ich nach der Geschichte mit Violeta und dem zweiten Tod in kurzer Zeit – beide allerdings auf unterschiedlichen Bühnen – nicht so abgebrüht nach dem Ableben der vergangenen Königin gleich die nächste auszurufen.

Aber Carla war speziell und, wie sich herausstellte, auch mein letzter Versuch in Richtung einer ernsten Beziehung, vielleicht sogar Heirat und Familie. Ganz anders als Violeta: Elf Jahre jünger als ich (und nicht fünf Jahre älter), Schweizerin (und nicht US-Amerikanerin), flachsblond (und nicht gefärbt rot), natürlich weich in ihren Bewegungen (und nicht gewollt darstellend), ein ruhig kontemplativer Mensch (und nicht eine unruhig affektierte Person) – mit einem Ausdruck: die Frau, bei der ich mir vorstellen konnte, mit ihr mein Leben oder zumindest die nächsten, unabsehbaren Jahre verbringen zu können. Das war mir trotz zehnfacher Verbindungen in meiner Vergangenheit nur noch mit Petra passiert. Deshalb auch der Gedanke ‚mein letzter Versuch'. Es sollte tatsächlich mein letzter sein.

Wir verbrachten den gemeinsamen Monat in Urbania in wohlabgestimmter Harmonie, lernten gemeinsam, verbrachten die übrige Zeit auf Märkten und in Gesprächen, während derer ich ahnte, dass auch sie etwas plagte, was nicht in ein glückliches Leben gehörte – etwas, was sie so werden ließ, wie sie war und dachte. Aber genau das war es, was uns verband – bildete ich mir zumindest ein. Im Gegensatz zu der Zeit mit Violeta, in der das Ficken eigentlich nur eine Form von Abreaktion und Herausforderung darstellte, war es bei Carla und mir – viel seltener sich ereignend, obwohl wir auch jede Nacht gemeinsam auf den Sonnenaufgang warteten und dem Wecken durch die Vögel uns Gesellschaft leistend entgegenschliefen – eine Huldigung an die vollkommene Liebe, die woanders beginnt als im Unterleib.

Wir mussten uns nichts erklären. Was wir mochten, fanden wir gemeinsam und wie automatisch. Was uns abstieß, nicht zusagte oder einfach nur langweilte, mieden wir ebenfalls in der gleichen Sekunde. So eine Frau, die sich noch dazu nichts daraus machte, wenn andere Männer ihre wohlgeformten, braunen Schenkel von unten bis oben bis zum Ansatz der kurzen Hose musterten und sich den Rest mit ihrem in die Phantasie eingebauten Scanner vorstellten, weil der einzige Mann, der sie interessiert, neben ihr geht, ist bei der allgemeinen Eitelkeit und dem krankhaften Drang nach sexueller Freiheit heute schwer zu finden.

Wir unternahmen Wanderungen, bummelten über die Märkte von Pesaro und Urbino und drückten uns nach einem ausgiebigen Essen und dem Atmen der abendlichen, italienischen Sommer-Atmosphäre als Frischverliebte in den verwinkelten Gassen Urbanias herum, kamen vor lauter Küssen und Lächeln ewig nicht nach Hause und fielen am Ende müde von all der liebesschwangeren Luft auf unser Bett – bis zum nächsten Tag, der den Aufenthalt im Paradies noch einmal verlängern sollte; so Tag für Tag und Nacht für Nacht, bis auch diese an das Ende ihrer Zahl gelangten und wir uns etwas überlegen mussten.

Der Sommer war zu Ende. Aber unser Zusammensein sollte es noch nicht sein. Ich änderte kurzfristig meinen Rückreiseplan und fuhr mit Carla zu ihrem Elternhaus in Bremgarten, einem kleinen Ort in der Nähe von Bern, wo wir unsere ewige Vermählung zu verlängern suchten. Doch die Anwesenheit ihrer Eltern und ihr langsames Zurückgleiten in ihren Alltag begannen die frischen Blüten unserer Zuneigung an den Rändern welken zu lassen. Das Leben wurde wieder ernster. Und je länger sie sich wieder in ihre Welt einfand, desto überflüssiger schien ich an ihrer Seite zu werden.

Wir sprachen nicht darüber – war es doch für uns beide wahrscheinlich gleichermaßen ein neues, unangenehmes Gefühl, das wir erst einmal selbst und allein untersuchen und definieren mussten. Wir wollten den anderen nicht verletzten, spürten aber beide, dass etwas störte. Es gibt oft etwas, das stört, was man aber am Anfang und manchmal bis zum Ende nicht benennen kann. Sie setzte sich ans Klavier und spielte vor sich hin (nicht für mich, obwohl ich daneben sitzen und zuhören durfte, wofür ich schon sehr dankbar war), erledigte dringende Aufgaben, bei denen ich ihr nicht helfen konnte. Ich nahm ein Buch in die Hand und las oder schaute mit ihrer Erlaubnis ein Fotoalbum der Familie an. Da entdeckte ich Personen, die ich nicht kannte, und nach denen ich fragte. Und da entdeckte ich auch den Grund für etwas, was ich in den ersten Stunden unserer Begegnung schon wahrnahm. Es gab einen jüngeren Bruder und eine ältere Schwester. Den Bruder hatte ich bereits kennen gelernt. Da die Schwester nicht mehr im Haus wohnte, fragte ich natürlich nach ihr. Doch nur in kurzen Sätzen erklärte mir Carla, dass ihre Halbschwester sich vor drei Jahren aus dem Zug hat fallen lassen – kurz nach ihrem siebzehnten Geburtstag und ohne dass irgendjemand Anzeichen für diesen bevorstehenden Freitod gesehen oder geahnt hätte. Auf dem Foto saß sie missbilligend in die Kamera blickend im Schneidersitz in ihrem Zimmer und hatte sich mit Vogelfedern in den Haaren und einer Adlerkrallenkette um den Hals geschmückt. Sie verehrte die Ureinwohner Amerikas und litt an dem Verlust ihrer Welt und ihrer Werte. Und irgendwann hatte sie die Gelegenheit genutzt, als der Rest der Familie, die sie vielleicht gar nicht als ihre Familie wahrgenommen hatte, in den Urlaub gefahren war und die Türen der Schweizer Bahnen noch nicht nach dem Anfahren des Zuges zentral verriegelt wurden, ihr Leben zu beenden.

Am nächsten Tag ging ich auf den Friedhof und suchte ihr Grab auf – allein. Carla sagte ich, dass ich einen Spaziergang machen wolle. Und sie schien es zu begrüßen, um einige Vorbereitungen für das beginnende Semester zu treffen. Nach kurzem Suchen fand ich es und blieb etwa fünfzehn Minuten davor stehen. Ich hatte sie nicht gekannt. Auch kannte ich ihre Gründe nicht. Aber ich wusste aus eigener Erfahrung, dass es Gründe geben kann – dass man daran denkt – dass es eine Lösung war, an die ich auch schon oft gedacht hatte. Und sie hatte sich entschieden – war bereits einen Schritt weiter als ich – hatte es hinter sich gebracht – war den letzten Schritt gegangen. Wir waren Geschwister im Geiste – wir wir alle es sind, die an einer Sache leiden, die kein Arzt behandeln geschweige denn kurieren kann, und die kein Mitmensch aus der Welt schaffen oder mit seiner Liebe vernichten kann.

Das ist das Tragische an der Sache: Die Liebe ist machtlos. Wir erlösen uns und verletzen gleichzeitig diejenigen, die meinen uns zu lieben. Wir entledigen uns des Gewichtes und laden den anderen ein neues Gewicht der Trauer auf. Aber trotzdem: Es gibt keine andere Lösung in dem Moment, wenn wir bereits alle Lösungen durchgegangen sind und durchgespielt haben. Mitleid mit den Trauernden ist keine Option. Blindheit unseres Schmerzes gegenüber ist nicht mehr möglich. Und den Kampf gegen die Windmühlen der Menschheit und die Rotation der Ereignisse haben wir erkannt. Was soll da noch helfen? Ablenkung in Form von Kindern, Kirche, kulinarischen Finessen? Ein Firniss aus Fitnessstudio, Freizeitgestaltung und Vermögen? Ficken, fressen, fernsehen? Bei den meisten funktioniert das. Aber bei uns Auserwählten nicht. Wir sind durch mit der Sache. Wir haben verstanden. Wir suchen hier nichts mehr – und auch anderswo nicht. Die Sache ist klar.

Aufgeklärt und nachdenklich kehrte ich zu Carla zurück. Doch wir sprachen kein Wort mehr über ihre Schwester (Halbschwester). Am nächsten Tag musste auch ich mich wieder auf die Fortsetzung meines Studiums kümmern und fuhr ab in Richtung Kiel. Carla brachte mich zum Bahnhof. Es war dunkel. Ich hatte den Nachtzug gewählt. Und zum vorerst letzten Mal umarmten wir uns am Bahnsteig, bevor ich einsteigen musste, weil der Schaffner pünktlich ungeduldig eindringlich in seine Trillerpfeife blies. Wir winkten uns nur kurz zu, weil wir uns nach wenigen Metern aus den Augen verloren. Carla wandte sich um und ging nach Hause. Ich bemerkte, dass ich im letzten Waggon stand und durch das hintere Fenster auf die Gleise blicken konnte, die unter mir hindurchgleitend in die Ferne eilten. Ich konnte mich des Verdachts nicht erwehren, dass diese Gleise mich in eine Zeit trugen, die ich ohne Carla verbringen musste. Wenn es vorübergehend gewesen wäre, hätte ich Mut fassen, alles andere um mich herum vergessend der Zukunft entgegensehnen können. Aber es war das Gefühl der Endgültigkeit – das vage Wissen, dass es für uns keine Zukunft mehr gibt.

Allerdings dauerte es noch ein wenig – etwa ein Jahr, bis es überwunden und vorbei war. Unser Verhältnis glich einem angeschossenen Tier, das in den dichten Wald flieht und sich noch einige Stunden, vielleicht einen Tag am Leben erhalten kann, danach aber irgendwo in einer Mulde zwischen Baumwurzeln und verrottendem Restlaub verreckt.

Durch die etwa eintausend Kilometer zwischen Kiel und Bern war vorgegeben, dass wir uns nicht an jedem Wochenende sehen konnten – zu weit, zu teuer für zwei Studenten. Deshalb besuchte ich sie ein paar Male in Bern und sie mich ein paar Male in Kiel – insgesamt vielleicht sechs Treffen, bei deren letztem sie mir mitteilte, dass sie für zwei Auslandssemester in die USA gehen wolle. Auch da noch war es nicht vorbei. Das Tier atmete, schon unbeweglich auf der Seite liegend, noch flach. Erst als ich sie an meinem Geburtstag in Phoenix besuchte und sie mir gleich am ersten Abend mitteilte, dass sie einen Gitarre spielenden, deutschen Ersatz für mich gefunden habe, hauchte das Tier seinen letzten Atemzug aus und zeigte seine Augen nur noch gebrochen und tot. Aber wir hatten unsere schönen Momente. Bis auf den letzten waren eigentlich alle schön: Die Woche allein auf der Hütte des Großvaters irgendwo in den Schweizer Alpen bei zwei Metern Neuschnee ohne warmes Wasser und elektrische Heizung – den Proviant in schweren Rucksäcken auf Skiern hinaufbefördern, weil die Hütte anders nicht zu erreichen ist. Jeden Tag durch eine eiskalte Dusche aufwachen und durch Holzhacken wieder warm werden – ein El Dorado für den Kreislauf. Die gemeinsame Radtour nach Anholt, einer kleinen, dänischen Insel in der nördlichen Ostsee, die zwar auch ihre Strapazen mit sich brachte, aber uns mit viel Seeluft volltankte – ein Dauerfestival für die Lungen. Und nicht zuletzt die vielen kleinen Augenblicke am Herd oder im Wald, im Cafè oder Restaurant und überall dort, wo wir uns gerade befanden. Es gab nicht eine Minute des Streits. Rundum gesagt: Es war gut. Es war eine von den wenigen Notgemeinschaften, aus denen man sich nicht befreien sollte oder muss, aber aus denen man aus anderen Gründen als der Not oder des eigenen Dranges befreit wird. Die Liebe liebt das Wandern von einem zu dem andern...

Nachdem ich so schnell nicht wieder zurückfliegen konnte, fuhren wir die nächsten zehn Tage mit dem Auto durch Arizona und Utah, wo ich im Monument Valley sogar aus Respekt vor den ehemaligen Ureinwohnern des Landes eine Nacht das Alkoholverbot einhielt. Wir fuhren zum Glück weiter zum Grand Canyon, von dem ich eine Gesteinsprobe mitnahm, um sie bei einem späteren Besuch des Friedhofs nach jüdischem Brauch meinem verstorbenen Vater aufs Grab zu legen. Wieder in Phoenix angekommen, las ich während der letzten zwei Wartetage Baudelaires ‚Blumen des Bösen‘, eine Lektüre, die ich für das Studium noch durcharbeiten musste, und die mir die Zeit versüßte, während Carla Veranstaltungen am College besuchte und wir uns nur noch zum Essen trafen. Endlich der Aufbruch zum Flughafen und die Beschleunigung der Düsenantriebe unter meinem Hintern – und ab dafür. Nun war das Tier endlich tot. Es erstaunte mich ein wenig, dass der Schmerz schon auf einer Höhe von sechstausend Fuß drastisch abnahm. Aber es ist leichter und befreiender, etwas Totes zu verlassen als zu lange an etwas Sterbendem zu hängen.

Das nächste und letzte Jahr meines Studiums konnte ich ebenfalls genießen, obwohl ich unter Zeitdruck saß. Ich besuchte meine letzten Hauptseminare: Juan Goytisolo in Spanisch, Giorgio Bassani in Italienisch und Platon und Popper in Philosophie. Nebenbei fing ich so langsam an mir Gedanken und Notizen zu meiner Magisterarbeit zu machen und entsprechenden Recherchen nachzugehen. Gegen meinen ersten Vorschlag hatte der mich betreuende Professor fast keine Einwände. Er fragte nur, wie ich auf dieses nicht gerade lustige Thema gekommen wäre, und schlug vor, das Wort und Thema ‚Freitod‘ durch das allgemeinere ‚Tod‘ zu ersetzen, was ich seinetwegen auch tat. Also war das Ergebnis: ‚Eros, Gewalt und Tod in Federico García Lorcas Dramen‘. Wie ich darauf gekommen bin? Naja – muss wohl etwas mit meinem Leben zu tun haben. Und schließlich handelt es sich bei diesen drei Phänomenen um die größten Notgemeinschaften unseres Lebens, das schließlich selbst eine Notgemeinschaft ist.

Die letzten Monate, nachdem ich die Hauptseminare erfolgreich beendet hatte, gehörten ganz der Magisterarbeit, dem Schwelgen in Literatur, der abendlichen Entspannung bei Wein und Musik. Vormittags zwei Liter Kaffee, um aufzuwachen. Nachts zwei Liter Wein, um einzuschlafen. Kaum noch Sex. Diese Notgemeinschaft begann bereits ihre Kraft zu verlieren, ohne dass ich aktiv etwas dagegen unternehmen musste. Ich konnte mich ganz auf die Welt der Literatur konzentrieren, flog zwischendurch noch einmal für zwei Wochen nach Granada, um vor Ort zu ermitteln und zu genießen. Konnte bei der Gelegenheit auch noch ein kurzes Treffen mit Lola in Córdoba wahrnehmen und anderes im Vorbeigehen mitnehmen – tapas, chatas, guapas. Flog zurück und tippte mein erstes Manuskript in einen Computer. (Bisher hatte ich alle Hausarbeiten noch auf einer Schreibmaschine aus den vierziger Jahren, einer Standard-14, abgetippt.) Die letzten Korrekturen, die Bewertung, die mündlichen Prüfungen, die Überreichung der Magisterurkunde, die Exmatrikulation. Und aus. Das Studium durchlebt, erledigt, beendet. Der nächste Löwe tot. Von einer weiteren Notgemeinschaft befreit. Kreuzigung und Auferstehung in einem Atemzug. Es geht halt auch schneller als in drei Tagen.

Nun hatte ich die so genannte Ausbildung abgeschlossen und die Hälfte meines Lebens damit vergeudet – oder das halbe Leben darin investiert. Es kommt ja immer auf die Perspektive an. Konnte ein abgeschlossenes Studium vorweisen, vier Sprachen sprechen, einen Beruf aufnehmen und ein vollwertiges Mitglied der Gesellschaft sein, das Steuern zahlt und seinen Beitrag leistet. Hatte meinen Hund, meinen Vater und mindestens vier Geliebte verloren und miterleben müssen, wie das Leben einer Reihe von Mitmenschen aus dem äußeren Kreis vorzeitig beendet wurde.

Henning (hatte ich schon erwähnt) kam im achtzehnten Lebensjahr durch einen Arbeitsunfall zu Tode. Christoph und Christian hatten sich das Segelfliegen als Freizeitbeschäftigung ausgesucht und waren beide, obwohl keine Anfänger mehr, durch eine Flaute aus dem Gleichgewicht gekommen. Damals gab es noch keine Klapptriebwerkler, die in solchen Fällen einen Hilfsmotor ausfahren können, um die Flaute zu überwinden. So kippte das Flugzeug nach vorn und trudelte auf dem direkten Weg nach unten und bohrte seinen Rumpf ungebremst in den Boden. Ein Genickbruch war da unvermeidlich.

Sabine verzögerte ihren Abgang ein wenig. Sie hatte sich kurz nach dem Abitur in einen zehn Jahre älteren Mann verliebt und mit ihm zwei Kinder produziert und sie einige Jahre aufgezogen. Aber irgendetwas packte sie und ließ sie unzufrieden werden. Sie begab sich in die Obhut eines Psychologen, wurde medikamentiert und zwischendurch auch mal zur Abwechslung in eine Klinik eingewiesen. Das half allerdings alles nicht so richtig und nicht wirklich. Denn eines Tages fand ihr Mann sie aufgehängt auf dem Dachboden. Und da hing sie bereits so lange, dass jegliche Wiederbelebungsversuche erfolglos waren. Man versuchte es auch gar nicht erst. Die Sache war klar.

Cornelia hatte das beste Abitur gemacht, sich aber wahrscheinlich verausgabt oder war auf ein mathematisch nicht zu lösendes Problem gestoßen. Ob es sich um einen jungen Mann oder eine gleichgeschlechtliche Liebe gehandelt hatte, wusste keiner so genau. Und die, die es wussten, wollten es nicht preisgeben. Einige sagten, sie sei zu intelligent für diese Welt gewesen. Ich denke aber, dass es so etwas nicht geben kann. Es bedeutet nur, dass Intelligenz allein nicht ausreicht, um das Leben zu bestehen. Wie auch immer: Bevor sie mit dem Elitestudium in Yale beginnen sollte, sprang sie aus dem dritten Stock und wählte, intelligent wie sie war, den Kopf als erste Kontaktstelle mit dem Straßenpflaster. Es sollte beim ersten Versuch klappen. Und das hat es ja auch. Manche Leute handeln zu unüberlegt und springen aus dem Fenster, landen auf den Beinen und brechen sie sich, ohne zu sterben. Cornelia war den Erfolg gewohnt.

Matthis von Schwading schließlich war in gewisser Hinsicht zu dumm zum Überleben. Ihm ging die Schule nicht schnell genug. Er wollte mehr Geld. Und er betrachtete sich als etwas Besseres. Er plante und führte einen Raubüberfall auf eine Bank aus, bei dem er eine Angestellte erschoss, nachdem alles nicht so ablief, wie er es sich vorgestellt hatte. Er kam zunächst ins Gefängnis, saß eine mehrjährige Haftstrafe ab und wurde wenige Tage nach seiner Entlassung von einem vorbeirasenden

Auto erfasst. Starb noch an der Unfallstelle. Man munkelte etwas von dem Bruder der damaligen Bankangestellten. Aber nachweisen konnte man ihm nichts. Also war er entweder schlau genug die Rache einzufädeln, oder er hatte wirklich nichts damit zu tun. Für Matthis' Ende war es ohne Belang. Er wäre auch ohne diesen Angriff wahrscheinlich nie wieder richtig auf einen grünen Zweig gekommen. Manche Gehirne werden im Kindesalter von den Eltern oder anderen Unwägbarkeiten dermaßen versaut, dass die Sauerei ein ganzes Leben lang anhält und es auf die eine oder andere Weise verkürzt.

Das ist das Fazit. Diese und weitere an anderen Orten waren auf der Strecke geblieben, wie man so schön sagt. Und ich lief noch weiter, den Staffelstab in der Hand, und wusste manchmal auch nicht so recht, warum eigentlich noch.

Nachspeise

Meine ersten Bewerbungen waren im Sande verlaufen. Und nicht einmal einen Wattwurm interessierte es, was dieser Tourist im wimmelnden Berufsleben eines übervölkerten Landes eigentlich wollte.

Meine Abschlussnoten waren gut. Darauf kam es aber, wie auch nach der Schule schon, gar nicht an. Ich hatte mir zu spät Gedanken darüber gemacht, welcher Tätigkeit ich nachgehen wollte, um meine Miete, den Tullamore und was sonst noch nötig war zu bezahlen, um ein einigermaßen anständiges

Dasein fristen zu können. Ich hatte mir vorgestellt, bei einer Zeitung als Redakteur zu arbeiten und über dies und das, was mich zufällig interessieren würde, schreiben zu können – ganz in Ruhe bei einer Tasse Kaffee überlegen, wie ich den ersten Satz formulieren würde; und wenn mir in dem Moment nichts einfiele, in einen Park zu gehen und mich dort von schwulen Entenpärchen oder auf den Weg kackenden Gänsen inspirieren zu lassen. Allein diese Vorstellung entsprach nicht der Realität. Telefonische Nachfragen ergaben, dass ich einfach früher hätte anfangen müssen, Praktika und Volontariate in irgendwelchen Provinzredaktionen zu absolvieren.

Mein Weg war jedoch ein anderer gewesen, wie man bereits weiß. Und welche Gründe für diese Engstirnigkeit der Personalverantwortlichen eine Rolle spielen, tangiert mich auch jetzt noch nicht einmal peripher. Heute schreien viele nach so genannten Quereinsteigern, weil sie eingesehen haben, dass sie mit ihren so genannten Leuten vom Fach nur einseitig Geschulte durchfüttern, die bei jeder neuen Aufgabe versagen, was wir Studierten durch jahrelange Übungen zu vermeiden gelernt hatten.

Sei es drum! Es musste ja weitergehen. Also schlug ich einen vermeintlichen Umweg ein und besuchte in München eine Fortbildung zum Fachjournalisten und Technischen Redakteur, die viel versprach und einiges davon auch hielt. Ich nahm einen Kredit auf und kaufte mir einen Job, musste dafür allerdings noch zwölf Monate so tun, als ob ich etwas dazulernen würde bzw. danach dazugelernt hätte. Dass dem nicht so war, beweist der Inhalt dieses Fortbildungsprogramms. Sie wollten mir und anderen noch nicht Untergekommenen beibringen, wie man schreibt, auf welche Informationen es ankommt und wie man recherchiert. Das mit den Eulen und Athen hatten sie wahrscheinlich noch nie gehört. So mussten wir uns monatelang irgendwelche Vorträge von Jungjournalisten anhören, die schon einen Job ergattert hatten, aber damit wahrscheinlich auch noch nicht so richtig genug verdienten. Sonst wären sie nicht in dieser Akademie aufgeschlagen, um uns zu erzählen, was wir schon wussten. Denn neben mir saßen ausschließlich Akademiker vom Biologen über den Architekten und anderen Wissenschaftszweigen bis zum Linguisten. Finanziert wurde das Ganze durch das Arbeitsamt, um die Arbeitslosenzahlen nach unten zu korrigieren, und Leuten wie mir, denen das Arbeitsamt aus nicht nachvollziehbaren Gründen die Unterstützung verweigerte. Wir waren keine Arbeitslosen. Wir waren in die Arbeitswelt zu Integrierende. Wir hatten zwar keine Arbeit. Aber wir waren nicht arbeitslos. So kann man selbst das Schwarz auf Weiß der deutschen Sprache manipulieren. Und die Geschäftsführer dieser Bildungseinrichtungen verdienten sich durch uns mit dem Geld des Arbeitsamtes eine vergoldete Silberpurpurnase.

Aber auch wenn wir diese Maskerade durchschauten, waren wir doch gefangen in dieser neuen Notgemeinschaft, mit deren Hilfe wir ein richtiger Mensch werden sollten. Also versuchten wir das Beste daraus zu machen.

Da waren zum einen Männer wie Gerhard, Heinz und Walter, die alle zwischen fünfzig und sechzig Jahre waren und gar keine Lust hatten Technischer Redakteur oder Fachjournalist zu werden. Der eine Architekt und an ein Monatsgehalt von zwölftausend Euro gewöhnt; der andere Tunnelbauer, der aufgrund seiner speziellen Ausbildung auch nicht schlecht verdient hatte; und der dritte ein ehemals erfolgreicher Handelsvertreter. Die Wirtschaftskrise hatte sie aus ihrem Job geschleudert, da ihre ehemaligen Arbeitgeber einfach sparen mussten – also raus mit den alten, finanziell anspruchsvollen, immer häufiger sich krank meldenden Kollegen und rein mit den jungen, motivierten (sprich: finanziell anspruchslosen), auf deren Konto noch mehr Gesundheit zu verbuchen war. Nach etwa acht Monaten, also kurz vor Ende der Weiterbildung, fanden zwei von ihnen in ihre ursprünglichen Berufe zurück und atmeten auf. Gebracht hatte das Programm also bei ihnen gar nichts – außer dass sie eben nicht in der Statistik auftauchten.

Zum anderen waren da mittelalte Frauen um die Vierzig, die ihre Kinder bis zur Pubertät durchgefüttert hatten und sich nun, da sie ihre Aufgaben als Mutter für beendet hielten, eine neue Beschäftigung suchten und es geschafft hatten, vom Arbeitsamt unterstützt zu werden, obwohl von den Ehemännern der eine Oberarzt in einem großen Klinikum, der andere Abteilungsleiter bei Siemens war. Sie freuten sich am meisten auf die Pausen, in denen sie ihre in der Kindererziehung gewonnenen Erfahrungen austauschen und über die Ausflüge und Reisen berichten konnten, was jedes Mal zu einem

Wettbewerb der Preise und Hotelsterne ausartete. Sie brachen alle drei die Weiterbildung vorzeitig ab, da sie eine andere Beschäftigung fanden – Susanne als Pseudo-Sekretärin ihres Mannes, Elisabeth als plötzlich sozial engagierte Wohltäterin und Monika als Buchautorin im Verlag ihres Mannes. Also waren auch in diesen Fällen die Gelder hinausgeschmissen.

In der dritten Gruppe fanden sich unter fünf anderen Bjarne, Ermilind und ich. Wir absolvierten die gesamte Weiterbildung, suchten uns Praktikumsstellen (das gehörte zum Programm) und wurden alle in die jeweiligen Firmen übernommen – Arne als Reporter bei einem bayerischen Radiosender, Ermilind ins Archiv der Universität ihrer Heimatstadt und ich in eine Firma, die Technische Dokumentationen erstellte. Wir hatten es also geschafft.

Seltsam bleibt nach wie vor, dass wir alle unsere Anschlussbeschäftigung auch ohne jene Weiterbildung hätten finden können. Denn wie gesagt: Wir lernten dort nichts, was wir nicht schon während unseres Studiums gelernt hatten, und vor allem nichts, was wir für den neuen Beruf gebrauchen konnten. Dennoch musste es wohl Eindruck machen, neben dem Studium noch eine weitere ‚Ausbildung' durchlaufen zu haben. Später konnte ich allerdings noch öfter beobachten und durch nicht der Öffentlichkeit zugängliche Kanäle erfahren, dass (und das betrifft auch mich) Bewerber nicht in erster Linie wegen ihrer Zeugnisse und Zertifikate genommen werden, sondern weil die Chefin blonde Männer bevorzugte, die Firma sich auf männliche Mitarbeiter verließ und auf weibliche nicht verlassen konnte und wollte oder

der Chef es nicht goutierte, wenn sich eine Frau mit offenem Ausschnitt und ungekämmten Haaren vorstellte. Der Teufel steckt eben oftmals nicht im Detail und trägt auch nicht Prada. Er versteckt sich im Glauben an den Gott der Schul- und Universitätsnoten sowie die Göttin der Voreingenommenheit.

Und dann ist da noch die Zeit. Wir hätten alle auch auf Ibiza einen auf Animateur machen oder Karten im Kino abreißen können und einfach warten müssen. Denn natürlich verläuft unsere Zukunft nicht so, wie wir es gerne hätten oder uns vorstellen oder andere uns prophezeien wollen. Gut Job will Weile haben. Und eine Pause hat Gold im Munde. Die Dauer zwischen den Bewerbungen und einer adäquaten Anstellung beträgt eben im Durchschnitt ein paar Monate. Aber das wussten wir ja vorher nicht. Uns wurde eben vonseiten der Eltern, Mitstudenten (die alles nur nachplappern, was sie irgendwo hören) und Jobvermittlern immer nur Angst gemacht, dass man so schnell wie möglich einen Job finden müsse, da man sonst auf die soziale Hühnerleiter gerate. Dass es in jedem Fall – ob mit oder ohne Fortbildung, Marihuana oder Ferienjob – seine Zeit braucht, verriet uns keiner. Aber jetzt ist es auch egal. Ich habe alles gehabt und am Ende auch meinen Job gefunden. Sei es drum! Ein vollwertiges Mitglied der Gesellschaft, kein Penner, kein Nesthocker, kein Schmarotzer, sondern eigenes Geld, eigene Wohnung und eigene Abscheu gegen jeden, der es nicht schafft.

Und schließlich bleiben die guten Momente und schönen Erinnerungen. So denke ich gern an die mit Gerhard gemeinsam verbrachten Stunden in den Münchener Biergärten zurück. Ich war neu in München und konnte sie so alle in Ruhe kennen lernen. Gerhard war Münchener und gefiel sich darin, mir jeden Tag einen neuen Biergarten zeigen zu können. Und so hatte ich mich nach der Weiterbildung so weit eingelebt, um mich danach auch der Arbeit widmen zu können. Allerdings beendete ich den Kontakt, nachdem Gerhard es nicht schaffte, sein Selbstmitleid zu besiegen. Ich konnte und kann niemanden gebrauchen, der mich mit sich herunterzieht. Wenn ich müde bin oder einen Rückschlag erhalten habe, setze ich mich bei einer halben Flasche Whiskey und einer Mahler-Sinfonie zu Hause in meinen Sessel und schlucke den Ärger sowie den Staub der Vergangenheit hinunter und töte somit die Bakterien der Verzweiflung und der Aufgabe ab. Wenn jemand sich an mich hängt, weil er mir schaden will oder von meiner Stärke profitieren, sich aber nicht helfen lassen will, kappe ich das Seil und lasse ihn in die Tiefe stürzen. Besser es stirbt ein Schwacher als ein Schwacher und ein Starker zusammen. Ob es Gerhard geschafft hat, weiß ich nicht. Aber ich meine ihn vor kurzem mit seiner Tochter auf einem Markt gesehen zu haben. So hat ihm die Kleine wahrscheinlich die nötige Kraft verliehen durchzuhalten und nicht aufzugeben, was mich für beide sehr freut. Aber im Grunde genommen ist es mir auch egal.

Auf den grünen Zweig

Ich hatte einen Job. Doch natürlich geriet ich zunächst in die Neulingsfalle des Arbeitsmarktes: Mehr arbeiten als die Anderen und dafür weniger Geld bekommen. Das schien normal zu sein, denn alle ließen sich darauf ein. Wahrscheinlich dachte jeder, dass ihm das Vorteile bringen würde. So behandelt man auch die Kampfhähne auf Kuba, die wie alle anderen Hähne für ihren Einsatz auch nur Würmer zu fressen bekommen. Den Gewinn stecken sich die Besitzer in die Taschen, um ihren Kindern ein Studium zu bezahlen oder es bei Prostituierten zu lassen.

Neun Monate blieb ich in der ersten Agentur, schrieb Texte und erstellte Grafiken wie ein Besessener, fuhr Tausende von Kilometern zu den Kunden und wartete oftmals Wochen auf die klecklichen Euros, die ich auf meine Rechnung setzen durfte. Denn es wurde mir vorgeschrieben, dass ich nach einem festen Honorar abrechnen musste und nicht nach den Stunden, die das Projekt erforderte, und die die Firma auch dafür fakturierte.

Natürlich hörte ich mich weiter nach anderen Arbeitgebern um und gewann zwei wichtige Erkenntnisse: Erstens dauert es oft neun Monate, bis sich die Negativität einer Situation auflöst. Und zweitens – diese Erfahrung hatte sich auch früher schon bestätigt – erlebt man die Rache einfach dadurch, indem man Geduld hat. Verletzende Schüler hatten später einen schweren Unfall oder erstickten in der Provinzgülle ihrer Geburtsstadt; arrogante Kommilitoninnen mussten das Studium abbrechen und ihren Körper an Besserverdienende verkaufen; und

Agenturen wie meine erste gingen nach ein paar Jahren pleite, so dass sich ihre Bosse wieder (diesmal hoch verschuldet) eines Angestelltentums unterwerfen mussten, dass sie ja so sehr hassten. „Die Rache ist mein", spricht Alvor, und lehnt sich genüsslich zurück, bevor er einen Glennfiddich schlürft und einen Zigarillo raucht.

Außerdem fallen mir zu dieser Zeit noch meine Vermieter und Ariane ein, eine Studentin aus Koblenz, die kurzzeitig das Zimmer neben mir gemietet hatte.

Nachdem ich mich entschieden hatte, einen Kredit bei der Bank aufzunehmen, um mir einen Job zu kaufen, musste ich notgedrungen ja auch einmal hin in dieses Land der Bayern. Mir graute etwas davor, hatte ich die Bayern doch bisher nur als nuschelnde Dialektsprecher und grobe Direktbeleidiger kennen gelernt. Viele von meinen Vorurteilen sollten sich bestätigen. Aber zuerst war ich überrascht.

Ich fuhr also nach München, kaufte ein Inseratenblatt, setzte (bayrisch: hockte) mich in ein Café und las eine Wohnungsanzeige nach der anderen. Es war mir dabei egal, wo ich wohnen sollte und wie groß das zukünftige Zuhause sein würde. Was eine Rolle spielte, war: sofort zu haben und nicht zu teuer. Ich fand eine passende Anzeige und rief in Pasing an. Mit einem älteren Herrn machte ich aus, dass ich innerhalb der nächsten dreiviertel Stunde da sein würde. Ich klingelte, sprach und hatte das Zimmer.

Wir waren uns auf eine bestimmte Art sympathisch. Ich war zwar in dem Ehepaar auf zwei

Urmünchener getroffen. Aber sie sprachen hoch-deutsch und schienen keine Bedenken zu haben, mir das Zimmer ihres Sohnes, der sich momentan auf einer Südamerika-Motorradfahrt befand, im zweiten Stock zu vermieten. Vielleicht lag es auch wieder einmal daran, dass ich im gleichen Alter wie der Sohnemann war und, genau wie er, noch auf der Suche zu sich selbst.

Sie sagten sofort zu. Ich jedoch zögerte ein biss-chen und sagte, dass ich mir das Ganze noch eine Nacht überlegen müsste. Fünf Minuten, nachdem ich wieder in der S-Bahn in Richtung Innenstadt saß, rief ich an und sagte zu. Also fuhr ich am nächsten Tag wieder nach Pasing, um den Vertrag zu unterschreiben. Wenn doch alles so reibungslos verlaufen würde! Übrigens: Trotz Internet- und Smartphone und Facebook-Schnickschnack be-kommt man auch heute noch ein Zimmer schneller, wenn man Zeitung lesen kann.

Die Vermieter stellten sich als ein sehr sympathi-sches Ehepaar heraus, die zwar manchmal etwas streng waren, aber es im Grunde genommen auch gut mit mir meinten. So schaute mich die Frau des Hauses einmal grimmig an, als eines Morgens ein Kumpel zusammen mit mir die große hölzerne Wen-deltreppe herabkam. Nach einer kurzen Ausspra-che stellte sich heraus, dass sie nichts dagegen ge-habt hatte, dass wir uns betrunken hatten und ich ihm einen Schlafplatz anbot. Allerdings war sie be-sorgt, dass ich nicht vorher Bescheid gesagt hatte, dass ich Besuch mitbringe. Sie war einfach nur er-schrocken einen Fremden in ihrem Haus zu sehen.

Also Kinder, lasst euch sagen: Gibts Gesellschaft, müsst ihr fragen!

Auf der anderen Seite lud mich das Ehepaar auch hin und wieder auf ein Gläschen Wein ein. Wir saßen in der Stube und plauderten ein wenig, wobei es eher zutrifft zu sagen, dass sie mir Fragen zu meiner Familie und meiner momentanen Ausbildung stellten, um wohl etwas mehr über mich zu erfahren. Ich gab freudig Auskunft und berichtete alles, was sie zu erfahren wünschten. Ich hatte ja nichts zu verbergen. Und eine wunde Stelle, durch die sich irgendein Verdacht regen konnte, gab es nicht. Im Gegenteil: Der Vermieter sprach auch über seine Erfahrungen als Technischer Redakteur, weil er als Ingenieur diese Aufgabe vor einigen Jahren übernehmen musste, als es diesen Beruf noch nicht gab. So schien ich nach einigen Wochen des Beschnüffelns und weiteren indiskreten Beobachtens als einwandfrei und akzeptiert zu gelten – ein junger Mann eben, der ohne Freundin, aber auch nicht schwul, ohne Haustier, psychisch nicht deformiert einfach nur eine Weiterbildung absolviert und seinen Weg verfolgt.

Zu der Zeit bekam ich auch zwei Mal die Gelegenheit das Oktoberfest zu besuchen. Das erste Mal ging ich privat mit drei Bekannten von der Weiterbildung dorthin. Das zweite Mal, ein Jahr darauf, konnte ich kaum absagen, da die Firma eine so genannte Box reserviert und alle Mitarbeiter und ein paar Kunden eingeladen hatte. Wir tranken unser Bier, aßen unsere Hähnchen und grinsten zu der allzu lauten Musik, weil man sich bei all dem Lärm höchstens einmal alle paar Minuten ein paar Worte zuschreien, aber zu keiner Sekunde unterhalten konnte. Diese beiden Besuche sind jetzt über zwanzig Jahre her; ich war seitdem nicht mehr dort. Denn auch negative Erfahrungen muss man machen; sie freiwillig wiederholen hieße aber entweder nichts gelernt haben oder die nichtssagende Primitivität mögen. Beides traf auf mich nicht zu. Das Einzige, was ich heute noch in Bezug auf das Oktoberfest miterleben muss, sind die traurigen Gestalten, die fröhlich hingehen und betrunken wieder zurückkommen – die jungen Frauen, die ihre städtische Eitelkeit in ländlichen Kleidern, aus der die Brüste zu dieser Zeit mehr oder weniger heraushängen dürfen, zur Schau tragen – die älteren Frauen ab vierzig, die noch mehr heraushängen lassen, weil das Gesicht weniger hergibt als noch vor zwanzig Jahren – die jungen Männer, die sich besaufen und auf einen schnellen Stich bei den weniger gebildeten Mädchen hoffen – die älteren Männer, die für den nächsten Tag ihrer Ehefrau gegenüber eine Entschuldigung brauchen, wenn sich eine junge Mitarbeiterin bereit erklärt hatte, um in der Firma vielleicht schneller voranzukommen. Und da waren noch die ausländischen Touristen, die auch der Überzeugung waren, dass man hier seine Manieren vergessen müsse, und das auch tun, weil es in ihren Ländern verboten ist: Alkohol bis zur Besinnungslosigkeit, Fleisch zeigen bis zum Koitus hinter dem Zelt, das Essen den anderen vor oder auf die Schuhe erbrechen und dumpf grölend durch die Stadt torkeln. Das finden sie lustig, weil auch die Bayern das lustig finden. Oder sie finden es lustig, weil grundsätzlich in jedem Land der primitive Teil der Bevölkerung das lustig findet. Mit dem Ausspruch „Sind ja Wiesn" rechtfertigen sie jeden Rülpser und jeden Furz und lassen in ihren glasigen Augen und kuhäugigen Gesichtern kein Verständnis für mein Unbehagen in dieser Kultur erkennen. Es gelang mir zwar, mich der Notgemeinschaft in den nach Schweiß und Alkohol stinkenden Bierzelten fernzuhalten, konnte ihr aber nicht ganz aus dem Weg gehen, da mir die menschlichen Überreste auf der Fahrt zur und von der Arbeit begegneten. Und der Umzug in eine andere Stadt hätte auch nur den Wechsel vom Regen in die Traufe bedeutet, da es in jeder größeren Stadt solche Volkssaufereien gibt.

Ariane war eigentlich ein hübsches Mädchen, gerade neunzehn geworden und von ihrer Mutter sorgenvoll in der großen weiten Welt abgeliefert, wo sie ein Studium aufnehmen sollte. Da sie in den ersten Tagen aber ihr Zimmer neben mir nicht verließ, machte ich den ersten Schritt und lud sie auf ein Bier in der Nähe ein. Nach den ersten Minuten in der Kneipe strich sie auch endlich die Kapuze ihres Pullovers nach hinten, so dass ich nicht mehr den Eindruck haben musste mit einem Todesser aus Harry Potter zu kommunizieren. Dennoch hatte sie etwas Aussaugendes an sich, wie sich im Laufe der nächsten Wochen herausstellen sollte.

Sie fand ziemlich schnell Kommilitonen, mit denen sie sich auch ab und zu am Nachmittag in ihrem Zimmer traf. Außerdem kam ihr Freund sie fast jedes Wochenende, das sie in München verbrachte, besuchen, so dass ich mir keine Sorgen mehr um ihre eventuelle Einsamkeit oder empfundene

Verlassenheit, wovon sie mir bei unserem ersten Bier berichtete, machen musste. So weit, so gut.

Allerdings kamen wir uns leicht ins Gehege, was die Badbenutzung anging. Da wir beide zur etwa gleichen Zeit mit unseren Aufgaben beginnen mussten, stellten wir uns auch etwa zur gleichen Zeit den Wecker und wollten etwa zur gleichen Zeit ins Bad. Nun habe ich nichts dagegen jemanden vorzulassen und zehn Minuten zu warten; denn das war die Zeit, die ich morgens im Bad benötige. Ariane ließ sich aber Zeit und verbrachte eine halbe Stunde dort, um Dinge zu tun, die sie auch abends erledigen konnte – oder Dinge zu tun, die ein normaler Mensch überhaupt nicht zu tun braucht. Also musste ich terminlich ausweichen, meinen Tagesablauf ihretwegen umstellen und zusehen, dass ich vor ihr im Bad war. Hinzu kamen lange, schwarze Haare im Waschbecken, die sie beim Bürsten verlor, aber nicht entsorgte.

Das zweite war die Benutzung des Telefons. Ich hatte nach meinem Einzug einen Telefonvertrag abgeschlossen und nach ihrem Einzug ein Verlängerungskabel gekauft, damit sie das Telefon auch in ihrem Zimmer benutzen konnte. Ich übernahm weiterhin die Grundgebühr und forderte von ihr nur die Einheiten, die sie vertelefonierte. Dazu zeigte ich ihr die monatliche Abrechnung. Sie war einverstanden mit der Regelung und studierte das Blatt Papier, das wir regelmäßig von der Telefongesellschaft erhielten. Es hätte alles so schön sein können; doch fing sie an meine Zielnummern zu studieren und zu fragen, mit wem ich denn so oft und manchmal sogar länger als zehn Minuten telefonieren würde. Ich wies sie darauf hin, dass sie das nichts anginge; ich würde schließlich auch nicht nach ihren Nummern fragen. Außerdem brachte sie das Telefon nicht zurück an seinen vereinbarten Platz, sondern ließ es, auch wenn sie nicht anwesend war, in ihrem Zimmer stehen, so dass ich, wenn ich es brauchte, nicht wusste, ob sie gerade telefonierte, alleine oder in Gesellschaft schlief oder es einfach vergessen hatte. Insgeheim sehnte ich mich schon nach der Zeit ohne Zimmernachbarin zurück (und vor).

Den Höhepunkt stellte allerdings kurz darauf eine Aktion dar, die mich fast den Job gekostet hätte. Da ich, wie geschrieben, oft mit dem Auto aus Recherchegründen unterwegs war und schon mehrmals gefährliche Situationen auf der Autobahn erlebt hatte, hinterließ ich eines Tages vor solch einer Fahrt einen Zettel auf meinem Schreibtisch, der wichtige Telefonnummern enthielt, die man im Falle eines Unfalls oder des Todes anrufen sollte. Und ich hatte den Bedingungssatz dazu geschrieben: „Wenn ich nicht mehr zurückkehren und unterwegs sterben sollte." Als Ariane sich mal wieder das Telefon aus meinem Zimmer holte (was in Ordnung war), stöberte sie auch auf meinem Schreibtisch herum (was nicht in Ordnung war) und fand auch diese Notiz mit dem unheilvollen Bedingungssatz.

Was mir daraufhin unterwegs passierte, war nicht nur dramakomisch, sondern äußerst unangenehm und sehr peinlich für alle. Ich befand mich mit einem Kollegen bereits in der Nähe von Stuttgart bei unserem Kunden und wollte gerade mit der Aufnahme der wichtigsten Informationen über einen Minibagger beginnen, als unser Chef und der Einsatz-

Koordinator im Auto auf die Einfahrt fuhren und unsere Arbeit sofort unterbrachen. Ohne weitere Erklärung sollte ich mich in ihr Auto setzen, was ich sehr erstaunt auch tat; denn sie wollten mir die Erklärung erst geben, wenn ich im Auto sitzen würde. Und dort bekam ich sie auch: Ariane hatte etwa eine halbe Stunde, nachdem ich mit meinem Kollegen in Richtung Stuttgart aufgebrochen war, die Notiz gefunden und sofort die Nummer meiner Firma gesucht (also weiter herumgestöbert) und dort angerufen. Sie erzählte, dass ich mich umbringen wolle und einen Abschiedsbrief hinterlassen habe. Die Geschichte wurde vom Koordinator, der auch gleich überreagierte, weiter ausgesponnen, demzufolge ich mich wahrscheinlich auf der Autobahn ohne Rücksicht auf meinen Kollegen in den Tod lenken wollte. Er und der Chef rasten auch schon los, trafen uns bei der Arbeit an und veranstalteten dieses Theater. Ich wurde wieder nach München gefahren und durfte mir fast während der ganzen Zeit Moral predigten, Vorwürfe und Drohungen (Einweisung in die psychiatrische Klinik) anhören und Fragen beantworten – warum, welche Gründe, warum keine Hilfe annehmen etc. blabla. Nachdem ich am Ende des späten Nachmittags alle in der Firma überzeugt hatte, dass an der Sache nichts dran sei, entließen sie mich mit ernsten Blicken nach Hause. Dort stellte ich Ariane zur Rede und nahm diesmal keine Rücksicht auf sie, wählte Worte, die ein junges Mädchen verletzten und treffen mussten. Ich hätte sie auch gern mit meinen scharfen Formulierungen an die Wand genagelt, damit sie dort ihren

Barmherzige-Schwester-Tod hätte sterben können. Aber leider können Worte und Blicke nicht töten.

Es dauerte noch vier Wochen, bis sie auszog. Unser leidlich kollegiales Verhältnis war zerstört; und ich hatte keine Lust mehr ihr mit irgendeinem Lächeln geschweige denn freundlichen Worten zu begegnen. Ihrer Interpretationsgabe gemäß bekam sie wahrscheinlich immer mehr Angst vor mir, denn alleine traf ich sie nicht mehr an. Sie hatte immer irgendjemanden – Mann oder Frau – zu einer oder zwei Übernachtungen eingeladen, bis der nächste Zeit hatte, sie vor mir zu beschützen. Ihre Vorstellungen hatten vielleicht auch damit zu tun, dass ich ihr während einer unserer Aussprachen auch wissen ließ, dass ich lieber einen Menschen töten würde, der mich stört, als mich aus Verdruss über diesen Menschen selbst umzubringen. So weit, so gut!

Nachdem sie ausgezogen war, meldete ich beim Vermieter auch mein Interesse an, das zweite Zimmer dazuzumieten, was diesen natürlich freute, weil er mich kannte und sympathisch fand und bei jeder neuen Person ein neues Risiko einging. Außerdem wurde eine meiner Bewerbungen so positiv aufgenommen, dass ich meine alte Firma verlassen konnte und zum ersten Mal als Angestellter ein richtiges, festes Gehalt bekam, mit dessen Höhe ich auch zufrieden war und vor allem meine zwei Zimmer bezahlen konnte. So war ich innerhalb weniger Wochen zwei nervende Notgemeinschaften losgeworden ohne gewalttätig werden zu müssen. Manchmal hält das Leben auch positive Überraschungen für uns bereit. Wir dürfen nur die Geduld nicht so schnell verlieren. Irgendwann verlieren wir sie und laufen vielleicht Amok oder beenden dieses Leben einfach oder umständlich. Aber es lässt sich in den meisten Fällen nicht sagen, ob es nicht doch noch eine andere Möglichkeit gegeben hätte – ob wir nicht doch noch hätten warten sollen, bevor wir anderen oder uns den Schädel zerschmettern. Oft hilft einfach nur „aussitzen". Und einmal eben nicht mehr.

Bei mir war es zumindest noch nicht so weit. Ich war die erste Firma und Ariane los, bewohnte das obere Stockwerk alleine und verdiente regelmäßig ausreichendes Geld, hatte meinem Bruder ein Keyboard mit Kopfhörer abgekauft und geriet in ruhigere Gewässer. Die nächsten neun Monate verliefen daher auch geordneter und zufriedenstellender. Ich hatte pünktlich Dienstschluss und konnte nach Feierabend noch einen Spaziergang an der Würm oder im Nymphenburger Park machen – eine ganz neue Erfahrung nach den Zwölf-bis-vierzehn Stunden-Schichten im Seelen-Schlachthaus der gehaltsparenden Halsabschneider.

Ja, es dauerte wieder einmal neun Monate, bis es zu Ende war. Ich hatte die allgemein anerkannte und auch von mir akzeptierte Probezeit von sechs Monaten zu durchlaufen. Allerdings erhielt ich wie viele andere auch keine umfassende Einarbeitung, sondern sollte gleich am Anfang eine Arbeitsgruppe unterstützen, die mit den Aufträgen eines bestimmten Kunden nicht nachkam. Es zeigte sich, dass man für diese Arbeit über ein sehr spezielles Wissen über die Tabellen des Kunden verfügen musste, was nicht zur Allgemeinbildung und auch nicht zur Fachrichtung des Technischen Redakteurs gehört. Natürlich hätte ich mich einarbeiten können; denn so bescheuert wie ich vielleicht nach einer durchzechten Nacht aussah, war ich gar nicht. Das hatte ich ja nun mehrmals in meinem Leben bewiesen. Aber es hätte zu einer erfolgreichen Einarbeitung der Unterstützung der älteren Mitarbeiter bedurft, die sie aus irgendwelchen Gründen nicht leisteten. Entweder mochten sie mich nicht, oder sie hatten schlicht und einfach Angst um ihre Stellung oder gar ihren Job. Als vermeintlichen Grund gaben die beiden immer Zeitmangel an, weil sie nicht verstanden, dass ich zur Verstärkung des Teams und zur Bindung des Kunden eingestellt worden war und nicht zur Schwächung und zu drohendem Verlust des Kunden. Der Niederbayer unter den beiden hatte wahrscheinlich auch noch zusätzlich Angst, dass er durch seinen norddeutschen Kollegen und mich zweiten Norddeutschen ins Hintertreffen geraten würde – wobei auch immer. Einige Bayern sind da wie in einigem anderen auch noch in früheren Jahrhunderten stecken geblieben. Es gibt ja auch nicht wenige (auch unter den jungen Leuten), die sogar die Monarchie zurückwünschen. Diese Geistesart muss man erst einmal verstehen. Aber man versteht sie, wenn man sieht, wie die Kinder in der Schule lernen: 98% auswendig und nur das, was die Lehrkraft vorgibt. Das reinste Untertanendenken. Den eigenen Verstand zu gebrauchen und selbstständige Lösungen zu erarbeiten, wie wir das in Norddeutschland gelernt haben, ist ihnen fremd. Die so Bliebenen (Hinter- und Zurückge-) wählen deshalb auch immer noch die CSU (chronisch schwer unterkühlt).

Aber zurück zu meiner Probezeit. Nachdem das mit dem ersten Team nicht geklappt hatte, machten wir den zweiten Versuch mit einem computergestützten Trackingsystem einer großen Versandfirma. Das sagte mir auch thematisch mehr zu, so dass die Aufgabe und ich uns langsam, aber sicher annäherten, so wie sich ein kleiner, schüchterner Junge einem kleinen, ebenso schüchternen Mädchen vorsichtig nähert und ihm in einem kurzen Anflug von Mut und Tollkühnheit einen zaghaften Kuss auf die Wangen drückt. Hinzu kam, dass sich unsere Arbeitsgruppe mit einigen sympathischen Mitarbeitern jener Firma einmal pro Woche in Frankfurt traf, um Probleme und Abläufe besser und schneller miteinander besprechen zu können. So war ich nicht so oft wie vorher im Auto unterwegs, konnte aber zwischendurch auch einmal raus aus dieser etwas bedrückenden Atmosphäre im Zentralbüro, die man vielleicht als eine Mischung von Futterneid und olfaktorischer Ablehnung bezeichnen kann. Es lief also relativ gut für mich, da ich nun auch meinen Beitrag leisten konnte und ein vollwertiges Mitglied wurde. Aber die Stimmung in der Zentrale warnte meinen Instinkt, auf den ich mich schon immer verlassen konnte und ließ mich wieder Bewerbungen schreiben und die Augen offenhalten. Das sollte man sowieso immer tun, wenn man nicht in kurzer Zeit gegen einen Laternenpfahl oder vor ein vorbeifahrendes Auto laufen möchte.

Da der Arbeitgeber seinen anfänglichen Fehler und die damit verbundenen Verluste auf meine

Kosten ausgleichen wollte (er hatte mich für das erste Projekt bezahlt, aber keine adäquate Leistung erhalten, was nicht an mir lag), schlug er mir nach knapp sechs Monaten vor, die Probezeit um drei Monate zu verlängern. Das war legitim. Er würde an meinem Gehalt sparen, weil er mir noch nicht das volle, zugesagte Gehalt zahlen müsste. Allerdings fühlte ich mich nur hingehalten und bedingte mir etwas Bedenkzeit aus. Die Telefongespräche mit der nächsten Firma hatten zum Glück an Häufigkeit zugenommen, und meine Kündigungsfrist konnte ich locker einhalten, wenn sich Horst, so der eventuell neue Teamleiter, denn auch demnächst mal entscheiden würde. Da dort aber ebenfalls Mitarbeiter dringend gesucht wurden und er von meiner Bewerbung angetan war, lud er mich zu einem Gespräch ein und schickte mir zwei Tage später den Vertrag postalisch zu.

Die nächsten Schritte waren klar: Ich unterschrieb, kündigte und ging. Was mich allerdings doch etwas verwunderte, war die Überraschung und Enttäuschung (gespielt oder ehrlich gemeint, konnte ich nicht erkennen) des Personalverantwortlichen in der jetzt ehemaligen Firma. Er hätte mich gern behalten – die Firma habe so viel in mich investiert – ich sei ein zuverlässiger Mitarbeiter - ... Doch was hilft da die Einseitigkeit, dachte ich, sagte es aber nicht. Auch Cristina versuchte jahrzehntelang, mit mir zusammen zu kommen, weil sie nicht verstand, dass Liebe auf beiden Seiten existieren muss, ich sie aber nicht liebte. Also ein letzter Handschlag zwischen Männern und gegenseitig alles Gute. Wir waren ja nicht böse aufeinander. Nur enttäuscht. Und in diesem Fall sollte man sich trennen – wie im Beruflichen, so auch im Privaten. Besser ein Ende mit Scheck als ein Scheck ohne Deckung.

Also auf zu neuen Ufern. Horst war das, was einige Leute einen Pfundskerl nennen. Er war zwar auch Bayer. Aber ich wusste ja bereits durch meine Vermieter, dass es Bayern und Bayern gibt. Und Horst hatte nur das von einem Bayern an sich, was positiv ist: Herzlichkeit, Freundlichkeit, Gerechtigkeit, und als Chef trotz seines relativ jungen Alters viel Erfahrung in Bezug auf Kunden und Mitarbeiter. Er erstaunte mich immer wieder, wenn ich dabei sein durfte, wie er mit Kunden und uns sprach. Manches hätte ich mich nicht getraut; manches war wirklich neu für mich. Aber es liegt sicherlich auch immer ein bisschen an dem Naturell, dass einer seit seiner Geburt entwickelt, und das andere eben aufgrund einer anderen Herkunft, anderer Eltern, eines anderen Umfelds, in dem sie aufgewachsen sind, und anderer Erfahrungen, die sie sammeln durften, eben nicht haben, warum jemand in einem bestimmten Bereich eben erfolgreicher ist als andere und man selbst. Das kann man nicht ändern, nur akzeptieren. Es gab keine Möglichkeit es ihm zu neiden oder misstrauisch zu werden. Ich mochte ihn einfach von Anfang an; und dabei blieb es auch.

Von ganz anderer Natur aber war Hagen. Er hatte bisher allein für einen Kunden gearbeitet, dessen Technische Dokumentation nun um ein Vielfaches erweitert werden musste, was er nicht mehr allein bewältigen konnte. Also forderte der Kunde, weil er mit Hagens Arbeit zufrieden war und einen gewissen Ausgleich zwischen den konkurrierenden Dokumentationsfirmen auf dem Gelände erzielen wollte, einen zweiten Mitarbeiter an.

Schon bei dem Vorstellungsgespräch mit Horst, bei dem Hagen anwesend war, linste er mir aus seinen verschmälerten Augen feindlich entgegen. Er durfte meinen Lebenslauf lesen und beneidete zum einen die verschiedenen Ausbildungen, hasste mich aber schon wegen meines akademischen Abschlusses. Sein Vater war Akademiker, hatte aber Hagens Mutter, die als Krankenschwester arbeitete, und Hagen nach dessen zwölftem Geburtstag verlassen. Welche Gründe dabei eine Rolle spielten, wollte Hagen später, als er es mir einmal erzählte, nicht sagen. Er wollte einfach nur hassen. Und natürlich war seine Mutter die Größte – so groß, dass sie ihrem erwachsenen Sohn eine Wohnung suchte und diejenige bestimmte, die ihrer eigenen im gleichen Haus gegenüber lag – und so groß, dass sie ihrem Sohn auch eine Arbeit suchte, da er dazu nach einem schlechten Abschluss seines Ingenieurstudiums auf der Fachhochschule nicht in der Lage zu sein schien. Meiner Ansicht nach hatte der Vater aber gute Gründe, dieser Notgemeinschaft ein Ende zu setzen. Bei dem Kind wäre ich schon viel früher abgehauen oder hätte es gleich nach der Geburt mit einem Kopfkissen erstickt. Und was Hagen mir später über seine Mutter erzählte und währenddessen nicht wusste, was ich dabei zwischen den Zeilen heraushörte, hätte mich zu dem gleichen Entschluss des Vaters geführt. Mit einer ewig nörgelnden und finanziell unzufriedenen Frau hätte ich es auch nicht länger ausgehalten. Anerkennung und Respekt, dass er bis zum zwölften Geburtstag gewartet hat!

Bei meinem Eintreten verschanzte Hagen sich langsam hinter Horsts Stuhl, als ob er vorsichtshalber in Deckung gehen müsste. Sein Gesicht glich ein bisschen dem eines Faultieres, und seine Haltung erinnerte an die eines stehenden Orang-Utans: hängende Schultern, gekrümmter Rücken, den Kopf nach vorn gestreckt. Das dunkelblonde Haar hing dünn und glatt bis fast auf die Schultern herunter.

Ich beachtete ihn nicht, sondern ging lächelnd auf Horst zu, der genauso wie ich keine Krawatte trug, was Hagen zusätzlich an mir störte; hatte er doch bei seinem Vorstellungsgespräch vor einem Jahr noch wie ein zu heiß gebadeter Konfirmand in dem gleichen Stuhl wie ich jetzt gesessen, nachdem seine Übermutter ihm die Krawatte gebunden und gute Ratschläge mit auf den Weg gegeben hatte. Es war sein erstes Interview gewesen – und dieses jetzt mein drittes. Meine Überlegenheit war offensichtlich.

Nachdem Horst bereits entschieden hatte, dass ich sein Mann sei, gewährte er Hagen die eine oder andere Frage, die dieser aber vor Nervosität nur zitternd vortragen konnte, so dass ich ein leichtes Spiel damit hatte, ihn auch gleich rhetorisch an die Wand zu drücken. Inhaltlich waren die Fragen ohne nachzudenken zu beantworten, da Hagen sich vorher anscheinend keine besondere Mühe gegeben hatte sie vorzubereiten oder es einfach nicht konnte.

So begann unser Verhältnis als Kollegen und blieb während der nächsten fünf Jahre mehr oder weniger das Gleiche. Nachdem er anfangs versucht hatte, mich durch seinen Einjahresvorsprung beim Kunden als nur die Nummer 2 hinzustellen, die noch lernen müsse, zeigte ich dem Kunden und Horst, dass ich diesen Einjahresvorsprung innerhalb der ersten vier Wochen aufgeholt hatte und bereits mit eigenen, beim Kunden neuen Ideen Eindruck hinterließ. Hagen musste freundliche Miene zum bösen Spiel machen und mich vordergründig als gleichberechtigten Kollegen anerkennen, zumal ihn Horst immer wieder daran erinnerte, dass wir nur im Team gegen die Konkurrenz bestehen könnten, womit Hagen Schwierigkeiten hatte. Aber zwischendurch sah es tatsächlich manchmal so aus, als würde seine Freude über unsere Erfolge echt sein. Und zweimal versuchte er auch, zwischen uns eine kollegiale Privatsphäre aufzubauen, indem er mir vorschlug, nach Feierabend etwas gemeinsam zu essen – einmal im Dillinger und das andere Mal in einem kleinen Biergarten auf einer Verkehrsinsel, dessen Namen ich vergessen habe. Da ich versuchte, trotz meiner Beobachtungen ihm gegenüber neutral zu bleiben, sagte ich zu, sah aber nach beiden Abenden sofort, dass es auf privater Ebene zwischen uns nichts gab, was man als ausbaufähig bezeichnen konnte. Wir kamen über das oberflächliche „Schmeckts?" und „Wollen wir noch eins bestellen?" nicht sehr weit hinaus. Nachdem ich im Folgenden alle weiteren Vorschläge in dieser Richtung abgelehnt hatte, begriff wohl auch Hagen, dass er sich auf das Berufliche beschränken müsse.

Vielleicht war das auch wieder ein Anlass zu weiterer Abneigung; denn es war ihm als „Dienstälterem" nicht gelungen, in Horsts Auftrag dieses angestrebte Verhältnis aufzubauen, weshalb sich Horst selbst die Mühe geben musste, uns mehrmals gemeinsam zu meist üppigen Abendessen einzuladen – eine weitere Niederlage für Hagen und ein weiterer Gewinn für mich, weil ich mich mit Horst besser unterhalten konnte und so auch Dinge kennen lernte, die ich mir mit meinem sehr guten, aber keineswegs überaus guten Gehalt nicht geleistet hätte. So erinnere ich mich an einen Abend im ‚Prinzregenten' (nomen est omen): Horst hatte bereits den ersten Cocktail getrunken, als wir beide Mitstreiter von ‚Dorma' (so der Name unseres Kunden) eintrafen. Und die Zeit des Cocktails hatte unser Chef auch dazu genutzt, mit der Bedienung zu flirten und nebenbei das Menü zu bestellen, so dass wir anderen uns den ganzen Abend nur zu bedienen lassen brauchten und lediglich die Getränke in unbegrenzter Menge selbst nachbestellen mussten.

Es herrschten noch die Zeiten der unkontrollierten Spesenabrechnungen, was Horst und andere Abteilungsleiter in der Firma auch gnadenlos ausnutzen, wofür sie von ihren Mitarbeitern auch gnadenlos geliebt wurden, und weshalb sich ihre Mitarbeiter auch gnadenlos für die Arbeit einsetzten – nach dem Motto: Erst die Arbeit, dann das Vergnügen – und nicht: Erst die Arbeit, dann nichts, wie es später die Regel wurde. Auf der Rechnung standen am Schluss drei Vier-Gänge-Menüs, sieben Cocktails, vier Flaschen Rotwein, der zu den teuren des Lokals zählte, und sechs Grappa nebst drei bescheidenen Espressi zum Abschluss. Wie schon gesagt würde ich für 300,-€ pro Person nicht essen gehen, wenn ich bezahlen müsste. Aber Horst erwiderte auf unsere zaghaften Nachfragen nur, dass der Gewinn für die Firma, den wir monatlich durch unsere Arbeit am und beim Kunden einführen, diesen kleinen Imbiss rechtfertige.

So ging es die nächsten Jahre weiter. Hagen riss sich zusammen. Ich machte meine Arbeit. Und Horst lud uns hin und wieder auf einen Imbiss ein. Der Auftrag wurde vonseiten des Kunden jedes Jahr verlängert, und das Geschäft lief – bis zu einer unglücklichen Entscheidung der obersten Führung in der Firma, die beinhaltete, dass Horst eine unfähige Vorgesetzte vor die Nase gesetzt wurde (deswegen heißen sie ja ‚Vorgesetzte‘), die in der Firma irgendeinen Job erhalten musste, weil sie regelmäßig mit dem Oberboss ins Bett ging und ihren Lebenslauf gefälscht hatte. Angeblich hatte sie bei Siemens und Daimler schon herausragende Erfolge in der Mitarbeiterführung erzielt, was sich später als Lüge herausstellte. Sie hatte ein durchschnittliches Fachabi gemacht und musste die Fachhochschule nach zwei Jahren ohne Abschluss verlassen, weil sie damals schon zu schlechte Noten hatte und zusätzlich versuchte, den Schulleiter zu erpressen. Nur ging jener Schuss damals nach hinten los. Aber manchmal funktioniert es ja – zumindest ein paar Jahre.

Horst kannte diese Hintergründe und wollte dieser Frau auf keinen Fall Rede und Antwort stehen müssen, was ich verstehen konnte, ist es doch immer schwierig, als Fachmann einem Idioten

Rechenschaft ablegen zu müssen. Also kündigte er, was mir das Signal gab, mich wieder einmal behutsam umzusehen. Ich vertraute Horst und wusste, dass er solch einen Schritt nicht tun würde, wenn es eine andere Möglichkeit gegeben hätte, in dieser Firma zu bleiben, zu deren stärksten Mitarbeitern er seit über zehn Jahren gehörte.

Da ich über den Werdegang dieser, nun auch meiner Vorgesetzten Bescheid wusste, wunderte es mich nicht, als sie bei ihrem Antrittsbesuch bei unserem Kunden und uns mit halb offener Bluse erschien, was im Angesicht ihrer neununddreißig Jahre niemand von uns goutierte. Wir sahen ihr ihre Anstrengungen im Bett an, die nicht spurlos an ihr vorübergegangen waren. Ihre Diktion war blass und affektiert, das Lächeln ihrer schmalen Lippen aufgesetzt und schon zu faltig. Und das Einzige, womit sie Aufsehen erregte, war ihr silbergraues Mercedes-Coupé, das sie sich als Teil des Vertrags ausbedungen und nun vor unserem Büro geparkt hatte.

Wer allerdings die Witterung aufnahm und sich neue Möglichkeiten ausrechnete, war Hagen. Sein Buckel krümmte sich noch ein bisschen mehr als sonst, wobei seine nach vorn herabhängenden Haare nun fast das ganze Gesicht verdeckten.

Während die neue Vorgesetzte mir wahrscheinlich meine Enttäuschung über Horsts Abgang und die Abneigung gegen sie anmerkte, sah sie in meinem unterwürfigen Kollegen den idealen Handlanger und das perfekte Faktotum, das ihre Unfähigkeit in fachlichen Angelegenheiten ausglich und ihr den unangenehmen Kontakt zum Kunden abnahm, den sie persönlich nicht mochte. Als Belohnung machte sie ihn zum Teamleiter – von zwei Angestellten (ihm selbst und mir) – eine Sache, die Horst verständlicherweise immer vermieden hatte. Denn auch ihm lag Hagen damit immer wieder in den Ohren, weil er der Meinung war, dass er aufgrund seiner um ein Jahr längeren Zugehörigkeit zur Firma nun allmählich auch höhergestellt sein müsse als ich. Doch Horst fand es genauso lächerlich wie ich, bei zwei Kollegen einen Teamleiter zu ernennen. Auch bei den Gehaltserhöhungen hatte Horst immer Gerechtigkeit walten lassen und uns beiden exakt das Gleiche gezahlt, auch wenn Hagen immer wieder angewinselt kam und wenigsten einen Hunderter mehr haben wollte.

Was die neue Vorgesetzte nicht erkannte, trat nun ein. Hagen hatte nach kurzer Zeit seinen Teamleiterposten erschleimt und begann im Büro herumzukommandieren. Ich sollte ab jetzt den Kaffee kochen und ihm seinen Becher an den Tisch bringen. Ich sollte ihm seine Papiere aus dem Drucker holen und ihm auf den Tisch legen. Ich sollte ihm alle dreißig Minuten berichten, woran ich gerade arbeitete. „Nun weißt du, fragende Frau, warum ich Friedmund nicht heiße."

Es ist klar, dass ich nichts von alledem tat, was ihn noch wütender machte. Denn er hatte damit gerechnet, dass er sich nun für all die Jahre geistiger Selbstzurücksetzung und neidgetränkter Selbstdemütigung an mir rächen könnte, indem er mich wie einen Diener behandelte. Das Ganze funktionierte nur nicht, weil ich nicht solch ein Sklavennaturell wie er besaß. Daraufhin fing er an, sich regelmäßig beim Kunden und der neuen Vorgesetzten zu beschweren und Dinge über mich zu behaupten, die nicht stimmten. Den Teamgedanken hatte er einmal mehr vergessen. Und dieses Mal war kein Horst mehr da, der ihn zur Räson brachte. Es begann ein etwa neunmonatiger Kampf, in dessen Verlauf ich mich täglich seinen Angriffen erwehren und in regelmäßigen Abständen auch vor dem Kunden und der neuen Vorgesetzten rechtfertigen musste. Das ging natürlich auch an mir nicht spurlos vorbei. Ich kam jeden Morgen unsichtbar gerüstet ins Büro und erwartete bereits den ersten Angriff, den ich abzuwehren hatte. Meine Motivation für die Arbeit sank rapide, weshalb ich auch mit meinen Ideen haushaltete, die Hagen sowieso nur für seine ausgab. Ich bekam Magenschmerzen und musste mir spätestens jetzt etwas einfallen lassen. Aber anstatt zu den gleichen Waffen zu greifen, konzentrierte ich mich auf meine Gesundheit: Ich begann – neben der sowieso schon vorhandenen Zuhilfenahme von klassischer Musik – jeden Tag zu meditieren und joggte dreimal pro Woche an der Isar entlang – las mich in beide Aktivitäten gründlich ein und machte die zu erwartenden wöchentlichen Fortschritte mit dem Ergebnis, dass die Magenschmerzen verschwanden und ich immer neue Kräfte gewann, die mir die tägliche Verteidigung sehr leicht machten und schließlich auch zum Erfolg führten – zu meinem ausschließlichen. Denn auf die anderen Beteiligten wartete eine herbe Niederlage, die ich allerdings nicht verfolgt und beabsichtigt hatte.

Am Ende dieses tragikomischen Berufsalltags stand meine Kündigung. Eines Tages bestellte mich die neue Vorgesetzte in die Zentrale, war aber, als ich dort eintraf, selbst nicht anwesend oder ließ sich verleugnen und mir die frohe Botschaft von einer Mitarbeiterin des Personalbüros verkünden. Ich nahm die ganze Sache sehr gefasst auf, hatte ich doch rechtzeitig den Kontakt zu einem Großonkel aufgenommen, der mich als Jurist mehrere Male kostenlos am Telefon (er wohnte in Hamburg) beriet und mir genau alle Schritte der Firma vorhergesagt und mir geraten hatte, in dieser Situation bestimmte Dinge zu tun und bestimmte Dinge zu unterlassen, zum Beispiel einem Aufhebungsvertrag zuzustimmen. Als die Kündigung ausgesprochen war, war es für die Firma zu spät, denn die Kündigung war rechtswidrig, wie sich jeder denken kann. Also folgte ich wieder einmal einem Rat meines Großonkels und beauftragte einen Rechtsanwalt, für den ich nichts bezahlen musste, weil ich (auch rechtzeitig) eine Rechtsschutzversicherung abgeschlossen hatte. Nach einem kurzen Gespräch, bei dem ich ihm seine wichtigen Fragen zu der Firma beantwortete, wickelte er den Ausgleich innerhalb von zwei Wochen ohne einen einzigen Verhandlungstag vor Gericht direkt mit dem Geschäftsführer meiner ehemaligen Firma ab, der über die Fehler der neuen Vorgesetzten und ihres Vasallen nicht sehr erfreut war und unsere Forderungen nur noch abnicken konnte.

Die Firma zahlte in den nächsten drei Monaten, in denen ich nicht mehr dort arbeiten durfte und musste, mein volles Gehalt, das Horst ein paar Wochen zuvor, als er bereits wusste, dass er die Firma verlassen würde, noch einmal um fünfhundert Euro erhöht hatte, und am Ende dieser drei Monate die maximale Abfindungssumme. So viel Geld hatte ich noch nie auf meinem Konto gesehen und freute mich wie ein Schneekönig. Ich kaufte ein großes Bett, das ich mir vorher nicht leisten konnte. Ich buchte die nächsten beiden ausgiebigen Urlaube in Dänemark und lud Bekannte dazu ein. Ich sah mir neue Fahrräder in verschiedenen Läden an und entschied mich am Ende für ein schickes blaues Herrenrad. Aber das Beste an allem war, dass ich ein ganzes Jahr nicht zu arbeiten brauchte und das auch nicht tat. Es war mein Sabbatical, in dem ich mir neben dem Ausschlafen, den Urlauben und den Sommernachmittagen an der Isar, während mein Kollege im Büro vor sich hinschwitzte, in Ruhe überlegte, was ich in Zukunft beruflich machen könnte. Der Technische Redakteur hatte nach fünf Jahren sowieso seinen Reiz verloren, nachdem ich am Anfang noch neue Grafikprogramme faszinierend fand, aber am Ende alles in die Routine abdriftete. Und so schaute ich mich ein wenig in der Wirtschaftswelt und der Gesellschaft um, dachte nach und kam nach einigen Monaten der totalen Entspannung auch zu einem Ergebnis, fing an neue Pläne zu schmieden und in die Zukunft zu blicken.

Später erfuhr ich auch noch, dass die Firma den Kunden an die Konkurrenz verloren, die neue Vorgesetzte aus unerfindlichen Gründen die Firma verlassen hatte und mein ehemaliger Zwei-Mann-Napoleon einer von zehn Mitarbeitern geworden war, die nach dem Modulverfahren die Technische Dokumentation für einen Küchengeräte-Hersteller am Computer nur noch zusammenkopieren durften.

Die Freude darüber hielt sich bei mir in Grenzen, da ich während meiner Meditationsstunden gelernt hatte, mich in solchen Situationen nicht gehen zu lassen. Doch mein Herz konnte ein zufriedenes Lächeln nicht unterdrücken und gab diesen Impuls an alle Organe, Flüssigkeiten und Gefäße meines Körpers weiter, was insgesamt zu einem berauschenden Hochgefühl und innerlich rauschendem Fest führte, das jedes Mal aufs Neue beginnt, wenn ich an diese Umstände zurückdenke. Es lohnt sich halt nicht den Chef spielen zu wollen, wenn man es nicht ist. Und es lohnt sich nicht, einen Kollegen von seinem Platz zu drängen, um ihn selbst einzunehmen, wenn man nicht die entsprechende Eignung für diese Stelle mitbringt. Und es lohnt sich auch nicht, einem Kollegen durch Lügen eine Grube graben zu wollen, wenn man später vergisst, wo sich die Grube befindet.

Nach diesem mosaischen Auszug aus einer Notgemeinschaft war ich besonders froh und erleichtert, wie jeder sich vorstellen kann. Mosaisch, weil auch Moše klug und in abwartender Haltung mehr das Schicksal beobachtete als überstürzt einen Feind anzugreifen und dadurch unnötige Energie zu verschwenden und am Ende eventuell sogar zu unterliegen. So ließ er den Feind agieren und ihn sich selbst in den Untergang reiten.

Ich hatte schon wieder viel gelernt, hatte die volle Entschädigung (und mehr) für das anhaltende Fehlverhalten zweier Idioten mir gegenüber bekommen und steuerte mit meinem aufgerüsteten Schiff in frischem Wind einer neuen Morgenröte entgegen.

Teil 2

Die Ankunft

Ich war neununddreißig Jahre alt und begann mein eigentliches Leben.

Viele Dinge hatte ich machen müssen, weil sie mir von meinen Erzeugern und Lehrern oder dem Staat aufgedrängt wurden. Niemand hatte mich gefragt, ob ich das machen wollte oder vielleicht andere Vorschläge hätte. Es gibt zwar gewisse Wahlmöglichkeiten, die aber unter vollkommener Kontrolle der Mächte stehen, die uns beherrschen. Wenn man ganz aussteigen möchte, führt das entweder in den sozialen Abstieg oder den Freitod – auch eine Möglichkeit. Einige meiner Weggefährten hatten bereits diese Option gewählt. Ich allerdings war noch dabei und spielte noch mit, hatte ihre Regeln meist zähneknirschend akzeptiert und sofort damit begonnen mich dieser Notgemeinschaften zu entziehen, was mir früher oder später meistens gelungen war.

Doch einige Notgemeinschaften sind wie Cellulite: Hat man sie als Frau erst einmal am Oberschenkel, wird man sie nie ganz los. Man kann die eine oder andere NG überwinden oder vermeiden. Aber spätestens beim eigenen Körper oder Geld ist Schluss. Herz und Lungen sorgen dafür, dass ich meinen Körper ernähren muss. Und der Körper sorgt dafür, dass ich Geld verdienen muss. Und das sorgt dafür, dass ich andere Notgemeinschaften eingehen muss: Kollegen, Kunden, Partner, Nachbarn, Verkehrsteilnehmer und in meinem Falle auch

Schüler. Man kann Glück haben, wenn unter den genannten Personengruppen angenehme Mitmenschen zu finden sind. Aber schauen wir uns doch mal die Menschheit an! Das und angenehm? Wie gesagt: man muss Glück haben.

Nach dem, was ich so in meinem Leben und dem anderer gesehen habe, kann ich mich rein objektiv zu den glücklichsten Menschen zählen. Ich habe eine Studie angefertigt und verschiedene Faktoren untersucht. Die Maslowsche Bedürfnispyramide war prall gefüllt. Ich hatte im Überfluss zu essen, konnte mir so viel Zigaretten und Alkohol leisten wie ich wollte, wohnte komfortabel und allein, genoss die relativ hohe, öffentliche Sicherheit in München, hatte ausreichenden Kontakt zu anderen Lebewesen, kulturelle Angebote ohne Ende, war beruflich erfolgreich und konnte ab einem bestimmten Zeitpunkt auch einen Beruf ausüben, der mir Spaß machte, hatte genügend Freizeit, um anderen Interessen nachzugehen oder zu faulenzen, mich selbst verwirklichen, wie es so schön heißt – mit einem Wort: Bingo! Ich denke, noch besser kann man es nicht haben. Es sei denn, jemand würde den Rollerfahrern den Kopf abschlagen oder nervenden Kindern die Stimmbänder durchtrennen, damit es in meiner Umgebung ganz ruhig wird. Doch dann wäre die Welt ja perfekt. Und perfekt gibt es nicht. Außerdem hatte ich ja Geduld erworben, die mir über diese kurzen Momente des Rachedurstes freundlich hinweghalf. Es wurde mir also klar, dass es nicht viele Menschen gibt, die ihre Lage mit meiner vergleichen konnten.

Jutta zum Beispiel (eine ehemalige Mitschülerin):
Eine wunderschöne Frau damals, jetzt über vierzig,
keine Kinder, die sie sich immer gewünscht hatte,
weil sie ihren Traummann geheiratet hat, der kurz
nach der Hochzeit den väterlichen Betrieb in den
Sand setzte und bis zu seinem Lebensende Schul-
den abzahlen darf. Also keine Kinder. Denn die kosten einen Haufen Geld, das nicht da war. Und da
Jutta leider auch aus ihrer Notgemeinschaft der katholischen Kirche nicht hinausfand, mussten die
Ketten an ihren Händen bleiben und der Ehegatte
an ihrer Backe. Als ich sie einmal zufällig in München traf, erzählte sie mir die ganze Geschichte bei
einem Glas Wein – aber nicht leidend oder bereu-
end. Sie verglich ihre Beziehung mit einem Stahl-
seil, das aus verschiedenen Strängen besteht, nämlich Liebe, Freundschaft, Sexualität, Vertrauen und
Gemeinschaft. Und wenn ein Strang einmal reißen
sollte, würden die anderen die Beziehung aufrechterhalten. Ich hatte sofort den katholischen Popen in
Verdacht, der ihr diese Gehirnwäsche vor oder während der Trauung verpasst hatte. Denn normalerweise glauben nur kleine Mädchen oder dumme
Frauen an so etwas. Jutta hielt ich dagegen immer
für intelligent und selbstbestimmt: Einser-Abitur und
Latein als Leistungskurs, verdiente sich als Tennis-
spielerin ihr Latein-Studium – und dann so was. Die
Wege ihres Herrn sind schmutzig und gemein. Sie
hatte geliebt und geheiratet, aber leider den Falschen. Sie hatte geglaubt und vertraut, aber leider
dem Falschen. Sie hatte gelernt und geplant, aber
leider das Falsche. So musste sie nun auf vieles
verzichten, was sie sich in ihrer Prinz-Kinder-

Garten-Phantasie so ausgemalt hatte. Malen nach Zahlen bleibt halt immer auf dem Papier und erwacht nie zur Wirklichkeit. So verschläft Dornröschen immer wieder ihr eigenes Leben, wenn sie sich nicht daran macht ihre Notgemeinschaften zu zerstören. Nur ein einziges Mal, einen winzigen Moment lang, erkannte ich in ihrer kurz aussetzenden Stimme den Kampf, den sie innerlich führte. Es waren also nicht nur die dankbare Unterwürfigkeit und selbstverständliche Folgsamkeit der Ehefrau, die in ihr wohnten, sondern auch (zum Glück) noch glimmende Funken des Erkennens und des eigenen Willens. – Wir haben uns seit diesem Abend nicht wiedergesehen und werden es wohl auch nicht mehr. Ich kann nur hoffen, dass diese Funken einmal den Aufbruch und die Durchsetzungsfähigkeit ausgelöst haben, mit der sie sich aus jenem Leben befreit hat. Wenn nicht, täte es mir leid um einen Menschen, dem ich einmal alles Gute gewünscht hatte.

Und nun zu meinem neuen Leben. Ich begann als Lehrer für Deutsch als Fremdsprache, so die offizielle Bezeichnung, zu arbeiten. Das heißt: Ich unterrichtete junge, ausländische Menschen, die in Deutschland arbeiteten, oder die als Asylbewerber oder Verheiratete nach Deutschland kamen, oder die in Deutschland studieren wollten und eine Sprachprüfung ablegen mussten.

Nach meinem Sabbatical konnte ich aufgrund meines Sprachenstudiums eine Fortbildung machen, die mich zu diesem Beruf befähigte. Und natürlich bezahlte ich sie selbst von meiner Abfindung.

Auch dafür hatten meine ehemaligen Feinde gesorgt. Sie bezahlten nicht nur meine berufliche Zukunft, sondern auch mein ultimatives Glück. Denn noch nie (außer im Alter zwischen eins und drei, und das war lange her) hatte ich so unbeschwert und täglich belohnt meine Tage verbringen können.

Ich unterrichtete ein paar Stunden pro Tag. Damit fängt es schon an. Von neun bis eins ging ich meinem Gelderwerb nach und machte danach erst einmal eine Pause zu Hause, legte mich aufs Sofa und schlief den Schlaf der Gerechten. Ich musste und konnte gar nicht nach einer kurzen Mittagspause und schlechtem Kantinenessen mit unsympathischen Kollegen weiterarbeiten. Wenn es die finanzielle Lage erforderte, ging ich abends nochmal los und unterrichtete an einer Abendschule oder einzelne Schüler privat. Doch das kam meiner Aufmerksamkeitskurve sehr entgegen, da ich mein ganzes Leben lang abends am besten lernen und arbeiten konnte – eine Eule eben.

An die Unterrichtszeiten war ich zwar gebunden (eine neue Notgemeinschaft), aber wie ich arbeitete, war mir selbst überlassen. Ich durfte zwar keine Schüler schlagen oder sexuell missbrauchen, aber das wollte ich ja auch gar nicht. Schließlich hatte ich Philosophie und nicht Theologie studiert.

Was den stofflichen Inhalt angeht, hatte ich in meinem bisherigen Leben gut vorgearbeitet. Ich konnte lesen, schreiben und verfügte über einen sehr großen Wortschatz. Das ist heute bei Muttersprachlern leider nicht mehr selbstverständlich (Beispiel: Ey, deine Mutter, ne!).

Aber der Hauptgrund für meine Glückseligkeit waren die Schüler und Schülerinnen. Sie kamen aus der ganzen Welt und wollten aus einem bestimmten Grund lernen, weil sie ein Ziel hatten. Das allein ist mehr als Gold, Platin und Öl zusammen wert. Das heißt nicht, dass alle gut waren oder konzentriert und diszipliniert lernten. Natürlich gab es auch diejenigen, die sich nur in den Unterrichtsraum setzten, weil sie es vonseiten der Regierung her machen mussten und hier einfach nur Geld verdienen wollten (Beispiel: Meine Chef gebrauchen keine Nebensatz). Aber der wichtigste Punkt für mich ist, dass die Leute sich kennen und akzeptieren lernen. Es gibt halt Frauen, die sich verschleiern wollen (nicht unbedingt müssen), und trotzdem eine Menge lustige und interessante Dinge beizutragen haben. Es gibt halt homosexuelle Chinesen, die in ihrem Land dafür totgeschlagen werden, aber hilfsbereite und lehrreiche Mitmenschen sind. Es gibt halt Afrikaner, die nicht den ganzen Tag nur ficken und stinken und sonst nur faul herumhängen, sondern das Ziel haben, durch ein Medizinstudium ihrem Land zu helfen und es aufzuklären. Das ist leider auch in Deutschland nicht mehr selbstverständlich; die Aufklärung und die Französische Revolution scheinen zu lange her zu sein.

Es gab und gibt viel zu tun, nicht nur, weil viele Menschen nach Deutschland kommen und Deutschunterricht brauchen, sondern weil die Welt sich kennen lernen und verstehen lernen muss. Zu tun haben nicht nur wir Deutschlehrer. Die Neuen müssen lernen, wie man hier lebt, und dass nicht jede Frau, die mit verschiedenen Männern schläft, eine Prostituierte ist. Das dachte Kamal zunächst. Eines seiner ersten Wörter war ‚Schlampe'. Und die Alten müssen lernen, dass jemand, der undeutsch aussieht, normalerweise keinen Sprengstoffgürtel trägt und ihnen den Arbeitsplatz nicht wegnimmt.

Zunächst also zu der Frage, wie ein Deutscher und eine Deutsche aussehen. Ich habe da, weil ich ja in München lebe, so ein bestimmtes Bild vor Augen: Er etwa einhundertundsiebzig Zentimeter groß, dicken Bauch, gerötetes Gesicht und meistens eine Bierfahne, weil er schon um zehne die erste Halbe wegsäuft. Er trägt im Sommer ein rotweiß kariertes Hemd und dunkelbraune Cordhosen, dazu abgelaufene Sportschuhe, auch wenn er schon sechsundvierzig Jahre alt ist. Man will ja jung bleiben. Sie trägt ein schwarzes T-Shirt in Zeltgröße, was über ihren zentnerschweren Oberkörper hinabhängt, dazu eine elastische schwarze Hose, die ihre stämmigen Schwabbelbeine umkleidet. An den viel zu dicken Füßen trägt sie offene Schuhe, weil sie in keine geschlossenen mehr hineinpassen. Das Gesicht wie bei ihrem männlichen Pendant ebenfalls aufgeschwemmt, weil sie generell zu viel frisst und säuft und das Falsche noch dazu. Das sind zwei Deutsche, in München geboren, einwandfreier Stammbaum, also kein Migrationshintergrund irgendwo im Bild versteckt. Soll ich meinen Schülern das als ‚typisch deutsch' erklären? Das gehört eher zu einer meiner Notgemeinschaften auf der Straße.

Ich gebe also noch andere Beispiele und komme immer mehr von Wörtern wie ‚dick', ‚blond' oder

‚versoffen' ab, bis Jamira aus Marokko plötzlich ruft: „Die sehen ja genauso wie bei uns aus." Und Jaime fügt hinzu: „In Spanien gibt es auch blonde Menschen mit blauen Augen."

Jeder der fünfzehn Schüler aus fünfzehn Ländern in jener Gruppe trägt noch mehr durch Beispiele zum Unterricht bei. Schließlich kommen wir zu dem Schluss, dass es *den* Deutschen und *die* Deutsche nicht gibt. „Also haben sich die Deutschen schon abgeschafft?"

„Nein, natürlich nicht", antworte ich. „Es hat den Deutschen nie gegeben. Deutschland war immer schon eine Mischung aus verschiedenen Völkern." Und ich zeigte auf der Karte, wie sie im Laufe der Jahrtausende ständig von rechts nach links und von links nach rechts, von oben nach unten und vor allem auch von unten nach oben gewandert sind. Hannibal ließ seine Fußkranken und Syphilitiker in Bayern zurück, bevor er nach Italien weiter stampfte. Varus hat seine abgebrochenen Söldner aus Unteritalien bis nach Westgermanien geführt und ihnen dort die hübschen Cheruskerinnen vorgestellt. Und nach vielem Hin-und-Her-Gestöpsel wurden plötzlich auch nach dem Zweiten Weltkrieg braune, deutsche Babys in Deutschland auf deutschem Boden in deutschen Krankenhäusern von deutschen Frauen und ganz und gar deutsch geboren. Potztausend, da staunt der Araber. Was soll also ‚deutsch' sein? Der von einem aufragenden und brutalen Skandinavier und einer ungebildeten und untersetzten Markomannin abstammende Glatzkopf in Bomberjacke aus Pirna kann es zumindest auch nicht sein. Und wenn man sagt, dass

Goethe und Beethoven und Claudia Schiffer Deutsche waren, so muss man auch zugeben, dass niemand von uns Goethe oder Beethoven oder Claudia Schiffer ist. Also Schluss mit dieser Diskussion: Es gibt keine Deutschen – was das Aussehen betrifft.

Anders dagegen vielleicht schon die Frage: Was ist typisch deutsch? Zum Lachen in den Keller gehen? Sich im Urlaub in anderen Ländern danebenbenehmen und Deutschland blamieren? Immer rechthaben wollen und alles besser wissen als die anderen? Oder bei sportlichen Wettkämpfen vorzeitig ausscheiden und dadurch die primitiv-propagierenden Sportgoebbelsreporter abwatschen? Da ist vielleicht etwas Deutsches dran. Riecht zumindest ein bisschen danach.

Wenn jemand vielleicht einmal davon gehört hat, dass in Deutschland die Züge immer pünktlich ankommen und abfahren oder es in Deutschland keine Korruption gibt, weil die Deutschen so ehrlich sind, dem muss ich leider sagen, dass die Bücher, die er darüber gelesen hat, in ihrem Wahrheitsgehalt den ‚Protokollen der Weisen von Zion' oder ‚Mein Kampf' gleichkommen.

Kulinarische Gerichte, die deutsch heißen, heißen je nach der Ecke, wo sie gekocht werden, auf der anderen Seite der Grenze französisch oder polnisch oder italienisch.

Und erst die Sprache! Es gibt ja vieles, was die Leute sprechen und für Deutsch halten. Aber selbst wenn sie ausnahmsweise einmal einen grammatikalisch korrekten Satz aus ihrem Mund zaubern, ist das noch lange kein Deutsch. Die meisten wissen es nicht: Aber ihr sprecht eine Mischung aus Latein, Griechisch, Englisch, Italienisch und verschiedenen westgermanischen Dialekten – aber kein Deutsch. Wenn man alles Nichtdeutsche aus folgendem Satz streichen würde („In dieser Situation schalten wir das Atomkraftwerk ab und produzieren Solarenergie"), bleibt Folgendes übrig: „dieser schalten wir das ab und".

Jeder weiß sofort, was gemeint ist, oder? Also brauchen wir die Griechen doch. Und die anderen auch – und wenn wir nur ein bisschen plaudern wollten. Stellen Sie sich einmal vor: Eine Frau ohne Sprechmöglichkeiten, ohne die Chance, über ihre permanent unwichtigen Tagesereignisse Worthülsen auszustoßen. Die Dauerschwätzerinnen unter ihnen würden uns doch innerhalb von Sekunden gaga werden und psycho durch die Straßen laufen – auf der Suche nach den verlorenen Worten. Ihre Zunge würde, wie Montaigne schon festgestellt hat, pausenlos die Luft in Bewegung halten und vielleicht einen Sturm der Entrüstung entfachen, der uns Männern ab vierzig die gegelte Frisur durcheinanderbringt und den Halt der letzten 52 Haare gefährdet. Deshalb, liebe Mitbürgerinnen und Mitbürger, lassen Sie uns weiter sprechen, auch wenn es kein Deutsch ist. Hauptsache, wir reden. Solange sie reden, führen sie keinen Krieg.

Zurück zu meinem Anfang als glücklicher Deutschlehrer!

Es begab sich aber zu der Zeit, als das zwanzigste Jahrhundert unserer Zeitrechnung die letzten

Jahre seiner Existenz ausröchelte. Der Höhepunkt des Mordens in Ex-Jugoslawien gerade vorbei, François Mitterand und Ella Fitzgerald in jenem Jahr gestorben und Alvor Selve nach seiner Wanderung durch die Wüste im gelobten Land der jungen Brüste und schlanken Beine, wo Zufriedenheit und Freude herrschen, glücklich angekommen.

Ich bewarb mich bei verschiedenen Schulen und Agenturen und nahm abends meine Arbeit in einer Schule auf, die ausschließlich Integrationskurse anbietet. Morgens und nachmittags gab ich nur Personen Einzelunterricht, die bereits einen gut bezahlten Job in einer Firma gefunden hatten. Das Vier-Augen-Training hatte am Anfang in der Regel den Nachteil, dass ich viel Zeit durch die An- und Abfahrt verlor, da ich zu den Firmen fahren musste, die außerhalb Münchens ihren Sitz hatten. Es war zwar auch angenehm in fast leeren Bussen aus dem Fenster zu schauen und der Müdigkeit beim Entweichen in die Natur zuzufühlen; doch konnte ich deswegen auch nur eine Doppelstunde, im Ausnahmefall auch hin und wieder mal eine Doppel-Doppelstunde geben und auf die Rechnung setzen – also ein mühsames Nüssesammeln. Aber die Arbeitsweise (im Stadtgebiet und der näheren Umgebung alleine unterwegs sein) zerschmetterte jedes aufkommende Nachteilchen sofort mit der Fliegenklatsche an der Wand der Ausgeglichenheit. Denn schließlich hatte ich zusammen mit den Abendkursen mein Auskommen.

Diese waren für mich auch positionell etwas Neues. Denn ich stand zum ersten Mal als alleiniger

Hauptakteur vor einer Gruppe von Menschen, die etwas von mir erwarteten – und das über vier Stunden pro Abend – mit zwanzig Minuten Pause zwischendrin. Natürlich hatte ich zuerst große Zweifel, ob ich eine so lange Zeitdauer gestalten könnte. Und eigentlich hatte ich mir nach Schule und Universität geschworen niemals wieder dorthin zurückzukehren, weil ich diese gewisse Beklommenheit hasste, in der man sich als Lernender befindet: Noch nicht selbstständig leben können und jeden Müll für Prüfungen abrufbar halten müssen, auch wenn man schon längst weiß, dass es nur unbrauchbaren Ballast fürs Gehirn darstellt. Doch nun stand ich auf der anderen Seite und konnte selbst entscheiden, was das Thema für die Veranstaltung sein und wie ich es präsentieren würde. Ich sah mir auch den Unterricht zweier Kollegen an und war für entsprechende Hinweise dankbar. Es dauerte nicht sehr lange, bis ich mich an die Vorbereitung, Durchführung und Nachbereitung gewöhnt hatte. Bei etwa eintausend Stunden pro Jahr ist es auch für Außenstehende nicht verwunderlich, dass man sehr schnell eine gewisse Routine erlangt.

Es ist auch ein Unterschied, ob man eher weniger motivierten Personen innerhalb von einem Jahr gewisse Grundkenntnisse beibringen oder hochmotivierte Abiturienten mit bereits vorhandenen Kenntnissen innerhalb von acht Wochen auf Universitätsniveau katapultieren muss. Aber dazu später. Zunächst befand ich mich ja noch im Aufwachraum der Integrations-Chirurgie, in dem wir alle – Lehrer und Schüler – uns langsam an die Umgebung gewöhnen durften.

Ich erinnere mich nicht mehr an alle Schüler, die ich einmal unterrichtet habe. Aber was mich von Anfang an fasziniert hat, war das internationale Konglomerat, in dem wir alle uns befanden. Da sitzen Alte neben Jungen – ich meine Siebzigjährige neben Fünfzehnjährigen. Da sitzen alle zusammen: Europäer, Amerikaner, Afrikaner, Asiaten und manchmal auch Australier – der Moslem neben dem Katholiken, der Zoroastrier neben dem Buddhisten, der orthodoxe Christ neben dem liberalen Juden und zwischendrin viele Atheisten, die sich mit dieser Frage von religiöser Notgemeinschaft nicht (mehr) herumschlagen müssen. Auch wenn das erst einmal oberflächlich klingt, ist es doch ein Anfang von Völkerverständigung, die Politiker aller Länder und Zeiten bisher nur sehr selten zustande gebracht haben. Und dann fragt man gleichzeitig nach dem Warum. Es ist einfacher als viele meinen: Alle wollen nur eins: In Frieden leben, sich selbst und ihre Familie ernähren, dafür arbeiten gehen und zum Ausgleich ihre Freizeit genießen. Ob man das nun mit Pide, Pizza, Pirogga oder Pistazienbrot macht, geht dem Toleranten ziemlich warm am Gaumen vorbei. Manchmal beschleicht mich auch der Verdacht, dass es besser wäre alle Politiker und Industriellen einzubuchten und die Verhandlungen über Gebietsansprüche und gegenseitige Zugeständnisse den weisen Alten aller Völker zu überlassen. Denn ein altes Sprichwort sagt schon: ‚Der Jugend Feuer zerstört der Alten Ernte‘. Darüber kann man ja mal ein paar Minuten nachdenken.

Ein paar Minuten sind vergangen.

Sehr gemocht und bewundert habe ich zum Beispiel unter meinen ersten Schülern Ludmila und Jewgenij, beide knapp über siebzig und in ihrem hohen Alter noch aus Russland nach Deutschland eingecheckt – one-way-ticket – das war klar. Sie konnten kein Deutsch, aber wollten es lernen und lernten es auch noch, wobei Ludmila die treibende Kraft war und ihren Mann immer mit dem Ellenbogen anstieß, wenn er wieder einmal eingeschlafen war und im Moment, als er dran war, nicht wusste, was er machen sollte. Aber sie gingen ihren Weg und lernten mit – ein hohes Beispiel für diejenigen Jugendlichen, die heute meinen, dass ihre Eltern schon ihr Leben finanzieren und alle Probleme aus dem Weg schaffen würden, weil man ja der geilste Sohn oder die geratenste Tochter sei. Mit Eigenleistung hat das Portemonnaie des Vaters nur leider nichts zu tun. Und es widerspricht auch der landläufigen Meinung, dass man mit siebzig keine Fremdsprache mehr lernen könne. Lernen kann man auch noch zwei Tage vor dem Tod mit sechsundneunzig. Dieses Vorurteil hält sich seltsamerweise genauso auch noch im einundzwanzigsten Jahrhundert wie dasjenige, dass man vom Wichsen blind oder von einem Gott bestraft wird oder Senf dumm macht. Dazu kann ich nur sagen: Probiert es aus! Und ihr werdet sehen, dass keiner blind oder von einem Gott bestraft wird, weil es keine Götter gibt und die allen eigene und von allen in der Pubertät entdeckte Masturbation keinen Einfluss auf die Gesundheit und Funktion des Sehnervs hat. Denn wahrlich, ich sage euch: Euer ist das Pimmelreich, und jauchzen werdet ihr beim Reiben der Vagina, dass alle Engel der Lust frohlocken in dulce jubilo.

Entschuldigung! Ich schweifte ab (oder: Ich schwoff ab. Oder: Ich bin abgeschwiffen / abgeschwoffen / abgeschweift. Wer weiß das schon?). Es ist natürlich auch nicht immer leicht für einen fast reifen, nicht mehr ganz jungen und unverheirateten Mann, den Reizen und Forderungen einer hübschen, jungen Schülerin – aus welchem Land auch immer, denn es gibt in jedem Land (das habe ich gelernt) hübsche Frauen – zu widerstehen. Dazu kommt, dass ich in jeder Hinsicht freie Hand hatte (sie klebte weder an einer Ehefrau noch an meinem Glied) und mich juristisch gesehen im grünen Bereich befand, da die in Frage kommenden Objekte erwachsen waren. Denn die zweite Begebenheit, die aus der Tiefe der Erinnerung heraufschwappt, ist Kira.

Sie war in Südafrika aufgewachsen, sehr weiß und einundzwanzig Jahre alt, hatte relativ dünnes Haar und stellte sich im Lernen nicht besonders begabt dar. Aber darauf kam es ihr, glaube ich, und auch mir nicht an. Sie hatte sehr schnell gemerkt, dass die deutsche Sprache ihre Ansprüche überstieg und sie ihr Glück in einem anderen Land finden musste. Allerdings versäumte sie es nicht, ihren Aufenthalt hier zu genießen, bevor sie weiterzog. Und sie verlor keine Zeit mit dem Versuch, das zu erreichen, was sie wollte. Sie beschrieb mir einmal auf Englisch, wie sich jedes Mal ihre Brustwarzen aufstellten und hart wurden, wenn sie mich sah. Zuerst tat ich so, als dürfte ich als Lehrer nicht darauf eingehen. Aber sie interessierte das nicht. Im

Folgenden fragte sie mich bei jedem Treffen nur noch, wann wir endlich zusammen ins Bett gingen und ficken würden. Irgendwann sagte ich einfach nur „heute" und nahm sie im Taxi mit zu meiner Wohnung, wo es schnell zum Äußersten kam. Aber sie ist mir nicht nur deswegen im Gedächtnis geblieben, sondern vor allem wegen ihres sirenenhaften Juchzens, das sie bei jedem Stoß von sich gab. So eine Situation hatte ich noch nie erlebt und wusste nicht, ob ich mich ärgern oder darüber lachen sollte: Denn mir war bewusst, dass zumindest mein linker Wohnungsnachbar alles hören konnte, da wir Monate vorher schon einmal wegen der dünnen Wände in unserem Gebäude eine Diskussion geführt hatten. Damals hatte er sich über den Tschaikowsky beschwert, durch den ich mich anfangs wecken ließ. Während ich also auf Hände und Knie gestemmt im Bossa-Nova-Rumba-Rhythmus in sie eindrang, musste ich ihre Seufzer mit meinem Mund dämpfen und presste ihn deshalb so fest auf ihre Lippen wie es ging. Dadurch lief ich aber gleichzeitig Gefahr sie zu ersticken, weil durch meinen Druck gleichzeitig ihre Nase von meiner rechten Wange abgedeckt war. So muss es sein, wenn jemand im Eifer des Geschlechts jemanden tötet und es gar nicht will. Kira atmete extrem heftig, nachdem ihr die Luft weggeblieben war, grinste aber über das ganze Gesicht, wenn ich den Notfall bemerkte und sie wieder zu Atem gekommen war. Es war also meinerseits mehr besorgte Koordination im Spiel als sexuelle Befriedigung. Schlussendlich kam es zum gemeinsamen Orgasmus, und wir schliefen ein – sie glücklich, dass sie den teacher herumgekriegt hatte, und ich heilfroh, dass nichts Schlimmes passiert war. Wir wiederholten das Spiel zwei oder drei Male; sie teilte mir jedoch mit, dass sie ihren Vater in England besuchen würde. Auf die Frage, was sie in der Zukunft zu machen gedachte (ich meinte damit eigentlich an Ausbildung und Beruf), antwortete sie, dass sie leben wolle. ‚Ach was', dachte ich in loriotschem Sinne. Die Frage, ob wir uns wiedersehen würden, stellte sich für beide nicht. Es klingt komisch: Aber das war das erste Mal für mich, dass keiner von beiden mehr wollte. Normalerweise krampft eine Beziehung ja noch wochenlang vor sich hin, weil einer von beiden meint, der Fick wäre aus Liebe passiert oder man sei gemeinsam zu etwas Längerem bestimmt oder der andere wäre einem etwas schuldig. Aber hier nichts – außer dem freundlichen Abschied mit mitwisserischem Blick in beiderseitigem Einverständnis. Wie geil ist das denn?

Ich ertappe mich beim Gebrauch jugendlicher Sprache. Vielleicht sollte ich jetzt über Caroline berichten. Denn sie war meine erste Einzelschülerin und ganz anders geartet als Kira.

Von meiner Agentur bekam ich den Auftrag, mich an einem Montag um vierzehn Uhr in die Zentrale der Allianz-Versicherung zu begeben und mich bei einer Frau Proust anmelden zu lassen. Ein großes und teures Gebäude in bester Lage erhob sich vor mir. Teure Anzüge und schicke Röcke gingen vor meinen Augen ein und aus und parlierten über extrem wichtige Policen und Katastrophen-Statistiken und hantierten mit mehreren Mobiltelefonen gleichzeitig wie Jongleure im Circus Krone.

Nachdem ich einige Mitarbeiter beobachtet hatte, wie sie einen Knopf an der Drehtür betätigten und Einlass fanden, imitierte ich ihre Mimik und Gestik und wollte ebenfalls hineingelassen werden. Allein es tat sich nichts. Die Tür verharrte, wo sie war, und rührte sich um keinen Dreh. Ich versuchte es mehrmals und erregte schon die Aufmerksamkeit des Empfangs- und Überwachungspersonals. Ich winkte hilflos durch die Glasscheiben nach innen und fand Erbarmen. Während ein Wachmann mit der rechten Hand an seinem rechten Pistolenhalfter zur Seite trat, betätigte die nette, junge Dame am Empfang in ihrer beruhigenden, blauen Firmenuniform einen Knopf unter dem Pult, vor dem sie stand, und ließ den Sesam öffnen.

Glücklich über meinen winzigen Teilerfolg schlich ich die nächsten fünf Meter leicht schwitzend und mit erhöhter Herzfrequenz zum Empfangspult und nannte meinen Namen.

„Kann ich bitte Ihren Ausweis sehen?", sagte sie.

„Natürlich.", sagte ich

„Einen Moment bitte.", sagte sie.

„Natürlich.", sagte ich.

Sie nahm den Telefonhörer in die Hand und fragte nach. Drei Minuten später erschien eine kurzschwarzhaarige, vierunddreißigjährige, französische, mit schwarz-dickrahmiger Brille und schwarzem Hosenanzug und strengen Gesichtszügen ausgestattete, aber trotz alledem freundlich wirkende Frau vor mir. Man mag es nicht glauben: Doch sie lächelte mich an und kam auf mich zu und begrüßte mich mit Handschlag – ein wahrer Gentleman. Ich reagierte nur noch und folgte ihr wie ein treuer Hund.

Wir gingen lange Flure entlang, ließen uns durch Aufzüge in höhere Etagen transportieren, durchschritten dank ihrer Karte verbotene Bereiche und erreichten schließlich den Besprechungsraum, der für diese Zeit für sie (und mich) reserviert war. Ich fühlte mich wie nach einer Geschlechtsumwandlung. Aus Alice im Wunderland und dem weißen Kaninchen waren Alvor im Wirtschaftsland und der schwarze Dobermann geworden. Ich war begeistert. Endlich wieder etwas Neues.

Caroline war keine einfache Schülerin. Sie konnte ziemlich gut Deutsch und informierte mich gleich zu Anfang darüber, dass sie grammatikalische Übungen hasste. Obwohl das aufgrund ihrer vielen kleinen Fehler aber irgendwie verbessert werden musste, war ich herausgefordert. So etwas hatte ich noch nicht gemacht. Aber wir fanden einen Weg. Und dieses Pilotprojekt eignete sich als Vorlage für alle späteren Einzelunterrichte, deren Teilnehmer die gleichen Ansprüche hatten. Wir unterhielten uns über verschiedene Themen, und ich korrigierte sie bei allen größeren und kleineren Fehlern. Zuerst glaubte ich nicht an den Erfolg dieser Methode, da die meisten Menschen das, was sie nur hören, bald wieder vergessen und den Fehler wiederholen, wenn sie das richtige Wort nicht aufschreiben und so vor Augen haben. Doch Caroline und später auch Meng und Tianfeng (zwei Schüler aus China, ebenfalls bei der Allianz beschäftigt) machten einen Fehler nur selten noch einmal. Das imponierte mir – und ich hatte wieder etwas dazugelernt.

Wir sprachen über Dinge des Alltags, spezifische Themen zu Frankreich und Deutschland (mit Meng und Tianfeng natürlich mehr über China als über Frankreich), über gesellschaftliche und politische Tagesereignisse und – nachdem wir uns über ein paar Monate hinweg näher kennen gelernt hatten – auch manchmal über Privates. Es war für beide Seiten sehr angenehm, da es von außen nicht wie ein typischer Sprachkurs aussah, sondern eher einer lockeren Plauderei glich. Im Sommer verließen wir oft das Büro und gingen im Englischen Garten spazieren oder setzten uns auf die Terrasse eines Cafés und genossen ein Eis oder eine Schorle.

Caroline war Auditorin. Das klingt gut und interessant. Interessant war die Aufgabe auch, da sie Abläufe innerhalb der Firma kontrollierte und dabei zum Beispiel Kommunikationslücken zu schließen sowie Prozesse zu beschleunigen versuchte. Gut war es nicht in jedem Fall, da viele Mitarbeiter bei dem Wort ‚Kontrolle‘ sofort an Überwachung und Kündigung denken und sich aus diesem Grund meist feindlich und wenig kooperativ verhalten – vor allem, wenn es sich in der griechischen Niederlassung um ältere Männer handelt, die sich von einer jungen Frau etwas sagen lassen müssen. Da stoßen nicht nur Jung und Alt aufeinander, sondern auch Mann und Frau und darüber hinaus noch Frankreich und Griechenland, modernes Westeuropa gegen traditionellen Balkan – auweia. Ihren Job wollte ich nicht haben. Aber sie hat das gut gemacht. Die alten Herren mussten ihre ‚Vorschläge‘

umsetzen oder konnten sich schon einmal auf einen frühen Ouzo-Ruhestand freuen. Die Wahl lag ganz bei ihnen. Und das Zähneknirschen war kaum hörbar, da sich in den geschlossen gehaltenen Mündern nicht mehr so viele ganze Zähne befanden.

Nach ihrem Namen befragt hatte sie mir lächelnd und erstaunt geantwortet, dass in Frankreich viele Leute Proust heißen (gerade in der Region, aus der sie stammte) und sie nicht mit dem berühmten Schriftsteller verwandt war. Aber sie goutierte es, dass ich seine Werke gelesen hatte – gerade zu der Zeit, als ich in Pasing zur Untermiete wohnte und auf den täglichen S-Bahn-Fahrten zu und von meiner ersten Arbeitsstelle als Redakteur viel Zeit hatte. Aber wir unterhielten uns nicht über Marcel, da Literatur nicht zu ihren Lieblingsthemen gehörte, sondern imitierten meistens Gesprächssituationen aus ihrer Arbeitsumgebung. Sie brauchte spezifischen Wortschatz und die passenden Redemittel für eine Argumentationskette, um höflich zu widersprechen und an Diskussionen teilnehmen zu können.

Ein paar Wochen zwischendurch unterrichtete ich auch ihren Mann, der sich bei einem bayerischen Unternehmen als Ingenieur beworben hatte und bereits die Probezeit durchlief. Er war einen Kopf kleiner als Caroline, aber genauso sympathisch. Denn ich muss es gestehen: Nach dem freundlichen, aber kühlen Empfang am ersten Tag tauten wir nach und nach auf und redeten irgendwann wie Bekannte miteinander. Das führte auch dazu, dass ich sie als Frau immer interessanter fand. Diesem Risiko unterliegen wir ja alle irgendwie und zu jeder Zeit – egal ob der eine oder die andere verheiratet ist oder nicht. Ihre kurzen, schwarzen Haare und ihr schmales Gesicht, aus dem zwei schwarze Augen herausstrahlten, ihre langen Beine und schmalen Füße, die ich kurz sehen konnte, wenn sie im Sommer ohne Schuhe durchs Büro ging, oder die vor mir wippten, wenn wir uns gegenübersaßen, machten es mir nicht einfach, mich auf den Unterricht zu konzentrieren. Doch wie gesagt: Je länger wir uns kennen lernten, desto mehr gefiel mir ihre Art, über Dinge zu sprechen, die sie mochte oder nicht mochte. Nachdem ich etwas Zeit benötigt hatte, um ihren Humor zu verstehen, machte mir auch diese Seite an ihr sie immer sympathischer. Und wo ist jetzt, bitte schön, der Unterschied oder die Grenze zwischen Sympathie und Anziehung, Neugier und Verlangen?

Caroline spürte das wahrscheinlich, obwohl ich mir viel Mühe gab, das nicht zu zeigen. Aber da ich nicht aufdringlich wurde oder irgendwelche dummen Bemerkungen machte, genoss sie wahrscheinlich eher ihre Attraktivität und stellte durch Themen, die ihren Mann betrafen, auch mehr als einmal freundlich indirekt klar, dass sie von mir nichts wollte, was ich natürlich akzeptierte. Man ist ja homme du monde.

Insgesamt dauerte unsere Bekanntschaft zwei Jahre. Sie bewarb sich auf eine neue Stelle innerhalb der Firma und übte mit mir noch ein paar Mal Bewerbungsgespräche und Präsentationen. Irgendwann war sie weg – zurück in Paris – mit ihrem Mann. Er hatte mir sein Leid in der bayerischen Firma geklagt und war nicht angetan von der mehr als abweisenden Art, mit der man ihn dort behandelte. Nicht nur, dass man bei Besprechungen keine Rücksicht auf nichtbayerische Mitarbeiter nahm und fleißig in der Mundart Laute ausstieß; man hielt es auch nicht für nötig, ihm wichtige Informationen zukommen zu lassen, die er für seine Arbeit brauchte. „Dees tät dann der Sepp oder der Toni mache, gell?! Frägst aimoi deng!"

Er kündigte und bewarb sich nach der Probezeit bei Firmen in Frankreich, wo er sich hoffentlich wohler fühlt. Caroline traf ich nach sechs Jahren noch einmal zufällig auf der Leopoldstraße, da sie für eine Woche beruflich in ihrer Firma zu tun hatte. Sie war wie früher: Freundlich, sympathisch, gutaussehend, attraktiv. Die Begegnung dauerte vielleicht eine Minute, dann wünschten wir uns alles Gute und gingen in entgegengesetzte Richtungen.

Eine kurze und etwas andere Geschichte war die mit Alessandra, einer schwarz-gelockten Italienerin, die sich verheiratet in Deutschland nur langweilte. Ihr Mann war Abteilungsleiter in der Münchener Filiale eines italienischen Autobauers und den ganzen Tag in der Firma, musste Überstunden machen und zwischendurch auch mal zur Zentrale in Italien fliegen, ohne sie mitnehmen zu können.

Wir saßen anfangs in einem kleinen, separaten Kursraum in der Agentur und begannen mit der deutschen Sprache ganz von vorn. Alessandra schien motiviert und kam jedes Mal lächelnd durch die Tür. Da sie bereits wusste, dass ich auch Italienisch sprechen konnte, tauschten wir erst einige

Sätze in dieser Sprache aus. Wenn ich mit dem eigentlichen Unterricht beginnen wollte, wich ihre Lebhaftigkeit einer plötzlichen Unlust. Es gefiel ihr leider immer mehr, mit mir nur noch Italienisch zu sprechen, was mich in eine ungute Lage bei meinem Auftraggeber brachte. Und anders als bei Caroline schien Alessandra an mir Gefallen zu finden, so dass sie auch noch anfing mit mir zu flirten. Sie zog immer aufreizendere Kleidung an und zeigte mir, wenn wir unter uns waren oder auch einmal außerhalb der Agentur in einem Café saßen, von Woche zu Woche immer einen Zentimeter mehr von ihren prallen Brüsten, die vielleicht aufgrund der Tatsache, dass Alessandra kaum einen Meter sechzig groß war, noch voluminöser schienen. Außerdem blitzte sie mich bei jedem Fehler, den sie (auch absichtlich) machte mit ihren blauen Augen verschmitzt an. Wieder so eine Versuchung, dachte ich, die aber nicht so leicht zu bändigen ist, wenn das Gegenüber die gleiche Versuchung verspürt. Ein Spiel mit dem Feuer und Geistern, die man nicht rufen sollte.

Wir kamen uns ein Stück weit näher – aber nicht nahe genug, oder vielleicht gerade nahe genug. Das zumindest wusste ihr Mann und bestand irgendwann darauf, dass seine Frau von einer Frau unterrichtet werden sollte. Ich habe keine Ahnung, was sie ihm von mir oder von uns erzählt hatte. Aber es hat für ihn ausgereicht zu intervenieren. Vielleicht wollte sie auch nur ein bisschen mehr Aufmerksamkeit von ihm erzwingen. Wie hätte er sonst von uns erfahren sollen, wenn er dauernd unterwegs war? Oder hatte er einen Detektiv engagiert, der uns beschattet und Fotos gemacht hatte? War ich vielleicht gerade noch einmal einer Vendetta entgangen, weil ich eine verheiratete, katholische, italienische Frau verführerisch fand oder in seinen Augen dabei war sie zu verführen? Kruziteufel! Das ist aber auch ein Kreuz mit den Frauen. Also hörte es auf, bevor es richtig angefangen hatte. Und das war gut so. Ich verlor dadurch zwar eine äußerst attraktive Schülerin, erhielt aber dafür andere Lernende (Männer und Frauen), da der Ehemann fairerweise betont hatte, dass ich ein guter Lehrer sei, aber eben nicht seine äußerst hübsche Frau unterrichten sollte. So bleibt die Erinnerung an diesen Engel bestehen, in dessen blaue Augen unter den schwarzen Locken ich blicken durfte, und dessen braunhäutige Brüste mir durch ihr Ein- und Ausatmen wie die Granatäpfel dem Tantalus zum Erreichen nah, doch unerreichbar waren. Ich wünsche den beiden Glück und Harmonie. Und wieder einmal habe ich etwas gelernt.

Lernen und verstehen

Deutschland ist als Einwanderungsland nicht so einfach wie es die USA einmal waren. Und Deutsch ist bei weitem nicht so einfach wie Englisch, das ja nicht umsonst zur Weltsprache aufgestiegen ist, weil es auch noch von Ungebildeten verstanden und nachgeahmt werden kann. Die Mehrheit der Menschen ist nun einmal ungebildet; daran kann ich auch nichts ändern. Es ist ein Fakt.

Viele Menschen kommen hierher, weil sie Hoffnungen haben, weil ihnen falsche Versprechungen gemacht wurden, weil sie positive Vorurteile Deutschland gegenüber haben.

Dass es Kriterien geben muss, wer rein darf und wer nicht, ist klar. Sonst würden uns die Massen die Ernte wegfressen wie eine Plage Heuschrecken. Etwas wird ja generell erst zur Plage, wenn es von der Sorte zu viel gibt und es zur anhaltenden Belastung wird. Der Mensch ist auf der Erde schon eine Plage geworden. Daher muss jedes Land selbst darauf achten, dass die Plage nicht hereinschwappt. Denn auch innere Gruppen können zur Plage werden, wenn die Zahl ihrer Zugehörigen überhandnimmt: Arbeitslose, Religiöse aller Art, Radikale, Kriminelle, Kinder. Auch diese Gruppen klein zu halten, bedarf es schon einiger Anstrengungen.

Nun betreiben die deutschen Regierungen seit den fünfziger Jahren des zwanzigsten Jahrhunderts ein doppeltes Spiel: Sie rufen Leute herbei, weil sie etwas Bestimmtes von ihnen wollen, nämlich in erster Linie ihre Arbeitskraft und neuerdings auch ihre Kinder. Im Folgenden kümmern sie sich aber nicht um eine vernünftige Eingliederung und vergessen vor allem, wann des Guten genug ist. Der Unmut der Einheimischen ist damit vorprogrammiert – und das seit Anbeginn der Einwanderung. Niemand möchte Fremdkörper in seiner Gemeinschaft. Auch das war schon so, als alle Menschen noch in Höhlen wohnten.

Auf der anderen Seite funktioniert eine gegebene Chance auch nicht, wenn der Fremdkörper nichts oder zu wenig dafür tut, kein Fremdkörper mehr zu sein. Ich kann mich in Litauen nicht weigern die litauische Sprache zu lernen und warten, bis mein Apotheker, Arzt, Supermarkt und Kaufhaus endlich auch Deutsch sind, damit ich erst recht nicht Litauisch lernen muss. Und ich kann meinen Töchtern in Dänemark nicht einbläuen, dass sie ihren Körper zu verstecken haben und deswegen nicht zum Schwimmunterricht oder zum Tanzen oder ohne ihren Bruder auf eine Party gehen dürfen. Die dänischen Nationalfarben sind weiß und rot.

Die dritte Seite sind die Einheimischen. In ihren Köpfen bedarf es einer gewissen Offenheit, was Akzeptanz und Toleranz betrifft. Sie müssen neugierig sein, also gierig darauf zu wissen, was das Neue ist und ihnen bringen könnte. Natürlich müssen sie nicht alles akzeptieren, was ihnen da vorgesetzt wird und plötzlich vor ihnen steht. Aber sie sollten sich in begrenzt-angemessener Weise dafür interessieren, dass man von Ausländern auch etwas lernen, mit ihnen zusammenarbeiten und etwas schaffen, Freude haben kann.

Als ich anfing zu unterrichten, gab es in den Gruppen verhältnismäßig viele Leute aus Serbien und dem Kosovo – an sich schon ein kleines Pulverfässchen, wenn man weiß, dass die Väter dieser Leute sich gegenseitig getötet haben. Die Kinder haben sich hier in Deutschland halt nur zusammengerissen, weil sie beide sich hier benehmen mussten, um nicht rauszufliegen. Damit umzugehen, ist auch Aufgabe der Lehrer und Lehrerinnen. Denn die Politiker ziehen den Kopf ein, wenn sie erst einmal die Schleusen geöffnet haben. Es geht hier nicht mehr darum Deutsch zu lernen, sondern diese Konflikte, die genauso zwischen Palästinensern und Israeli entstehen, zu lösen. Was Integrationslehrer genauso wie Mitarbeiter internationaler Organisationen oder Orchester und wissenschaftliche Arbeitsgruppen hier leisten, wird kaum erwähnt.

Was die meisten der Teilnehmer auch verstehen, ist der Versuch eine gemeinsame Zukunft möglich zu machen und die Fehler unserer Väter, Mütter, Großväter und Großmütter auszubaden. Denn auch eine Mutter wird schuldig an den Gräueln des Krieges, wenn sie ihren Sohn gegen Andersdenkende aufhetzt oder nichts sagt. Wer schweigt, ist genauso schuldig; das wissen wir doch bereits. Hätte sie das Kind abgetrieben, wäre kein Mörder entstanden. So einfach ist das.

Zurück zu meinen Gruppen! Es gelingt in der Regel, Feindschaften aufzulösen, wenn alle sich darauf einlassen, historische und religiöse Motivationen hinter sich zu lassen und sich auf Nachbarschaft, Arbeit und Freizeit zu konzentrieren. Nichts hat so viele Leute in den Abgrund gerissen wie die Religion. Dabei wollte sie doch Paradiese schaffen. Das müssen nun wir übernehmen und erreichen auch unser Ziel – ohne Religion, und nur ohne Religion. Denn dass es allein unterschiedliche Religionen gibt, führt schon automatisch zu Feindschaften. Es gäbe keine Antisemiten, wenn es nicht Christen und Moslems gäbe. Und von wie viel Unrecht, Mord und Vertreibung können allein die Juden berichten.

David und Mohammed, zwei meiner Schüler, haben das Prinzip hundertprozentig verstanden. Sie gehören allerdings auch zu den Aufgeklärten ihrer jeweiligen Gruppe – eine Auslese, die nötig sein wird, wenn wir aus diesem tierischen Teufelskreis und Labyrinth des Leidens herausfinden wollen. Die beiden haben sich in meiner zweiten Gruppe kennen gelernt und waren sich zunächst einmal feind. Es war schlimmer als zwischen mir und einem meiner Brüder, nachdem er eine meiner Freundinnen gevögelt hatte. Und es war schlimmer als zwischen mir und meinem Nachbarn, der mit seinem Luftgewehr singende Drosseln von seinem Kirschbaum herunterholte. Genauso wie Draško und Ekzona, er Serbe, sie Kosovarin, verstanden sie die Sinnlosigkeit ewiger Feindschaften und versuchten einen Neuanfang, der hier auch funktionierte. In ihren Heimatländern hat es bisher nicht geklappt. Als ob sie hier auf neutralem Boden erst richtig zum Nachdenken gekommen wären oder sich hier erst der kriegerische Nebel einer Zukunft verachtenden Verwandtschaft auflösen würde. Es ergab sich zwar nicht, dass sie sich gleich gegenseitig geheiratet hätten; aber es ergab sich, dass ihre Kinder nicht nur im Kindergarten, sondern auch am Nachmittag daheim zusammen spielten und die Familien sich gegenseitig zum Grillen einluden. Grillen ist überhaupt eine sehr gute Idee, um Vorurteile und Fremdheit abzubauen. Fressen will jeder. Spaß haben will jeder. Und wenn man es gemeinsam vorbereitet und durchführt, wird jeder satt und hat nebenbei auch noch etwas über den anderen erfahren. Denn es geht auch um das Erfahren, Erfahrungen machen, verstehen, dass der andere auch nur seinen Frieden und sein gegrilltes Hähnchen haben will. Und Hähnchen gibt es genug.

Allerdings muss man Kriminelle wie Sinan auch wieder schnell loswerden − auf irgendeine feine Weise liquidieren. Er war Iraner und der Mann von Sehnaz, die bei uns lernte und auch ein neues Leben in Deutschland mit ihm anfangen wollte, weil sie Zoroastrier waren und in ihrem Heimatland dafür schikaniert, benachteiligt oder auch einfach nur getötet wurden. Eines Abends kam er mit einem Messer in die Schule und erstach seine Frau ohne Ankündigung vor den Augen des gesamten Kurses. Angeblich hatte ihm ein guter Freund gesteckt, dass Sehnaz mit einem Klassenkameraden liebäugelte. Diesen Klassenkameraden gab es gar nicht. Aber das war für Sinan und nun auch für Sehnaz völlig egal. Sie tot und er in Abschiebehaft. Dumm gelaufen. Ein Dummer amokgelaufen. So etwas können wir hier nicht gebrauchen. Deswegen meine Überzeugung, dass eine vernünftige Zukunft nur durch Aufgeklärte und Willige zu erreichen ist.

Auch Schmarotzer braucht niemand. Wer sich auf die faule Haut, egal welcher Farbe, legen möchte, muss ebenfalls in sein Land zurückgeschickt werden, da es dem Frieden in der

Gemeinschaft nicht dient, wenn acht arbeiten und zwei sich durchfüttern lassen und dabei nur an Samenerguss und Samba denken. Zum Glück verstehen auch die ausschließlich Triebgesteuerten bald, dass es mit gebrochenem Deutsch nicht vorwärts geht und auch die dickste Blonde irgendwann vor Langeweile und Überdruss auf die Tür zeigt. Es ist für alle das Beste, wenn sie freiwillig in ihre Heimat zurückkehren oder die gleiche Hängematte-Philosophie in einem anderen Land anwenden.

Man sollte nicht den Fehler machen und Nationalitäten pauschal verurteilen. Allerdings gibt es Angewohnheiten, die Menschen aus bestimmten Ländern ablegen müssen, wenn sie sich hier bewähren wollen. Denn auch deutsche Jugendliche müssen sich bewähren, eine Schule absolvieren, eine Lehre oder ein Studium abschließen und ihren Beitrag leisten. Deutschland hat genug Probleme mit eigenen Versagern, die durch die Steuern der Funktionierenden aufgefangen werden müssen, damit sie nicht auf dumme Gedanken kommen. Warum da noch mehr Versager und vor allem Kriminelle ins Land einladen? Die Rechnung, dass Ungebildete und Arbeitsscheue den Status Quo eines hoch entwickelten Landes aufrechterhalten können, kann nur ein Milchmädchen aufstellen. Wir schaffen das. Aber sie schaffen das nicht.

Ich habe viele junge und ältere Leute kennen gelernt, die motiviert lernen und arbeiten wollen und das auch von Anfang an tun. Dabei konnte ich feststellen, dass Nord-, West- und Mitteleuropäer in der Regel am zuverlässigsten arbeiten, sowohl die

Frauen als auch die Männer. Die Faul- und Trägheitsgrenze liegt aufgrund des Klimas auf dem 45. Breitengrad. Und dieses Europa, das sich über die Jahrhunderte schon viel zu weit vom Süden entfernt hat, täte gut daran, noch wählerischer zu sein und nicht alles hereinzulassen, was gehen kann. Bei Marmelade und Kaffee achten wir schließlich auch auf Auslese und Qualität. Ein Mensch ist doch noch nichts wert, nur weil irgendjemand ihn als Menschen bezeichnet.

Jeder Mensch muss individuell bewertet werden. Was kann er? Was denkt er? Wie verhält er sich? Drei ganz einfache Kriterien, die zuständige Behörden vor und während einer Probezeit relativ exakt feststellen können. Alle Länder machen das. Wann legt Deutschland endlich seinen Hitler-Komplex ab und erkennt, dass es nicht allen Menschen helfen kann und vor allem nicht helfen muss? Was soll ein traumatisierter Mensch hier anstellen außer auf Staatskosten sämtliche psycho-psychologischen Psychiaterinnen abzuklappern, um am Ende doch nicht geheilt werden zu können und wahrscheinlich noch jemanden zu verletzen oder gar zu töten? Auch mit eigenen solcher Unbrauchbarer hat Deutschland genug zu tun.

Was man der Globalisierung neben den großen Wahlmöglichkeiten an Arbeitskräften noch an Positivem abgewinnen kann, ist der Heiratstourismus. Die deutsche Frau an sich ist ja in der Regel nicht attraktiv. Sie hat ein breites Gesicht, blasse Haut und denkt, dass es einen Mann interessiert, was sie den ganzen Tag daherredet. Außerdem nimmt der

Körperumfang in erschreckendem Maße bei der Mehrheit zu, worauf sie auch noch stolz ist. Aber ein dicker Hintern und Cellulite sind eben nicht schön anzusehen. Was für eine Augenweide und Wonne ist es da gerade, wenn hübsche, schlanke und gepflegte Südamerikanerinnen und Asiatinnen das Land bevölkern und den Männern den Kopf verdrehen. Dass sich die meisten Männer doch lieber für die Asiatin entscheiden, ist ein Zeichen dafür, dass der Kopf wieder seine richtige Position gefunden hat. Denn Asiatinnen vereinen oft soziale Intelligenz und intelligente Kommunikation in sich, was sie als Partnerin äußerst interessant und angenehm macht.

Doch auch auf diesem Gebiet musste ich zunächst noch andere Erfahrungen machen und konnte nicht gleich über ‚Los' und gehen und 4.000 Euro oder demnächst Bitcoins einziehen. Die Zeiten haben sich geändert. Fernanda war eine kleine, fast immer lächelnde Brasilianerin aus Fortaleza, deren Teint der Farbe einer fast reifen Eichel glich. Sie war in München, weil schon ihre ältere Schwester es geschafft hatte, einen großen Deutschen zu heiraten und jetzt hier in relativem Luxus zu leben. Im Vergleich zu Brasilien ist Deutschland ein Schlaraffenland. Man ist in seiner Wohnung relativ sicher, und der Mann verdient mehr Geld als man zusammen braucht. Das reicht aus, um es in der großen weiten Welt zu versuchen.

Fernanda saß in einem meiner ersten Kurse und lernte nicht schnell. Da aber Brasilien für mich damals etwas Neues, Unbekanntes und daher Interessantes war, erregte auch sie als Bewohnerin dieses

Landes meine Aufmerksamkeit. Doch wollte ich nichts von ihr, sondern fragte sie nur nach ihrem Land aus, lächelte ihr zu und war wie mit allen Teilnehmern in meinen Kursen sehr geduldig auch mit ihr. Wahrscheinlich hat sie das falsch interpretiert oder interpretierte gar nicht. Zumindest standen wir eines Abends nach dem Unterricht (nicht allein) im Korridor der Schule, als sie mich plötzlich heftig umarmte und mir ihre Liebe gestand.

Ich war sehr überrascht, fand es aber damals auch nicht unangenehm, sondern im Gegenteil recht einfach, mit einer Frau anzubändeln. Ich musste mich keinen Deut bemühen; sie kamen auf mich zu, was für einen eher schüchternen und zurückhaltenden Zeitgenossen sehr praktisch ist. Nun überlegte ich trotzdem zuerst, ob das gehen könnte, und kam nach zehn Sekunden Auszeit zu dem Schluss, dass es ginge. Wir verabredeten uns privat, unterhielten uns gebrochen und spärlich über irgendetwas, unternahmen Radtouren und küssten uns hie und da. Beim Schwimmen stellte ich fest, dass ihre Oberweite doch nicht dem entsprach, was ihr Wonderbra unter dem T-Shirt im Unterricht versprochen hatte. Die erste Enttäuschung.

Als ich von ihrer Schwester zum Essen eingeladen wurde und die Wohnung betrat, sah ich in ein trauriges und erschöpftes Gesicht, obwohl die Schwester auch nicht viel älter als dreißig war. Der Ehemann war nicht da. Aber durch Fotos und Erzählungen erfuhr ich, dass er vor der kirchlichen Hochzeit einen Motorradunfall hatte und seitdem querschnittsgelähmt ist. Ich fragte, warum sie ihn geheiratet habe, und erfuhr nur durch Andeutungen, dass sie bereits vor der Hochzeit miteinander ge- schlafen hatten und es für sie keinen Ausweg gege- ben hätte. In was für eine Notgemeinschaft hatte sich diese junge Frau da hineinzwingen lassen – die Lebensfreude so früh weggeschmissen und ihr weibliches Dienertum mit einem miefigen Lumpen aus sklavenmoralischer Religion bedeckt! Wie groß musste da die Gier nach einem Leben in Deutsch- land gewesen sein? Die zweite Enttäuschung.

Vor dem Essen falteten die beiden Schwestern plötzlich noch die Hände und sagten ein Gebet auf. Auf den verdutzten Blick eines im 21. Jahrhundert angekommenen, aufgeklärten Atheisten hin erklär- ten sie, dass sie gläubig seien und bei ihnen immer vor dem Essen gebetet würde. Sie schauten auf meine Hände, die schön selbstständig in ihrer ge- trennten, unabhängigen Position verharrten und auf das Ende dieses Spuks warteten, um endlich Mes- ser und Gabel ergreifen zu können. Die beiden Schwestern wandten ihron Blick wieder ab und brabbelten ihren Hokuspokus. Die dritte Enttäu- schung.

Man kann sich denken, was aus dieser Ge- schichte wurde – nichts: Fernanda blieb wie von An- fang an geplant sowieso nur noch drei Wochen in Deutschland und musste danach erst einmal zurück nach Fortaleza. Dort konnte sie ein weiteres Visum beantragen, wenn es für sie einen Grund geben würde. Aber ich lieferte ihr diesen Grund nicht. Wir sahen uns nach dem Essen bei ihrer Schwester auch nicht mehr. Ich reagierte einfach nicht mehr auf ihre Anrufe oder Nachrichten; und sie erschien auch nicht mehr im Unterricht. Die Sache war klar und ... ausgestanden.

Ich frage mich immer wieder einmal, wenn ich die Zeit dazu finde, was sich einige Frauen dabei denken, und wie sie denken. Gehen sie wirklich davon aus, dass ein freier Mann nichts Besseres zu tun hat als irgendeine Frau zu heiraten und eine Familie zu gründen? Dass Gerüchte unter den ausländischen Frauen kursieren, dass deutsche Männer kleine Frauen mit großen Brüsten bevorzugen, hatte ich schon vernommen. Und dass deutsche Männer es nicht mögen, wenn ihre Frau ihnen für das Wochenende eine Liste dazu macht, was sie zu erledigen haben, verriet mir eine sympathische, offene, zum Glück schon mit einem Deutschen verheiratete Venezolanerin – und hatte wahrscheinlich Recht damit. Aber der Markt ist inzwischen so groß geworden, dass einige wohl völlig verkennen, dass das Exotische an einer Frau verschwindet, wenn es plötzlich hunderte mitbringen. Und nach vielen weiteren Berichten von Brasilianern und Brasilianerinnen verstehe ich plötzlich auch, warum es in Brasilien so viele uneheliche Kinder und von deren Erzeugern verlassene Frauen gibt, obwohl sich das Land so katholisch gibt. Und ich verstand plötzlich auch, warum sich diese Entwicklung auch immer deutlicher in Deutschland zeigt: Die Leute können nicht mit ihrer sexuellen Freiheit umgehen. Ficken und Spaß haben ja, aber Verantwortung und Erziehung der Kinder nein. Die Favelas wachsen. Die Erkenntnis nicht. Und das lässt sich auch auf andere Länder der Erde übertragen und ergibt ein trauriges Gedicht.

Ganz anders hingegen Paula. Sie stammte aus Joinville / Südbrasllien und klärte mich darüber auf, dass es ‚die Brasilianerin an sich' nicht gibt. Wir lernten uns nicht in München kennen, obwohl München damit etwas zu tun hatte. Ich arbeitete für eine Organisation, deren Hauptaufgabe in der technischen Zusammenarbeit mit Ländern des Südens (vormals Entwicklungsländern) bestand. Das heißt, dass sie Geld und Arbeit in bereits ausgebildete Fachkräfte dieser Länder steckte, um den wirtschaftlichen Aufschwung des jeweiligen Landes zu ermöglichen und voranzutreiben – nicht aus Mitleid oder schlechtem Gewissen, sondern um das Land als zukünftigen Abnehmer für deutsche Produkte zu gewinnen; so wie es die Amerikaner nach dem Zweiten Weltkrieg in Deutschland getan, gedacht und erreicht haben.

Über Monate fuhr ich jeden Morgen um kurz vor sieben mit der S-Bahn fünfundfünfzig Minuten von München nach Feldafing hinaus und ging noch bei Schnee und Hitze zwanzig Minuten zu Fuß von der S-Bahn-Station hinauf zum Haus, weil sich dort das Bildungszentrum dieser Organisation befand und ich drei Euro mehr pro Stunde abrechnen konnte. Wir unterrichteten homogene Gruppen im geforderten, aber nur selten zu realisierenden Eilverfahren in deutscher Berufs- und Fachsprache – je nach Ausrichtung der Teilnehmer: Waren sie Agraringenieure, lernten wir Lehrkräfte auch kräftig an fachspezifischem Wortschatz mit; waren sie Mediziner, staunten wir täglich über die tollen Worte, die in diesem Bereich auch ohne unsere Erlaubnis zu existieren schienen. Es war toll, interessant, anstrengend, lehrreich. Toll waren die Gruppen, die in der Abgeschiedenheit der Bildungseinrichtung (viele Hektar Wald um uns herum und Blick von oben auf den Starnberger See mit sonnenreicher Terrasse und rustikalen Holzmöbeln, sogar Liegen für die Mittagspause) zusammenwuchsen und sich wirklich auf das Lernen konzentrieren konnten. Interessant war es, von den Teilnehmern so viel über die Länder zu erfahren, aus denen sie kamen: Nigeria, Ghana, Tansania, Brasilien, Chile, Kolumbien, China, Indonesien, die Philippinen und Vietnam. Anstrengend war der Tagesablauf, der neben dem schon Erwähnten ein achtstündiges Unterrichten ohne große Pausen verlangte. Und lehrreich waren schließlich die vielen individuellen Begegnungen mit den Teilnehmern, die immer wieder das eigene Bild vom Menschen korrigierten und auf Probleme aufmerksam machten, die wir hier in Mitteleuropa schon lange nicht mehr haben, aber wieder bekommen können. Schließlich ist das Pestbakterium auch nicht ausgestorben.

Es gab vonseiten der weiblichen Teilnehmer mehrere ‚Anfragen'. Fast allen erteilte ich umgehend einen negativen Bescheid. Da war zum Beispiel Marialle, die Prinzessin eines kleinen indigenen Stammes aus Tansania, die irgendetwas in mir sah und mir nachschlich, aber nach mehrmaliger Abweisung selbst entschied, dass mir das Rauchen schade und ich für ihren Nachwuchs auch deshalb zu vergiftet sei. Dank sei der Zigarettenindustrie! Oder Rinalda von den Philippinen, die einfach nur mit mir schlafen wollte, weil sie herausbekommen hatte, dass ihr Mann sie schon seit Jahren mit anderen Frauen betrog. Es fiel mir nicht schwer, diesen Frauen zu widerstehen. Aber bei Paula stellte sich heraus, dass wir beide unsere unsichtbaren Netze auswarfen, die sich kurzzeitig gegenseitig ineinander verhedderten.

Ihr achtwöchiger Kurs war fast zu Ende. Und da dachte ich mir, dass ich ihr eine Woche vor Abschluss des Programms auf meine lehrkraftzurückhaltende Art ein leichtes Geständnis machen könnte, ohne dass daraus gleich und auch nicht später etwas Schweres entstünde. Als ich ihr aus München geschrieben hatte, dass ich sie sehr mochte und ihr alles Gute für die Zukunft wünschte, setzte sie sich sofort in die nächste (und das war die letzte an jenem Abend) S-Bahn und fuhr die fünfundfünfzig Minuten zu mir. Ich holte sie an der Station ab, wir umarmten und küssten uns vorsichtig und verbrachten die Nacht in meiner Wohnung und fuhren am nächsten Morgen gemeinsam zum Unterricht. Dort waren einige Leute etwas nervös, weil Paula von den Mitschülern schon als vermisst gemeldet wurde – zum Glück waren sie noch nicht zur Polizei gegangen, sondern hatten nur die Schule informiert. Als Kollegen und Mitschüler uns schon von weitem sahen, waren alle erleichtert, kicherten hier und dort. Und alles war klar und ohne Worte erklärt.

Tja, da war es also doch geschehen – und aus geschriebener Romantik wurde gelebte Erotik. Wir verbrachten die letzten Abende gemeinsam in Bars, Clubs und in ungestörteren Räumen, bis wir uns verabschieden mussten. Allerdings war es keine endgültige Trennung; denn ich erfuhr auch in der letzten Woche, dass ihr Programm noch nicht beendet sei, sondern in Braunschweig weitergeführt würde, wo sie ein dreimonatiges Praktikum in einem Labor der Universität absolvieren wollte, bevor sie nach Brasilien zurückkehren würde. Also Aufschub, Verlängerung, Gnadenfrist oder Ausdehnung – manche nennen es auch Vertiefung der Gefühle, was ich nicht so gerne verwende, da ich ungern über irgendwelche Vertiefungen stolpere. Aber wir hatten eben noch diese drei Monate – mit Entfernung zwar, aber das war mir auch recht, da ich längst wusste, dass ich kein Mensch für Nähe und vor allem Permanenz bin.

Sie zog also nach Braunschweig, wo ich sie vier oder fünf Male besuchte, und kam an manchen Wochenenden zu mir nach München. Hier griff auch wieder meine Zwei-Gründe-Theorie: Wenn man solche Fahrten auf sich nimmt oder gar an einen dauerhaften Ortswechsel denkt, sollte man mindestens zwei Gründe haben, warum man den aktuellen Wohnsitz verlässt. Eine Frau alleine oder die Nähe zum Meer allein ist niemals ausreichend und geht relativ schnell in die Hose. Aber beides zusammen ergibt eine Gleichung, die aufgeht und eine Beziehung eventuell länger halten lässt. Nun liegt Braunschweig nicht am Meer; aber ich hatte die Stadt noch nie gesehen und konnte sie bei meinen Besuchen ein wenig kennen lernen. Es war also nicht nur die Frau, die mich dorthin lockte, sondern auch der Löwe auf dem alten Marktplatz, der schließlich für die Gründung Münchens verantwortlich ist. Das schien mir passend und wert, meine Wissenslücken in dieser Hinsicht zu schließen.

Die Beziehung auf Abstand funktionierte so weit sehr gut – zumindest für mich. Ich hatte genug zu tun und hätte auch in München gar nicht so viel mehr Zeit dafür gehabt, mich mit ihr zu treffen und Zeit mit ihr zu verbringen. Für Paula war das aber anders. Sie konnte nicht genug haben und beklagte sich immer häufiger, dass sie mich öfter und länger sehen müsste. Das Scheitern war vorprogrammiert und nahm seinen Lauf. Das Quietschen der alten Bettfedern war nur ein äußeres Zeichen, dass die Sache nicht mehr rund lief und einwandfrei funktionierte. Da ihr Vermieter unter uns fast alles hören konnte, was wir über ihm trieben, wollte Paula das Erleichterungsgeschäft unseres Koitusses nicht mehr im Bett abschließen. Meinen und ihren Knien war der Wohnzimmerboden mit seinem dünnen Teppichbelag auf die Dauer entschieden zu hart, um darauf herumzurutschen. Und die Unzufriedenheit über ihr Praktikum, bei dem sie nicht das machen durfte, was sie erwartet hatte, sorgte dafür, dass wir manchmal sowieso nicht miteinander schliefen, sondern uns gegenseitig die Zeit stahlen: Sie prokelte an ihrer Internetverbindung herum, weil sie unbedingt mit den Ihren in Brasilien kommunizieren wollte (das hatte sie vorher während meiner Anwesenheit nie gemacht); ich bereute, dass ich die lange Fahrt nach Braunschweig auf mich genommen hatte und stellte mir vor, wie schön es wäre, jetzt allein an der Isar spazieren zu gehen oder mein Pensum im Plutarch zu schaffen.

Kurzer Rede langer Sinn: Unser Fremd-Fremd-Feuer war erloschen und die Lehrer-Schülerin-Nummer im Zirkus der Anziehungen auch dargeboten, der Wind der warmen Wonnen verweht und das spastische Spiel spezieller Spekulationen beendet. Das Ende bestand darin, dass sie mich in den nächsten Wochen, als ich zurückgekehrt drei oder vier Abende pro Woche wie gewöhnlich allein bei ‚Diana' (eine Kneipe) verbrachte und mich mit Fremden (meist Männern, die etwas zu erzählen hatten) spontan unterhielt, damit nervte, mich alle zehn Minuten anzurufen und abgelenkt werden wollte, obwohl sie wusste, dass ich im Moment Besseres zu tun hatte. Als ich bald darauf das Mobiltelefon ausschaltete und mich auch nicht mehr meldete, schrieb sie mir eine Mail, in der sie ihre Unsicherheit äußerte, weil die Frauenärztin nach ausgebliebener Menstruation ‚etwas' auf dem Ultraschallbild entdeckt hätte. „Die letzte Ausflucht, der letzte Versuch", dachte ich. Wahrscheinlich nur ein Staubpartikel im Gerät oder auf der Brille einer gealterten Ärztin, was schon oft zu Krebsdiagnosen geführt hatte, wie ich aus meiner Zeit als Technischer Redakteur für medizinische Geräte wusste. Die Aussage auf jeden Fall keinen Pfifferling wert. Denn ich war sicher, dass ein Kind bei unseren Praktiken niemals entstehen konnte. Und sicher heißt sicher. Als ich ihr das auch schrieb, antwortete sie, dass sie sowieso schon mit dem Assistenten des Labors zusammen wäre und mich nicht mehr bräuchte. Auch das kannte ich schon als obligatorischen Zug in diesem Schachspiel für Primitive (ehemals Verliebte) und wünschte ihr alles Gute – war froh, dass sie nicht allein in diesem für sie fremden Land blieb und übergab meinem Nachfolger den virtuellen Staffelstab. Als sie mir eine Woche später mitteilte, dass das alles nur erfunden wäre und sie mich einfach nur sehen wollte, war die Glut im Kopf des Streichholzes, das diese Geschichte verursacht hatte, schon längst erloschen und erkaltet. Und ich wusste schon, dass man ein verkohltes Streichhölzchen nicht mehr entfachen kann – auch wenn der Wille noch so groß ist. Totes ist taub und hat keine Stimme mehr.

Was mir noch zu Feldafing einfällt, ist eine Anekdote, die ich witzig fand. Eine Gruppe von Afrikanern aus Nigeria, Niger, Mali und Ghana saß nach vier Wochen normaler Frisuren bis auf einen Teilnehmer (Samuel) komplett geschoren um acht Uhr im Unterrichtsraum, und ich fragte mich, ob es etwas zu feiern gäbe oder jemand gestorben sei. Auf meine Frage hin, warum sie alle diese schicken Frisuren gewählt hätten, gab mir der Chief zur Antwort, dass er entschieden hätte, dass wachsende Haare ins Gehirn eindrängen und beim Lernen Kopfschmerzen verursachten. Und weil sie alle so viel lernen müssten, hätte er sich dazu entschlossen allen die Rasur zu empfehlen, was auf chiefisch bedeutet, dass alle es tun mussten. Wie gesagt: Nur Samuel weigerte sich und wurde deswegen auch aus der Gruppe ausgeschlossen. Samuel war ein aufgeklärter, vierundzwanzigjähriger Nigerianer, der schon Nietzsche gelesen und verstanden hatte, und den ich auch deswegen besonders mochte. Aber die anderen waren noch nicht so weit. Ich verbuchte diesen Vorfall unter ‚andere Länder, andere Sitten', auch wenn es absolut lächerlich war. Aber vielleicht überlassen wir diese Frage den

Medizinern: „Verursachen wachsende Haare beim Lernen Kopfschmerzen?" Ich bin kein Mediziner. Also weiter im Text.

Sehr bewundert habe ich die chinesischen Gruppen. Von ihnen können wir Deutschen uns einiges abgucken. Schon ihre Kinder beschämen unsere Kinder in Bezug auf das Lernpensum und die Lerndisziplin. Was bringt alles ‚bitte, bitte, Denis' oder ‚ja, du hast Recht, Lena-Nena, Hausaufgaben musst du nicht machen', wenn diese Faulschlauen in der Prüfung ohne Smartphone ein Gesicht haben wie ein Salatkopf: frisch, aber einfallslos. Chinesen lernen ab dem zweiten Lebensjahr, wie lernen funktioniert, während unseren Kleinen immer noch dieses ‚süß bist du' und ‚toll hast du das gemacht' in die längst schon überfüllten Ohren gestopft wird, wenn sie ihre Fäkalien zielgerecht ins Töpfchen gebracht haben. Da können die Chinesen bereits multiplizieren. Und nicht genug damit, dass sie pünktlich mit dem Lernen beginnen. Sie vernachlässigen auch nicht die körperliche Ertüchtigung, müssen sich regelmäßig bewegen, tanzen lernen oder einem anderen Sport nachgehen und – äußerst wichtig für die Vervollkommnung des Menschen – ein Musikinstrument lernen. Wir dagegen lassen in unserem Land Halbmenschen das Abitur machen, die Geschichte für eine Krankheit halten und Philosophie für einen asiatischen Schnellimbiss. Voll krass, ey.

Was mir darüber hinaus auch sehr imponiert hat, war ihr Gruppenverhalten. Wir starteten um acht Uhr dreißig und lernten bis um Eins Grammatik, Wortschatz und Kommunikation. Nach dem Unterricht, wenn unsere deutschen „Lernenden" sich bei

Mammi aufs Sofa legen, versammelten sich die Chinesen vollzählig auf dem angegliederten Sportplatz und machten Gymnastik oder spielten Volleyball sowie Tischtennis. Erst danach aßen sie etwas und ruhten sich eine Stunde aus. Am Abend trafen sie sich in kleineren Gruppen und gingen den Lernstoff noch einmal durch, lernten neue Wörter und erklärten sich gegenseitig offene Fragen. Erst ab zehn Uhr gehörte die Zeit dem Einzelnen, der entweder private Mails verschickte oder in einem Buch las, bevor die Müdigkeit für einen gesunden Schlaf sorgte.

An den Ergebnissen konnten wir Lehrkräfte erkennen, wer effektiver gelernt hatte. Es gab bei den Chinesen keinen, der durch die Prüfungen fiel und das in kurzer Zeit zu erreichende Ziel nicht erreichte. Bei den Afrikanern mussten wir regelmäßig die Prüfungen vier Wochen später wiederholen, weil achtzig Prozent das Lerntempo nicht durchgehalten hatten; und später wurden sie für die Afrikaner ganz abgeschafft. Die Südamerikaner lagen bei fünfzig Prozent Durchfallquote. Mama Sabine würde jetzt sagen, dass die Prüfungen einfacher werden müssen, damit ihre Kevins und Lena-Sophies es auch noch schaffen. Wenn wir auf deren Niveau sinken wollen, können wir das auch unbürokratisch und problemlos durchführen. Wenn die Schüler allerdings nicht erfolgreich sind, liegt das in erster Linie an den Eltern – genauso wie der Erfolg von Soldaten zum größten Teil von deren militärischen Führern abhängt. Versagen die Schüler, haben vorher bereits die Eltern versagt und als falsches Vorbild gedient.

Es ist mir sowieso unerklärlich, dass es (nicht nur in Deutschland) so einfach möglich ist, nur aufgrund des Sexualtriebes so etwas wie ein Kind auf die Welt zu pressen. Für jede Tätigkeit muss man eine Ausbildung, eine Fortbildung oder einen Lehrgang machen; man muss für jeden Dreck ein Zertifikat vorzeigen oder einen anderen Nachweis auf Papier erbringen, um auch nur eine öffentliche Toilette zu betreiben. Doch bei einer so wichtigen Sache wie der richtigen Erziehung eines Wesens, das einmal Mensch werden soll, reicht ein einziger Fick, ohne Zertifikat. Da ist es kein Wunder, wenn irgendwann mit Zeitverzögerung die Katastrophe folgt – entweder in Form eines asozialen Smartphonetippers oder eines radikalisierten Stumpfschädels oder eines gesundheitlich schwächelnden und grenzdebilen Schulabbrechers.

Man sagt: Eine Mutter wisse schon, wie sie ihr Kind erziehen muss. Wer, zum Teufel, ist dieser ‚man'? Der Instinkt einer Mutter reicht gerade einmal bis zu dem Zeitpunkt, wenn das Kind laufen kann. Danach ist Auswahl, Disziplin und Kontrolle angesagt. Ein Kind zu füttern und zu bespaßen, hat noch nichts mit Erziehung und schon gar nichts mit Ausbildung zu tun. Das macht jede Affen- und Giraffenmutter – und oft sogar besser als eine studierte Hominidenmutter. Mancher Säugling ist süß – zugegeben. Aber es wird nicht automatisch ein Mensch daraus. Und wenn man keine Zeit hat, sich intensiv um die Herausbildung eines Menschen zu kümmern, weil man auch zur Arbeit gehen oder Freundinnen treffen will, sollte man sich entscheiden, was wichtiger ist, und sich doch für Verhütung oder Abtreibung entscheiden.

Wir können natürlich – wie wir es ja auch schon Jahrhunderte lang machen – darüber streiten, was zu einer richtigen, sprich zukunftstauglichen Erziehung gehört. Wir können über Latein und Altgriechisch diskutieren. Wir sind uns wahrscheinlich darin einig, dass Rassenkunde nicht mehr als Schulfach taugt. Doch sollten endlich Experten über die Sache bestimmen und keine Dilettanten. Wir sehen doch auch in allen anderen Bereichen wie Politik, Medizin, Musik und Literatur, was dabei herauskommt, wenn es jeder machen darf. In der Architektur sind wir doch auch nicht so zimperlich; denn ein schlechter Architekt würde uns sehr schnell durch das zusammenstürzende Haus, das er gerade erbaut hat, vor Augen führen, wie schlecht er ist. Warum gelingt es uns nicht wie den Denkenden, die den Talmud oder Sokrates studierten, vom Leichteren auf das Schwierigere zu schließen? Die Europäer haben sich da mit dem Mord an den Juden ein ziemliches großes Stück an Intelligenz vom eigenen Körper abgeschlagen. Und nun haben wir den Salat: Stolz wie Oskar, zufrieden wie ein mümmelndes Kaninchen, aber dumm wie Brot.

Eigentlich ist es gar nicht so schwierig, den richtigen Weg für eine erfolgversprechende Erziehung zu finden. Ich muss mir nur Zeit für die Sache nehmen. Doch dieses Elternproblem haben wir ja bereits erwähnt. Wahrscheinlich wird es aber auch in Zukunft nur den wenigsten gelingen, da unser Schulsystem ein weiterer Hinderungsgrund ist und als Riesenklotz im Wege steht. Denn zuerst einmal muss ich als Erziehender erkennen, zu was mein Rohling überhaupt taugt. Nicht jeder muss und kann studieren. Nicht jeder hat das Zeug zu einem guten Arzt. Der eine sollte Musiker werden, der andere Gärtner – anstatt den Nachwuchs durch eigene Wünsche und Vorstellungen jahrelang zu quälen, um am Ende nur noch vor einem Scherbenhaufen zu stehen. Kein Wunder auch hier, dass immer weniger Kinder ihre Eltern lieben. Das ist und war auch kein Automatismus, wie viele Eltern glauben. Wer mich bevormundet, finanziell oder körperlich zu etwas zwingen will – wer mich moralisch oder finanziell erpresst – wer meine eigenen Pläne durchkreuzt und meine Absichten torpediert, den kann ich nicht lieben. Der ist mein Feind. Denken Eltern über so etwas nach? Ich bin mir da nicht sicher und frage mich deshalb immer wieder: Wonach siehts denn aus?

Jedes Neugeborene ist ein Versuch und eine Möglichkeit. Und die Möglichkeiten sind bei einem Neugeborenen fast unbegrenzt. Nur leider verkorksen es die meisten Eltern innerhalb der ersten drei Monate, spätestens bis zum dritten Lebensjahr. Danach noch etwas zu korrigieren oder gar zu verändern ist fast unmöglich. Wo bleibt also die Ausbildung und Zertifizierung für angehende Eltern?

Nach vier Jahren beendete ich meine Teilnahme an dem Sonderprogramm in Feldafing, das Führungskräfte aus wirtschaftlich aufstrebenden Ländern darin unterstützt hat, ihren Lebensstandard durch moderne Methoden in der Landwirtschaft und nachhaltiger Energiegewinnung sowie Kommunikationsmodelle zu heben. Die Organisation, für die ich arbeitete, hatte zwischenzeitlich Probleme, sich gegen Konkurrenten durchzusetzen, und gefährdete auch durch die falsche Wahl zweier Geschäftsführer die Existenz des Unternehmens. Die Teilnehmerzahlen sanken und meine Stunden wurden weniger. Daher entschloss ich mich, dieser Unsicherheit zu entgehen und fing bei einer anderen Schule an, die mir von Beginn an fünfundzwanzig Stunden pro Woche fest zusicherte – und das auch hielt.

Es schien, dass ich mein Ziel erreicht hatte – oder zumindest den Höhepunkt meiner Karriere erklommen hatte. Das eigentliche Ziel im Leben ist ja bei jedem unweigerlich der Tod. Wir können ja erst von etwas Vollbrachtem sprechen, wenn es auch wirklich vollbracht ist. Und erst beim letzten Atemzug lässt sich eindeutig feststellen, dass wir die Aufgabe erfüllt haben. Die Aufgabe (der Sinn) liegt im Bestehen des Lebens und im Finden des Glücks. Alle anderen so genannten Ziele sind nur Zwischenstationen auf dem Weg dorthin. Manchmal verharren wir länger dort, weil es uns eine Weile gefällt. Manchmal müssen wir aber auch nach kurzem Aufenthalt ganz schnell wieder weiter, weil wir dort nicht frei atmen können oder keine Zeit für Überflüssiges haben. Wie töricht und tragisch, wenn wir aus falschem Glauben oder fehlenden Überzeugungen heraus an einem Ort festgehalten werden oder uns festhalten lassen, uns weiterhin fremdbestimmen lassen und aufgeben – den Weg aus dieser oder jener Notgemeinschaft nicht finden.

So erging es leider Bettina. Ich kam während meiner Militärzeit mit ihr zusammen. Sie war zwei

Jahre jünger als ich und besuchte die Schule, auf der ich mein Abitur gemacht hatte. Sie war eines der drei schönsten Mädchen der Schule, aber leider mit Olaf liiert, daher für mich zunächst tabu. Mit Olaf hatte ich ein paar Monate intensiv musiziert. Er war ein hervorragender Pianist und peilte auch eine entsprechende Karriere an. Und da wir uns gut verstanden und gegenseitig sympathisch fanden, kam so eine Frauengeschichte nicht in Frage – tabu eben. Allerdings fand die Beziehung zwischen den beiden ein baldiges Ende, wie mir Bettina erklärte. Denn eines Abends parkte sie ihren roten Golf vor der Tür meines Elternhauses und wollte mit mir sprechen. Natürlich ließ ich sie herein und verschwand mit ihr in meinem Zimmer.

Sie beklagte sich über Olaf, jammerte über ihre Beziehung und verstand es Mitleid in mir zu erregen. Ich hörte zu und versuchte zwischendurch weise Antworten zu geben oder einfach nur ihre Fragen zu beantworten. Nach einer halben Stunde eröffnete sie mir unter Tränen, dass es aus sei mit der Beziehung und sie jetzt noch eine Fahrt im Mondschein unternehmen wolle. Ob ich nicht mitkommen wolle, da sie sich so schrecklich einsam fühle? Natürlich sagte ich zu, da ich im Moment nichts Besseres zu tun hatte, höflich und ein Kavalier sein wollte und an nichts weiter dachte, als dass wir ein bisschen herumfahren, vielleicht noch irgendwo einkehren würden und ich ihr ein wenig die Stimmung aufhellen könnte. Das konnte ich auch, aber nicht auf meine Art, sondern auf ihre. Kaum waren wir zwei Kilometer gefahren, als sie auf offener Strecke irgendwo zwischen den beiden Dörfern, in denen wir wohnten, den Wagen anhielt und den Motor abstellte. Sie stieg aus und stellte sich vor die Motorhaube, schaute in den funkelnden Sternenhimmel und wartete – auf mich. Da sie nichts sagte, sondern einfach dastand und schaute, öffnete ich auch bald die Tür und stellte mich brav neben sie, schaute ebenfalls in den funkelnden Sternenhimmel und sagte wie sie nichts. Nachdem wir eine kurze Zeit so dagestanden hatten, stellte sie sich vor mich hin, blickte mit ihren dunklen Augen in meine, nahm mein Gesicht in ihre schmalen Hände und küsste mich – lange, sehr lange, so dass ich ahnte, dass dieser Kuss nicht nur ein Dankeschön bedeutete, sondern auch ein Versprechen beinhaltete.

Wir trafen uns ab jenem Zeitpunkt so oft es mein Dienst zuließ, fuhren an abgelegene Orte, wo wir in Ruhe vögeln konnten, übernachteten in Pensionen anderer Städte, deren Sehenswürdigkeiten uns nicht interessierten, und nutzten jede Abwesenheit ihrer Eltern, um auch bei ihr zu Hause diverse Stellungen und Ecken auszuprobieren. Auch heute noch denke ich, obwohl ich einige Frauen im biblischen Sinne erkannt hatte, dass ich mit Bettina den besten Sex meines Lebens hatte – sehr zum Leidwesen von Cristina, der ich das Jahre später einmal unverfänglich und wie fast nebensächlich bei Kaffee und Kuchen erzählt hatte. So etwas sollte man aber keiner Frau erzählen, die noch hofft mit einem zusammen zu kommen, auch wenn sie das abstreitet und angeblich nur eine sehr gute Freundin sein will.

Bettina und ich vögelten also so frisch, fromm, fröhlich, frei vor uns hin, als sie nach etwa zwei Monaten ernster wurde und mir von ihrem Vater

erzählte: Ehemals Amateurboxer, heute ein ange-
sehener Inhaber einer Sanitäreinrichtungsfirma, der
sie in unregelmäßigen Abständen nicht nur verprü-
gelte, wenn sie in seinen Augen etwas falsch gemacht hatte, sondern ,zur Strafe' manchmal auch
nachts in ihr Zimmer kam und sie zum Beischlaf
zwang. Sie war halt extrem hübsch im Gesicht und
hatte einen perfekten Körper, und absolut kein
Mann konnte ihr auch nur zweieinhalb Minuten widerstehen.

Ich vermied es, den Vater zur Rede zur stellen,
da ich aus eigener Erfahrung wusste, dass ich mir
bei Bettina nicht sicher sein konnte, was solche Be-
hauptungen anging. Ich drängte sie aber zum sofor-
tigen Auszug und kümmerte mich sogar um ein Zimmer bei einer älteren Nachbarin von mir, in das sie
hätte sofort einziehen können. Ich versprach mich
mit Hilfe meines Vaters um Anwalt und Unterhalts-
zahlung zu kümmern und leitete alles in die Wege,
als sie nach ein paar Tagen, als ich mit Ergebnissen
vor ihr stand, alles abblies und versicherte, dass sie
es trotz allem nicht übers Herz bringen könnte ihre
Mutter mit diesem Mann allein zu lassen. Denn sie
würde er ja auch immer schlagen. Außerdem
müsste sie ja wohl auf ihr Auto, was der Vater ihr
doch zum achtzehnten Geburtstag gekauft hatte,
und auf die Mitgliedschaft im Reitclub verzichten –
der einzigen Möglichkeit (außer mir natürlich), wo
sie allein sein, auf Pegasos' Rücken durch stille
Wälder und über menschenleere Felder fliegen
konnte, um die letzte Nacht zu vergessen.

Wir diskutierten noch zwei Abende darüber. Aber
ich erkannte schnell, dass sie schon gekauft war.

Der Vater hatte sie sich bereits gefügig gemacht und verlockende Wiedergutmachungsinstrumente installiert, auf die seine hübsche Tochter nicht verzichten würde. Und sie hatte sich gefügig gemacht und gleichzeitig ihren Vater, den sie in gewisser Weise auch damit erpressen konnte. Er kannte sie besser als ich. Das musste ich zugeben und einsehen. Und in so einer Dreiecksgeschichte verharren konnte ich nicht. Also trennten wir uns zügig, obwohl das nicht Bettinas Absicht war. Sie wollte mich als Seelentröster und Ausgleich behalten, machte ihr der Geschlechtsverkehr mit mir doch viel mehr Spaß als mit ihrem Vater. Aber mein letzter Abschied war eindeutig, und sie akzeptierte es recht schnell und kehrte zu ihrem Leben zurück.

Später erfuhr ich über sie, dass sie das Abitur nicht geschafft, stattdessen sich mit einem Chemielehrer unserer Schule eingelassen hatte, was zur Folge hatte, dass beide die Schule verlassen mussten. Kein Abitur – kein Studium – keine Ausbildung – Freitodvortäuschung - irgendwann Heirat mit einem gut verdienenden Kollegen ihres Bruders – der Vater ließ für sie ein Haus neben seinem bauen – zwei Kinder – Scheidungskrieg und nach zwölf Jahren noch einmal der Versuch zu entkommen: Sie traf sich mit Olaf, der nach der Schulzeit nach Berlin gezogen war, und bettelte ihn auf ihre Weise an, mit ihm zusammenziehen zu dürfen; natürlich mit den Kindern. Olaf ergriff in jener Nacht die Gelegenheit, sagte am nächsten Morgen aber ab. Bettina war inzwischen Mitte dreißig, sonnenstudiobraunfaltig und nicht zuverlässiger geworden. Niemand konnte sagen, was an ihren Äußerungen wahr war und was sie erfand. Und wenn sie Dinge erfand, war die Frage, warum sie das tat. Aber niemand wollte sich damit mehr auseinandersetzen. Ich habe sie nicht wiedergesehen. Olaf schrieb mir vor kurzem das Gleiche. Und das ist gut so.

An meiner neuen und letzten Sprachenschule verdiente ich endlich mehr Geld als ich ausgeben konnte. Ich fuhr und ging jeden Morgen zur Arbeit und freute mich jeden Tag auf das, was mich dort erwarten würde: Nette Schüler, ein selbstbestimmter Unterricht, neue Informationen über die Menschen und ihre Länder, eine entspannte Atmosphäre und nach dreizehn Uhr ein ausgiebiger Mittagsschlaf – eben das, was ein gesundes Arbeitsleben ausmachen sollte. Am Abend Lektüre, ein Spaziergang, eine Fahrradtour oder eine Runde schwimmen, nachdenken, Entspannung eben – Glückseligkeit.

Ich habe Schüler und Schülerinnen aus fast allen Ländern der Erde unterrichtet. In der Liste fehlen nur Papua-Neuguinea und einige kleine Inselstaaten der Südsee. Ich schätze, dass die Leute dort sehr glücklich sind und keinen Deutschunterricht brauchen. Deutsch trägt nur unter bestimmten Umständen zur Erreichung des Glücks bei. Freier Sex dagegen – auch mit Eltern, Geschwistern und anderen Verwandten trägt auf Papua-Neuguinea sicherlich zum Wohlbefinden und einer lockeren Atmosphäre bei. Warum soll ich auch nicht mit meiner Schwester schlafen, wenn sie hübsch ist und über einen anziehenden Körper verfügt? Die Inzestpanik geht ja nur auf Zeiten zurück, in denen der Adel vor lauter vermeintlicher Blutreinheitsgeilheit lauter Trottel gezeugt hat. Aber ich sagte ja: ‚Mit meiner Schwester schlafen' und nicht ‚Kinder zeugen'. In Papua-Neuguinea gibt es zum Beispiel keine Inzestprobleme, denn sie wissen, was sie tun.

Aber ich möchte eigentlich nicht über Sex schreiben, sondern über meine Schüler und Schülerinnen im Allgemeinen und darüber, was denn nun ein Ausländer oder eine Ausländerin in Deutschland zu suchen hat. Jeder sollte sich davor hüten, über ein Land, eine Nation, ein Volk (ja, auch da gibt es schon Unterschiede) oder über Hautfarbe und Bartwuchs pauschal zu urteilen. Das nennt man ja Vorurteil. Wir alle sind Opfer von Vorurteilen, weil es so am einfachsten ist, fremde Menschen zu kategorisieren, einzuschätzen und einzustufen, was unser Gehirn unablässig mit neuen Dingen und Personen machen muss, damit es eine Orientierung hat. Das machen wir schon, seitdem es uns gibt – also seit mindestens zwanzigtausend Jahren. Aber nur dumme Menschen beharren auf ihren Vorurteilen und lassen sich von Vorurteilen oder Demagogen leiten, die Vorurteile für ihre Politik benutzen.

Ich habe zwar den 45. Breitengrad als Faulheitsgrenze erwähnt; das heißt jedoch nicht, dass alle Menschen, die unterhalb dieser geografischen Marke leben, faul und träge sind – genauso wie nicht alle mit Butter braten und kochen, die oberhalb der Buttergrenze, also nördlich der Linie Paris-Triest leben.

Das Vorurteil lässt uns, auch wenn wir schon längst eines Besseren belehrt wurden, immer wieder in die gleiche Falle tappen, als ob sich unser Blödhirn, das im vorderen Schädel lokalisiert wurde, von allem, was anders als wir ist, magnetisch anziehen lässt: Schwarze (in Bayern sagen viele ja sogar noch ‚Neger' und meinen es gar nicht so; das sind halt einige Bayern in ihrer freundlichen Unbekümmertheit) sind nicht intelligent und schnakseln zu viel, und das auch noch ohne Kondome. Muslime sind radikal und schlagen ihre Frauen. Italiener wollen nur Liebe machen und können eigentlich nur Pizza. Russen trinken Wodka und wollen die Weltherrschaft. Südamerikaner sind heißblütig und können eigentlich nur tanzen (und Nazis aufnehmen). US-Amerikaner sind ungebildet und kennen die Welt nicht (vielleicht ist da aber auch etwas dran?). Franzosen fressen Frösche. Briten bumsen Basen. Schweizer schwören Meineidschwüre. Und Norweger navigieren am Nordpol. Und der Deutsche?: Ist pünktlich, korrekt und kann nicht lachen, trinkt Bier, sieht Fußball und lebt, um zu arbeiten.

Für Vorurteile gibt es eine Lösung: Den Müllsack – und zwar ausnahmslos. ‚Alle in einen Sack und Knüppel druff – triffst du immer den Richtigen', sagte mein Vater manchmal. Er sprach zwar nicht von Vorurteilen, sondern von Versicherungsvertretern Bankenchefs und Politikern; aber der Satz passt hier.

Natürlich gibt es Schwarze (politisch korrekt heute: maximal Pigmentierte), die langsam gehen, viele Kinder haben und nicht gerne zwei Stunden am Stück arbeiten. Natürlich gibt es Deutsche, die pünktlich sind (wenn man nicht gerade von der Deutschen Bahn oder Frauen redet). Und natürlich gibt es Franzosen, die Frösche essen; allerdings nur die schicken, schmeckenden Schenkel. Und es gibt auch US-Amerikaner, die ziemlich hohl in der Birne sind und trotzdem Präsident werden können. Es ist eben das Land der unbegrenzten Möglichkeiten. Aber auch in Deutschland kann man ja schon mit nichts Vizepräsidentin im Bundestag werden. Sind wir also ebenfalls auf dem Weg, zu einem Land der unbegrenzten und ungebrezelten Möglichkeiten zu werden?

Wenn ich mich und meine Gewohnheiten sowie Eigenschaften betrachte, bin ich entweder Deutscher, Franzose, Schweizer und Kurde zugleich; oder ich bin nichts. Beides ist unlogisch. Also kann es gar nicht stimmen. Einer meiner Brüder rasiert sich den Kopf, ist aber kein Neonazi. Meine Nachbarin hat einen relativ hohen Verbrauch an Kondomen, ist aber keine Prostituierte. Und eine meiner intelligentesten Schülerinnen stammt aus Kenia. Halleluja, da tanzt doch der Papst im Kettenhemd.

Also jeden Einzelnen beobachten und individuell beurteilen! Das ist ja auch das, was die Polizei und die Geheimdienste machen. Es gibt für jeden einen Namen, ein Geburtsdatum und einen Fingerabdruck. Genauso muss ich als Lehrkraft meine Teilnehmer bewerten und beurteilen; denn es zählt nur das, was sie leisten und in Hausaufgaben und Prüfungen abliefern. Und genauso muss ich jeden einzelnen Mitmenschen einstufen nach dem, was er sagt, macht und nicht macht. Eine deutsche Hackfresse ist kein Garant dafür, dass dieses Individuum seine Frau schlägt oder einen Mord begeht. Und eine schwarze Haut ist kein Garant dafür, dass dieses Individuum nicht promovieren und kein fürsorgender Vater sein kann.

Aber wir alle müssen uns damit auseinandersetzen, dass in unseren multinationalen Kulturen wie eh und je Konfliktpotentiale bestehen und diese mit dem Zuzug von Neuankömmlingen (um nicht das Wort ‚Migranten' oder ‚Flüchtlinge' zu benutzen) nicht weniger werden. Wir müssen **lernen, differenzieren, sortieren, entscheiden und durchführen**. Oft hapert es an allen Fünfen. Gefühle helfen uns da nicht weiter. Vernunft ist angesagt.

Der Unterschied ist größer als wir denken und sehen. Und wer allen Einwanderern gleichermaßen Mitleid zukommen lässt, gefährdet die innere Sicherheit. Und es ist auch nicht hilfreich vonseiten der Medien, dass sie zwei süße, kleine Syrerkinder mit schwarzen Rehaugen fotografieren und die dahinter stehenden zwanzig jungen Männer ausblenden, die schon in Bezug auf den Umgang mit Frauen durch ihre Erziehung verkorkst sind und nicht mehr so süß lächeln.

Zwei Beispiele sollen das verdeutlichen: Abid aus Afghanistan lebt seit sieben Jahren in München, verfügte schon vorher über eine journalistische Ausbildung und arbeitet zeitweise für den Bayerischen Rundfunk. Er ist ein aufgeklärter, gebildeter, junger Mann mit Erfahrung aus beiden Kulturen. Er bezeichnet den Islam als Phantasiegebilde und lehnt jedes religiöse Empfinden ab. Für ihn passt

Religion und schon gar nicht der Islam ins 21. Jahrhundert. Ein denkender Mensch eben.

Said kommt ebenfalls aus Afghanistan und ist drei Jahre jünger als Abid. Er bezeichnet alle Frauen, die nur T-Shirt und eine kurze Hose tragen, als Schlampen (siehe Kamal, den ich schon vorher erwähnte). Er lebt allein, findet aber jeden Monat irgendeine halbdumme Frau, die ihm für Geschenke den Haushalt macht und seine T-Shirts bügelt. Denn für ihn ist das Frauenarbeit und eines Mannes nicht würdig. Allerdings muss er jeden Monat eine neue Frau suchen, weil die eine nach kurzer Zeit doch erkennt, was er über sie denkt, und nicht wiederkommt.

Die ganz dummen Frauen sind oft deutsche Akademikerinnen zwischen fünfunddreißig und achtundvierzig, die meinen die große Liebe gefunden zu haben, wenn ihnen arabische Romeos das Liebesleben versüßen und die ausgehungerte Begierde befriedigen, um kriminelle Netzwerke aufzubauen oder bestimmte Plätze und Gebäude auszukundschaften. Dass ihre Lieblinge brav und regelmäßig zum Deutschunterricht gehen, glauben sie als einzige. Und dabei kommt es nicht selten vor, dass diese Frauen beim nächsten Romeo, wenn der erste untergetaucht ist, den gleichen Fehler noch einmal machen. Deswegen bezeichne ich sie zu Recht als dumm. Sie heulen uns etwas vor, trösten sich mit der nächsten Ablenkung und sorgen mit ihrem falschen Mutterinstinkt dafür, dass diese Elemente schneller eine Aufenthaltsgenehmigung bekommen, helfen ihnen, bis diese sich selbst (nicht) zurechtfinden, sie verlassen und höhnisch als Nutten bezeichnen.

Was die deutsche Regierung da hereingelassen hat, ist oft eine Zeitbombe. Teilweise traumatisiert, oft frustriert darüber, dass sie auch als Mann hier etwas leisten müssen und es den Frauen oft besser geht als ihnen selbst, und persönlich so instabil, dass sie sich desto mehr an eine Religion klammern, die sich seit dem frühen Mittelalter nicht verändert hat – einem Propheten glauben, der Analphabet war und die Suren gerade so diktiert hat, wie es ihm und seiner unsteten Lebensweise gerade passte. Und wer dagegen etwas sagt, wird nicht nur verbal attackiert. Die Zeitbombe steckt eben gerade darin, dass einige wissen, dass sie sich hier zurückhalten und einigermaßen benehmen müssen, wenn sie bleiben wollen. Aber die Lunte ist nicht erloschen. Einer meiner Lieblingsschüler aus Syrien informierte mich am Ende der ersten Woche seines Kurses darüber, dass Muslime in Syrien gerne lügen: Sie beginnen Streit und sind nie etwas gewesen; sie verbiegen die Wahrheit und Geschichte und suchen vor allem in Israel und der westlichen Welt einen Sündenbock für die Lage in ihrem Land. Da, wo es Coca-Cola gibt und Frauen kurze Hosen tragen, herrsche der Teufel, sagen sie. Das könne man übrigens auch allein schon am Alkoholkonsum in diesen Ländern erkennen, den Mohammed ja (aus den spezifisch ihm anhaftenden Gründen) verboten hatte.

Und mit diesen pseudo-gläubigen und fanatisch-gläubigen Muslimen hat die Regierung auch den Antisemitismus importiert und aufs Neue gestärkt, nachdem sie den alten ja kaum beseitigen und besiegen konnte. Viele Menschen aus muslimischen Ländern verehren Adolf Hitler, weil er Juden verfolgen und töten ließ. Sie unterscheiden nicht zwischen Antisemitismus und Judenhass, sondern sind religiös so erzogen, dass alles, was mit Israel zu tun hat, bekämpft und liquidiert werden muss. Und das in Deutschland, das zwar keine Ausnahme in Bezug auf Antisemitismus in Europa darstellt, aber doch durch seine planerische Stärke und die Disziplin und Organisation in der Durchführung neben den Engländern, Spaniern und Türken eine der drei Supermächte des Völkermordes ist! Josif Stalin und Mao Zedong haben zwar noch mehr Menschen ermorden lassen als die Engländer, Spanier, Türken und Deutschen zusammen; aber man kann ihnen keinen Völkermord nachweisen, weil ihre Tötungsaktionen nicht auf rassischen Beweggründen beruhten.

Wenn unsere deutschen Terroristen heute nicht rechtsradikal wären, sondern wie damals in Mogadishu linksradikal, hätten die Muslime ja wenigstens einen Ansprechpartner in Fragen Judenhass und könnten sich wenigstens an die Seite anderer Außenseiter in diesem Land kuscheln. Aber leider gelten sie bei diesen selbst als unerwünschte Elemente. Also müssen beide unabhängig voneinander ihre Süppchen mit gammligen Zutaten wie Weltherrschaft, Kindesmord und Brunnenvergiftung kochen und das abgeschmackte Zeug ohne den anderen hinunterwürgen und in Form von Hetzparolen wieder auskotzen. Na, guten Appetit! Auch den deutschen Instabilen und Frustrierten, die sich davon beeindrucken lassen und auch lieber wieder zurück ins Mittelalter oder in die Nazizeit wollen! Ob Hitler sie allerdings als Instabile und Frustrierte am Leben gelassen hätte, ist äußerst fraglich. Vielleicht gibt das ja auch zu denken.

Aber nun endlich zu den nützlichen Menschen!

Ebenfalls zu meinen Lieblingsschülern zählen Sara und Samer, ein Geschwisterpaar aus Syrien. Der Bruder mit vierundzwanzig Jahren ein bereits ausgebildeter Arzt (Syrien ist für seine gute medizinische Ausbildung bekannt), die Schwester mit abgeschlossenem Abitur auf der Suche nach einem Studienplatz im Bereich Literaturwissenschaft und Soziologie. Sie bringen durch ihre elterliche Erziehung auch das mit, was vielen deutschen, jungen Leuten fehlt: Höflichkeit, Respekt, Intelligenz.

Ich habe sie auch deswegen so gern unterrichtet, weil sie ein festes Ziel vor Augen hatten, gelernt und das Gelernte sofort angewendet haben. Sie haben nicht gefragt, warum sie etwas lernen sollten wie unsere hochkompetenten Postpubertierten. Sie wussten, warum sie lernen. Und sie wussten vor allem, dass Lernen Arbeit bedeutet, Belohnung mit sich bringt und Spaß bedeuten kann, aber nicht zu hundert Prozent Spaß darstellen muss. Sie sind beide ihren Weg gegangen, haben ihre Sprachprüfungen ohne Wiederholungen bis ins oberste Niveau geschafft und unterstützen heute unsere gemeinsame, multinationale Gesellschaft. Wenn man sich da nicht freut, weiß ich auch nicht weiter.

Und von solchen Beispielen habe ich viele kennen gelernt. Von den über eintausendfünfhundert Schülern, die ich unterrichtet habe, sind die meisten nützliche Mitglieder geworden. Einige sind in Deutschland geblieben und sprechen besser Deutsch als viele so genannte Einheimische – speziell in Bayern. Viele sind aber auch nach Monaten oder Jahren wieder zurück in ihre Heimatländer gegangen, weil sie das von Anfang an vorhatten, um ihrem Land zu helfen und dazu beizutragen es aufzubauen, moderner zu gestalten, die Lebensqualität dort zu verbessern, ihre Familien zu unterstützen und genauso wie wir hier versuchen, es aus der Tradition der Unwissenheit, des Kriegführens und der Armut herauszuführen. Solche Führer brauchen wir heute: Tolerante, gebildete und aufgeklärte Menschen und keine neuen Schafe, die irgendwelchen Technologien oder Stimmungsmachern blökend folgen.

Bleibt also noch die Masse der Minderintelligenten und Unwilligen.

Dass Deutschland nach Aussage von Bürgermeistern kleiner Städte und Gemeinden Einwanderer für die Müllabfuhr und die Arbeiten in der Kanalisation braucht, weil man das deutschen Arbeitslosen nicht zumuten kann, klingt ein bisschen nach neuer Sklaverei. Und dass Politiker besonders junge Frauen umschwärmen und wie Hexenmeister ins Hexenhäuschen locken, um ihnen als potentiellen Kinderproduzentinnen viele neue, kleine Steuer- und Rentenzahler zu entwinden, mutet wie gelenkte Bevölkerungsplanung an. Dabei ist es doch gar nicht schlimm, wenn es in fünfzig Jahren in Deutschland nur noch siebzig Millionen Menschen gibt. Und es wäre auch nicht schlimm, wenn es in hundert Jahren überhaupt keine Deutschen mehr gäbe. Warum die Aufregung? Was wächst, wird auch wieder schrumpfen. Was einmal groß war, wird auch wieder kleiner werden. Was einmal deutsch war, wird bald chinesisch sein. Also was? Alles fließt. Und alles wird gut. Wovor haben die Menschen Angst, wenn sie dann sowieso nicht mehr leben?

Auf der anderen Seite geht es um das Jetzt. Was soll ich mit auf die Straße spuckenden alten Serben, die hier nur noch Sozialhilfe abzocken? Was soll ich mit kleinen Türkenjungen, die es als legitim erachten, einem afghanischen Mädchen auf dem Schulweg vor die Füße zu spucken, nur weil sie einen Pimmel haben und das Mädchen nicht? Und was soll ich mit lern- und anpassungsunwilligen Menschen, die sich nicht einfügen wollen und daher auch nicht in diese Gesellschaft passen und gehören (genauso wie Deutsche gleicher Art und Gesinnung) und nur Unruhe hereinbringen, indem sie den Antisemitismus stärken und andere alte Idiotien (zum Beispiel eine Religion) wie eine längst überwunden gedachte Pest einschleppen und das über Jahrhunderte mühsam gereinigte Wasser der Aufklärung wieder verschmutzen und ungenießbar machen oder gar vergiften? Zur Erinnerung: Der Pestbazillus ist auch noch nicht ausgestorben.

Vielleicht braucht Deutschland Einwanderer – aber mit Sicherheit nicht jeden und schon gar nicht alle. Jedes Land sucht sich seine Einwanderer aus und begrenzt ihre Zahl – von Jahr zu Jahr neu, je nach Bedarf. Nur die Deutschen lassen sich immer noch von ihrem verzuckerten Hitlergewissen die Augen verkleben, so dass selbst ehemalige Feinde aus Polen und den USA Mitleid bekommen und den Deutschen gut zuzureden versuchen und mit superweichen Wattestäbchen vorsichtig die kleinen Sandkörnchen aus den entzündeten Äuglein putzen. Wer die Natter am Busen nährt oder ausgewachsene Bären süß findet, stirbt daran und gerät nicht in die Annalen des ewigen Mutter-Teresa-Guinness-Buchs-der Rekorde. Wenn der pirschende Tiger unvorsichtig ist, freut sich der ihn schnappende Python und räkelt sich nach dem Festmahl ein paar Monate lang auf seiner faulen Haut.

Nach fünfzehn Jahren in diesem Beruf und fünfundfünfzig Jahren meines Lebens hatte ich fast das Ziel erreicht. Krebs schien sich in meinem Körper auszubreiten und den Tod einzuleiten. Ich war es zufrieden, ist es doch sowieso irgendwann an der Zeit, und hatte ich doch schon so viele meiner Gesinnungsgenossen überlebt. Wie viele Schriftsteller, Musiker und Lebenskünstler aller Art waren nicht in diesem Alter oder viel früher gestorben? Ich nahm die Symptome wahr und lächelte jedes Mal, wenn wieder einmal die Brust schmerzte oder das Handtuch auf meinem Kopfkissen über Nacht nass geschwitzt war.

Natürlich ging ich nicht zu einem Arzt. Einerseits wusste ich, dass es einmal zu Ende sein muss und das Alter dabei keine Rolle spielt, andererseits kannte ich die Symptome und musste mir von einem Quacksalber nicht bestätigen lassen, dass es so weit war – von einer geldgeilen Sau, die aus meinem Dahinscheiden durch unnötige, überflüssige und teilweise strapazierende Maßnahmen nur noch möglichst viel Kapital schlagen wollte.

Ich war nicht überrascht, dass der Tod vor meiner Tür stand – steht er doch unser ganzes Leben lang davor. Seitdem ich elf Jahre alt geworden war und meine erste Hemingway-Erzählung gelesen hatte, wusste ich, dass auch ich sterben würde und musste. Die Lüge, dass ich lange leben würde, hatte ich meiner Mutter schon nicht mehr geglaubt, als ich mit fünf Jahren Vogelkadaver von den Straßen in unserem Dorf einsammelte und sie an einem zentralen Ort bestattete.

Also war es jetzt für mich so weit.

Die Drosseln, die ich damals begrub, waren vielleicht drei oder vier Jahre alt geworden. Dabei hätten sie locker fünfundzwanzig werden können (eine Frage von irrealer Vergangenheit mit Modalverb – also der Unterschied zwischen ,sein und nicht sein'). Aber Autos, Krankheiten und anderes Pech hatten es nicht so weit kommen lassen. Der Mensch kann einhundertundzwanzig Jahre alt werden und ist eben auch diversen Todesursachen in jedem Alter oder Lebensabschnitt unterworfen. Und – seien wir mal ehrlich! Muss man einhundertundzwanzig Jahre alt werden, wenn man nur noch sabbert oder an der Umwelt leidet oder eigentlich auch gar nichts mehr so richtig mitkriegt – wenn man die vielen Idioten sieht und hört, die das Leben lebensunwert machen, die Natur zerstören, einfach nur nerven –

wenn man auch nicht wirklich mehr Lust hat, weiterzumachen und den nächsten schmerzhaften Tag zu erleben oder den nächsten oder gleichen Idioten zu ertragen – wenn sich die eigene Welt schon längst verabschiedet hat, Freunde verschwunden sind, die Freude an allem abhandengekommen ist und der Tod die letzte Hoffnung darstellt?

Der Tod ist die Erlösung. Er ist Freund und kommt nicht zu strafen. Er ist der Hafen, den wir uns immer gewünscht und in Wirklichkeit nie erreicht haben. Er ist der erleichternde Punkt nach einem ewig langen Satz von Thomas Mann oder Theodor Fontane. Er ist die Grenze, die alle Zeit und jeden Raum, alle Terminvorgaben und Nöte, alles Müssen und Machen aufhebt. Mit einem Wort: die letzte Wohltat.

Ich habe so lange unterrichtet und gearbeitet wie ich konnte – fast wie mein Vater, der in seinem einundsiebzigsten Jahr bis zu seinem vorletzten Tag Bilanzen erstellt hat. Bis zum vorletzten Tag werde ich es nicht schaffen. Da war mein Vater besser. Aber ich gehe noch von einer oder maximal zwei Wochen aus. Ich habe mein Leben gelebt. Und wenn ich wieder darüber nachdenke, komme ich wieder einmal zu dem Schluss, dass es eines der bestmöglichen war: Ich wurde in eine der friedvollsten Zeiten hineingeboren, hatte einen wohlhabenden Vater, lebte gesund und genießend bis zum Ende und konnte mir fast alles leisten, mehr als die meisten Menschen. Und ich konnte es verhindern, dass Frauen und Kinder mich zu lange nervten. Ich war relativ frei. Nun ist es vollbracht und vorbei.

Was ich anderen raten kann, befindet sich im folgenden Abschnitt. Denn es ist jammerschade, dass so viele Menschen ihr Leben oder zumindest einen großen Teil davon verschwenden, weil sie sich aus allen oder bestimmten Notgemeinschaften nicht lösen können. Wie schön ist es zu sehen, wenn der Neffe als heranwachsender, junger Mann die Fesseln seiner Eltern löst und die Ketten einer negativen Tradition sprengt oder die Nichte sich von dem Wahn und dem Gewicht des Kinderkriegens befreit und daraufhin endlich ein selbstbestimmtes und unbeschwerteres Leben führt!

Teil 3 - Septuaginta

Checkliste

Im Laufe meines Lebens habe ich erkannt, dass jeder unweigerlich in verschiedene Notgemeinschaften gerät. Manche nützen uns eine Zeit lang; manche engen uns ein oder schaden uns auf andere Weise. Einige dauern nicht sehr lang, andere können fast ein ganzes Leben lang bestehen. Manche begleiten uns von Anfang an, andere kommen später hinzu. Um ein glücklicheres Leben erreichen zu können, ist es notwendig, sich von und aus diesen Notgemeinschaften zu befreien. Denn wenn wir das schaffen – das ist oft gar nicht so schwer wie es scheint – und den Erfolg sehen, wird die Diskussion um das Glück und ein glückliches Leben nicht mehr so abstrakt philosophisch geführt werden müssen. Jeder Aufgeklärte und Entschlossene kann es schaffen und die folgende, alphabetische Liste durchgehen und überprüfen, ob er noch unter der einen oder anderen Notgemeinschaft leidet oder sich bereits befreit hat. Natürlich ist diese Liste nicht vollständig oder trifft auf andere Menschen nur teilweise zu; und sicherlich lässt sie sich individuell verändern und erweitern. Nur zu!

Den anderen ist auf dieser Welt nicht zu helfen.

Ablenkung

Je nach Intelligenzgrad und Bildungsstand kann alles in unserem Leben Ablenkung sein. Einige Mystiker betrachten gar das ganze Leben als einzige Ablenkung; so weit gehe ich nicht. Denn wovon sollte das Leben ablenken, wenn es danach nichts mehr gibt, wovon es abgelenkt haben könnte?

Bleiben wir auf dem Boden der Tatsachen und halten unseren Drachen auch im stärksten Wind der Gefühle und Ängste fest in der Hand und lassen ihn nicht in unsichtbare Höhen entschwinden!

Sicherlich gibt es in Schule und Studium Dinge, die uns vom Eigentlichen ablenken. Wer Musiker oder Redakteur wird (und das sogar auch schon früh weiß), kann Informationen über Vektorrechnung oder das Verhalten anorganischer Stoffe nicht gebrauchen. Und was soll ein zukünftiger Bank- oder Versicherungsangestellter mit der Geschichte Nordamerikas anfangen, wenn es ihm nur darum geht, wie man am verdecktesten und verstecktesten seine Kunden betrügen kann? Überflüssiges sollen wir lernen und lassen uns dadurch nur von unserem Ziel ablenken. Allerdings ist das auch oft genug die Absicht der Obrigkeit.

Schon in alten Schriften der Menschheit wird festgestellt, dass sich der Mann nicht von einer Frau ablenken lassen soll, da er sich dadurch nicht seiner eigentlichen Aufgabe widmen kann: lernen, schaffen, lehren. Dass sich Frauen durch Kosmetik, Kindergetue und Kleidersuche beschäftigen, sei ihnen gegönnt und überlassen; denn das scheint ihrem

Naturell zu entsprechen. Ein Mann ist jedoch keine Frau – auch wenn einige das anders sehen.

Fernsehen kann bilden – ohne Zweifel. Aber wo hat sich die Bildung versteckt, wenn die Leute nur Quatschsendungen (so genannte ‚Talk- und Realityshows') und Sportveranstaltungen (bunte Gestalten bewegen sich auf dem Bildschirm) verfolgen? Wahrscheinlich steckt sie auf dem Fußballrasen im siebentausendsiebenhundertsiebenundsiebzigsten Grashalm oder bei Kilometer achtundneunzig einer unüberlegt geäußerten Worthülse eines Gesprächsgastes. Bildung sollte jedoch größer sein. Alle sprechen doch davon.

Und dann das moderne ‚Ich-weiß-nicht-warum-ich-lebe.-Kannst-du-mir-dabei-helfen?-Syndrom, was viele auch als ‚social networking' bezeichnen: Verzweifeltes Getippe auf dem Tele-Spielzeug (Smartphone-Phubbing genannt), sinnloses Gehacke auf einer bemitleidenswerten Tastatur, die eigentlich gar nichts dafür kann (als E-Mail Korrespondenz verschrien), aufdringliches Anquatschen von Personen, die Besseres zu tun haben als sich mit Unwichtigem beschäftigen zu müssen (Nachbarschaftspflege geschimpft). „Wann wirst du jäi versteijn? Wann wirst du jäi verstäin?", sang fragend damals vor fünfzig Jahren Joan Baez. Bis heute keine Antwort.

Dann gibt es da noch das Geld. Wieso muss ich fünftausend Euro verdienen, wenn dreitausend auch reichen? Wieso hecheln so viele Leute stets der höheren Zahl hinterher und zerstören damit ihre Freizeit, anstatt bei dreitausend ‚Stopp!' zu sagen und den Rest ihrer kostbaren Zeit lieber mit Sushi und Sauna zu verbringen – oder mit Seneca und Spanischlernen?

Über das Kinderbekommen oder Kinderwünsche ist schon geschrieben worden oder wird noch geschrieben werden. Es muss ein phantasieloser und leidenschaftsloser Tropf (oder eine Tröpfin) sein, wenn sie im Leben nichts Anderes und Besseres mehr vorhat als die knappe eigene Zeit einem Temporaphagen zu widmen.

Ablenkung ist einer der wichtigsten Gründe, warum so viele Menschen am Ende ihres Lebens oder zwischendurch auch immer mal wieder sagen: „Hätte ich doch ...! Warum habe ich nicht ...? Könnte ich doch noch (einmal) ...!" Wir könnten uns den ganzen Konjunktiv sparen, wenn wir endlich einmal indikativ leben würden. Das wäre nicht nur für unsere Ausländer und unsere Kinder eine Bereicherung, sondern auch für uns selbst. Optimierung durch Reduzierung.

Angst

ist eine der größten und einflussreichsten Notgemeinschaften im Leben. Menschen haben sie, Tiere haben sie, Institutionen haben sie, Staaten haben sie, Götter (für den, der an sie glaubt) haben sie. Aber Ängste sind nichts Anderes als Gespenster in weißen Bettlaken, die durch das Kinderzimmer unserer Beschränktheit schweben.

Wovor kann man nicht alles Angst haben: Spinnen, Schlangen, Hunden, Menschen, Gewalt, Verletzung, Dunkelheit, Enge, Armut, Verlust von Anerkennung und Menschen und Tieren und Leben und

Gliedmaßen und Fähigkeiten, sozialem Abstieg, Obdachlosigkeit, Viren, Krankheit, Tod.

Aber man kann diese Ängste bekämpfen. Vielleicht wird man die eine oder andere nie ganz besiegen; aber man wird ihnen die Macht nehmen unser Leben zu beherrschen. Denn sehr oft besteht überhaupt keine Gefahr in dem, was uns Angst macht, oder mit dem uns aus verschiedenen Gründen Angst gemacht werden soll.

Angst gehört zu unseren Schutzmechanismen. Angst erzeugt Vorsicht, und Vorsicht führt zu Sicherheit. Also sollten wir sie nicht verfluchen oder verteufeln oder vergöttern. Wir sollten sie beherrschen. Daher auch das Wort ‚Beherrschung' – Herr werden über sie.

Wie geht das nun?

Ich habe mich mit jeder Angst einzeln auseinandergesetzt. Ich habe mir die Ursache der Angst vorgestellt und immer wieder so lange vorgestellt, bis sie die Macht über mich verlor, weil die Vorstellung eine Art von Erfahrung ist. Und je mehr Erfahrungen ich gesammelt hatte, desto routinierter konnte ich auf die Angst reagieren, und desto kleiner wurde sie, bis sie irgendwann ganz verschwunden war. Oft genug habe ich festgestellt, dass die Ursache meiner Angst gar nicht vorhanden war. Ich habe nach ihr gesucht und in der Realität nicht gefunden. Eine Riesenschlange am Amazonas ist keine Gefahr für mich in Deutschland. Ein Grippevirus ist keine Gefahr für mich, solange mein Immunsystem funktioniert und ich es nicht von Ärzten schwächen lasse.

Wenn eine neue Angst auftauchte, bin ich auf gleiche Weise verfahren. Es funktioniert bei allem.

Antisemitismus

Ein beschämendes Thema. Durch Christen und Moslems in allen Ländern gepflegt und tradiert. Sie erfanden Lügen und diskriminierten die kleinste Gruppe in ihrem Staat, um ihren selbst verursachten Problemen einen Schuldigen zuordnen zu können. Wie feige Lümmel auf dem Schulhof nur gemeinsam den Schwächsten zusammenschlagen können, brüllten und hieben die Dummen gegen die Juden. Und die Schlaueren führten die Dummen zu Massakern und luden ihnen und ihren Nachkommen die Schuld für tausend Jahre auf – ein tausendjähriges Reich der Brutalität und Lüge.

Opa und Oma, Papa und Mama mantrieren ebenfalls nicht reflektierend das dumme Geschwätz, weil der Pope in der Kirche oder der Imam in der Moschee es ja sagt. Auf sie ist offensichtlich also auch kein Verlass. Es ist sehr schwer so ein altes Vorurteil aus den stumpfen Köpfen eines Massenmenschen zu entfernen.

Wie geht das nun weiter?

Entscheide selbst, ob du genauso dumm weitermantrieren willst oder die Wahrheit erfahren möchtest! Lies und erkundige dich! Werde ein aufgeklärter Mensch! Antisemitismus ist für einen heutigen Menschen genauso peinlich wie wenn er mit dreißig noch in die Hose macht.

Arzt

Das gilt natürlich für alle Ärzte. Sicherlich sollte man zum Arzt gehen, wenn man starke Schmerzen hat. Aber man sollte nicht hörig werden und alles glauben, was sie sagen. Denn in erster Linie wollen auch sie nur Geld verdienen und setzen jeden Rat, ob gut oder schlecht oder einfach nur unwirksam, auf die Rechnung, um zu kassieren. Jedes ‚Kommen Sie in einer Woche nochmal wieder!' lässt die Kassen klingen. Und an jedem Medikament, das sie verschreiben, verdienen sie mit. Doch meistens hilft dieses Medikament gar nicht oder ist nur ein Placebo. Das kann jeder von uns genauso gut, wenn er erst einmal das Prinzip verstanden hat.

Wie geht das nun?

Stell dir vor, es gibt einen Arzt um die Ecke, und du gehst nicht hin! So einfach ist das. Höre auf deinen Körper und achte ihn! Er erzählt dir ununterbrochen, wie er sich fühlt. Und wenn er sich mal nicht so gut fühlt, koche ihm einen Tee, gönne ihm was Gutes (einen Spaziergang, Ruhe oder ein Glas Alkohol (am besten Whiskey); Klosterfrau Melissengeist ist auch nichts Anderes. Pflege deinen Körper und aktiviere ihn in regelmäßigen Abständen. Etwas Anderes sagt der Arzt auch nicht – nur mit geschwolleneren Worten. Aber Schwellungen sind Scheiße. Braucht kein Mensch.

Bedürfnisse und Befriedigungen

Maslow hatte ich ja schon kurz erwähnt. Man kommt einfach nicht darum herum: Man muss atmen, essen, trinken und schlafen; aber auch pissen und kacken. Punkt eins. Ist das erledigt, geht es mir um Sicherheit, eine Wohngelegenheit, Sex und den Arbeitsplatz. Punkt zwei. Ist das erreicht, will ich Anerkennung, suche vielleicht Freunde, gründe eine oder zwei Familien (drei wird meistens doch definitiv zu anstrengend). Punkt drei. Zum Schluss, wenn ich noch Zeit, Muße und Lust habe, kommen Moral, Abbau von Vorurteilen und vielleicht die Frage nach dem Sinn des Lebens. Punkt vier.

Da stellt sich nun die Frage: Brauche ich das alles? Die Antwort: Nein. Ich kann auch mitten in Punkt zwei schon aufhören. Denn dort verfüge ich bereits über alles, was ich zum Lebenserhalt brauche. Wer braucht schon eine Frau, um sich sexuell zu befriedigen? Wer braucht Freunde, die doch keine sind? Und wer braucht eine Familie, die nur nervt?

Ich brauche neben den Dingen in Punkt eins klassische Musik, Fremdsprachen und Literatur/ Philosophie, um nicht zum Tier zu werden. Ein anderer braucht Fußball und mindestens drei Geliebte, um nicht am Stock zu gehen. Und ein dritter kann auch ganz gut, um nicht ‚besser' zu sagen, ohne Moral leben. Also verschieben sich die Bedürfnisse, und Maslow hat bis auf Punkt eins ausgedient.

Beruf

Ein wichtiges Thema. Wir verbringen einen Großteil unseres Lebens damit. Wir verbringen mit Kollegen teilweise mehr Zeit als mit unserer Familie oder Partnerin. Also sollten wir uns auch mehr Mühe bei der Auswahl geben und vor allem den Wechsel nicht scheuen, wenn die momentane Tätigkeit nichts Anderes mehr zutage fördert als Routine, Lustlosigkeit, Stress oder Krankheit. Dafür gibt es verschiedene Ursachen: Kollegen, Chefs, Anforderungen, Überdruss.

Kaum zu glauben, dass so viele Menschen noch das wählen, was Papa oder der Bruder macht, oder was Mama oder die große Schwester sagt, oder arbeitslos herumhängen, weil sie nicht auf den Gedanken kommen etwas Anderes als bisher zu lernen. Keine Idee, keine Kreativität, keine Entschlusskraft, keinen Anhaltspunkt?

Wie geht das nun?

Achte auf das, was dir in der Kindheit und Jugend schon Spaß gemacht hat, und verfolge deinen Weg! Höre nicht auf andere und denke nach! Liest du gern? Interessiert dich Biologie? Bist du gern mit anderen Menschen zusammen? Hast du gern mit Zahlen zu tun? Oder möchtest du Schwächeren helfen? Sitzt du lieber am Schreibtisch oder möchtest du an der frischen Luft sein? Überlege nicht, wo du am meisten Geld verdienen kannst! Das allein hat noch niemanden glücklich gemacht, eine sinnvolle Aufgabe aber schon.

Lass dir auch nicht diesen Blödsinn einreden, dass man studieren müsse, um einen ‚vernünftigen' Beruf ausüben zu können! Stelle dir lieber die Frage, was für dich persönlich ein vernünftiger Beruf sein könnte! Warum nicht Gärtner oder Friseurin werden, wenn das eine Tätigkeit ist, die mich erfüllt? Das Studium muss sowieso fast die Hälfte der Studenten abbrechen, weil sie die Prüfungen nicht schaffen und nicht damit gerechnet haben, dass sie den Großteil des Tages lesen müssen.

Probiere aus! Mache eine Lehre und entscheide nach vier oder fünf Jahren, ob du mit diesem Beruf alt werden möchtest! Wenn nicht, erlerne einen anderen. Wenn es deine Überzeugung ist, schaffst du auch alle abendlichen Fortbildungen und Extrastrapazen, weil sie sich für dich lohnen.

Demenz

Unangenehm, aber notwendig darüber zu sprechen.

Du kannst nicht hoffen, dass es dich nicht treffen wird. Allerdings hast du im Regelfall Zeit, bis du sowieso schon am Ende deines Lebens angekommen bist. Überlege, was es noch für einen Sinn ergibt weiterzuleben! Willst du anderen auf die Nerven gehen und auf der Tasche liegen, die auch nur darauf warten, dass du den Löffel endgültig abgibst? Möchtest du eine unselbstständige Existenz führen und den Rest deines Lebens im Gefängnis auf allen Ebenen verbringen? Du kannst nicht mehr selbst entscheiden, wo du wohnen möchtest. Du kannst nicht mehr selbst entscheiden, was du machen möchtest. Du kannst nicht mehr selbst essen und deine Körperfunktionen nicht mehr kontrollieren. Möchtest du wirklich nur noch ein Körper ohne Geist sein, der darauf wartet, dass auch die letzten lebenswichtigen Organe ihre Tätigkeit aufgeben, damit du endlich einschlafen kannst?

Was ist nun zu tun?

Wenn du betroffen bist, wirst du irgendwann die Anzeichen spüren. Es gibt untrügliche Signale und hundertprozentige Sicherheit. Bereite dich auf diesen Moment vor! Du kannst von da ab davon ausgehen, dass es nur noch schlimmer wird. Wähle einen Tag aus, an dem du fröhlich und selbstbestimmt aus dem Leben scheidest! Der Methoden gibt es hunderte; du hast Jahrzehnte Zeit, die richtige für dich zu wählen. Nicht jeder kommt an eine Pistole oder hat den Mut abzudrücken. Es muss auch nicht so dramatisch wie auf der Bühne vonstattengehen. Ein Schnitt in den Hals kann auch kein Arzt mehr flicken; oder auch die richtige Mischung an Tabletten und anderen verfügbaren Giften schließt die Lider für immer.

Deutschsein

Die erste Nationalität ist genauso wie die Umgebung, in der man aufwächst, nicht zu widerrufen. Man kann sie später ändern, aber nicht ausradieren. Deutsche gehören oft zu den Landsleuten, die sich in besonderem Maße mit ihrer Nationalität auseinandersetzen – sei es aufgrund des

Hitlergewissens oder der Tatsache, dass auch Goethe und Einstein Deutsche waren.

Der Streit um die Verantwortung wird weiter geführt. Bin ich verantwortlich für die Geschichte meines Landes? Natürlich nicht. Bin ich dafür verantwortlich die Geschichte meines Landes zu kennen? Ja. Aber es geht auch ohne. Bin ich für eine Wiederholung schlechter Taten verantwortlich? Ja. Manche wollen sie auch.

Die Sprache legt mich fest. Im Falle der deutschen Sprache ist es ein Glück. Die Literatur und Philosophie gehören hierzulande zu den reichsten, in denen ich aufgrund der Tatsache, dass ich Deutsch als Muttersprache gelernt habe, nach Belieben schwelgen kann. Einer Person, die Deutsch nur als Fremdsprache gelernt hat, bleibt der Genuss begrenzt.

Die Möglichkeit, dass ich hier studieren kann, ist wahrscheinlicher als für jemanden, der sich die nicht ganz einfache Sprache erst aneignen muss.

Und nun zu den Eigenschaften: Bin ich als Deutscher deutsch? Wer weiß das schon? Ich bin weder nuschelnder Lederhosenbayer noch schweigender Fischkopp. Ich spreche auch nicht diesen vokalverschobenen Sachsendialekt noch amüsiert mich Kölscher Karneval. Urlaub auf Malle stößt mich ab, und Fußball ist mir zu primitiv. Die Liebe zu einem Auto habe ich noch nicht entdeckt, wohl aber die Abneigung gegen Kinder. Wenn ich Sandalen trage, lasse ich die Socken dazu ganz undeutsch im Schrank. Und Bier trinke ich nur außerhalb meiner Wohnung und vielleicht nur einmal pro Monat. Ich interessiere mich auf positive Weise für das Judentum und spreche sechs Sprachen. Mitleid ist mir ein Graus und Interkulturalität eine Pflicht. Dieser Liste zufolge bin ich also kein Deutscher. Na denn! Meine Schüler sehen das anders.

Was tun?

Nichts. Nicht darüber nachdenken! Volkszugehörigkeit spielt für die individuelle Entwicklung keine Rolle mehr. Man sollte das Schlechte eines Volkes ablegen oder gleich vermeiden und das Gute pflegen und ausbauen.

Eigenschaften

Ein weites Feld und kaum umfassend darzustellen, da jeder persönliche Eigenschaften in unterschiedlicher Mischung und Stärke in sich trägt. Deshalb versuche ich es mit dem einen oder anderen Beispiel.

Neid ist eine schier unerträgliche Eigenschaft, die nicht nur anderen schadet, sondern in erster Linie mir selbst; denn er ist etwas, das stört und mir auf dem Weg zum Glück permanent im Wege steht.

Warum bin ich neidisch? Und auf was bin ich neidisch?

Wenn eine andere Person besser aussieht als ich und deswegen mehr Erfolg beim Geschlechtsverkehr oder im Beruf hat, sollte ich mich fragen, ob ich wirklich mit dieser Person tauschen möchte. Wenn man diese Person genau betrachtet und sich vor allem auf seine eigenen Fähigkeiten und Pläne konzentriert, wird man immer zu dem Schluss kommen, dass der Neid nur eine anfängliche, spontane Reaktion auf etwas ist, was ich nicht habe. Die Frage ist nur: Muss ich das haben? Und geht es mir damit wirklich besser?

Am Anfang dauert es vielleicht relativ lange, bevor ich zu dem Ergebnis komme, dass diese beneidete Person doch etwas an sich hat, weshalb ich nicht tauschen möchte, oder mit Problemen kämpfen muss, die ich mir lieber ersparen möchte und auch nicht habe, weil ich eben nicht diese Person bin. Und ich erkenne später, dass das, was ich beneidet habe, sehr vergänglich und nicht beneidenswert ist.

Erkenne dich selbst!

Dieser delphische Spruch, der Menschen seit zweieinhalbtausend Jahren zu denken gibt, ist die Lösung. Die Aufgabe ist keine leichte. Sie dauert vielleicht ein paar Jahrzehnte. Aber ich darf dabei nicht aufhören, darüber nachzudenken, was und wer ich eigentlich bin. Ich muss erkennen, dass ich nicht Angelina Jolie oder Ernest Hemingway bin. Klingt erst einmal logisch und einfach. Doch wenn man beobachtet, wie viele Leute anderen Leuten nacheifern und sie nachäffen, muss man sich fragen: Sind sie Menschen oder Affen? Sind sie Diener oder Herren ihrer selbst? Sind sie überflüssig oder machen sie etwas aus ihrem Leben?

Erfolgszwang

Schon das Wort gibt Auskunft: Alles, was Zwang bedeutet, ist einengend und deshalb abzulehnen. (Wer sich im pseudogehobenen Bürodeutsch ausdrücken möchte, kann auch gern das Wort ‚suboptimal' benutzen.). Ob Eltern, Trainer, Lehrer oder ich selbst – man sollte die jeweilige Person aus seinem Umfeld eliminieren, wenn sie diesen schlechten Einfluss ausübt, weil sie mich früher oder später krank macht oder mich einiges bereuen lässt und mich vom Leben abhält.

Wie geht das nun?

Meide die Person, die etwas von dir verlangt, was du nicht leisten willst! Da stehen Arsen oder Kaliumchlorid zur Auswahl. Du kannst ihr auch einfach das Genick brechen oder sie mit dem Auto überfahren. Hänge ihr ein Verbrechen an, für das sie verurteilt wird und in den Bau einfährt. Am besten wird aber wohl sein, sich durch Distanz zu entfernen, eine Wohnung und Arbeit in einer anderen Stadt oder einem anderen Land zu finden – leider keine Zeit mehr für diese Person zu haben.

Erfolg ist das, was ich als Erfolg ansehe und nicht die anderen. Aber vielleicht denken Steffi Graf und Anne Sophie Mutter da anders.

Erinnerung

Eine komische Notgemeinschaft. Manchmal erinnere ich mich an etwas, an das ich mich nicht erinnern möchte. Manchmal will ich mich an etwas erinnern, kann es aber in dem Moment nicht. Oder ich meine mich zu erinnern, bekomme vom Gehirn aber die falsche Information, wenn ich zum Beispiel mit Jeanette geschlafen habe und sie am nächsten Morgen Julia nenne. Frauen sind da etwas empfindlich und die Erinnerung ein Schalk.

Was tun?

Man kann Erinnerung natürlich trainieren. Man muss sie sogar trainieren, damit sie zuverlässig bleibt. Und dafür fehlt oft die Zeit. Denn wir erleben in jeder Minute so viel, dass sich das Ausgeliefertsein manchmal nicht verhindern lässt – oder zumindest meistens. Also auf das Wesentliche konzentrieren und wiederholen! Und mit den Überraschungen jovial umgehen! Es kann auch unterhaltend sein, wenn einem plötzlich ein Name oder eine Begebenheit einfällt, an die man lange nicht gedacht hat, oder die einem vor zwei Wochen nicht eingefallen ist.

Und dann ist da noch das Phänomen der Assoziation: Ein Duft, ein Klang oder ein Objekt kann unmittelbar eine peinliche Situation, ein ganzes Erlebnis oder eine ganze Epoche wieder hervorrufen. Auch das lässt sich lenken oder kommt unverhofft.

Also alles auf sich zukommen lassen und neugierig sein! Vielleicht gewinnt man diesem Phänomen auch jedes Mal etwas Positives ab. Vielleicht nützt es. Vielleicht muss es in gewisser Häufigkeit erscheinen, um für immer verschwinden zu können. Und vielleicht ist es ja auch generell etwas, woran ich mich gerne erinnere: Eine in Tee getunkte Madeleine zum Beispiel oder der Anblick des sich in der Sonne räkelnden Meeres vor dem dänischen Ferienhaus in Sæby im Jahre 2012.

Erziehung

Glück und Unglück. Glück kann man es nennen, wenn man überhaupt eine bestimmte Erziehung genossen hat. Unglück muss man es nennen, wenn man das Falsche gelernt hat. Jeder hat aber die Möglichkeit die Erziehung der Eltern oder Geistlichen zu korrigieren. Ich habe zum Beispiel durch todesmutige Selbstversuche erfahren, dass der Genuss von zu viel Senf nicht blind macht und man vom Wichsen auch nicht seinen Verstand verliert. Ich habe gelernt, dass nicht alle Türken an die christlichen Kirchen pinkeln und ich als Sohn meiner Mutter nicht automatisch ein besserer Mensch bin als die Söhne anderer Mütter.

Wie reagieren?

Kritisch sein, überprüfen, falsifizieren (hierbei helfen sowohl Roger als auch Francis Bacon sowie Karl Raimund Popper) und möglichst viele Erfahrungen machen! Viel Glück!

Exotismus

Ich habe mich immer gefragt, warum kakaofarbige Haut bei Frauen auf mich so viel anziehender wirkt als weiße oder grüne. Eine Antwort finde ich nur in der Theorie über die Notgemeinschaften. Meine Haut ist relativ hell, pigmentiert sich nur im Sommer bei größerer Sonneneinstrahlung. Brauche ich da den Ausgleich durch Dunkleres, so wie man saure Gurken und eingelegten Hering braucht, wenn man am Tag zuvor kräftig gesoffen hat? Aber warum funktioniert das nur bei einigen? Denn oft genug sieht man auch Paare, die allein kein Ganzes werden können und sich deshalb das andersgeschlechtliche Spiegelbild erwählen: Großblond zu großblond, übergewichtig zu übergewichtig oder dumm zu dumm.

Zumindest ist also das Phänomen vorhanden, dass der Geschlechtspartner unbedingt anders sein muss. (Ältere) weiße Frauen sind oft geil auf (junge) schwarze Männer. Große, deutsche Männer sind zuweilen geil auf kleine, brasilianische Frauen mit relativ großen Brüsten. (Wem das Wort zu altmodisch klingt, kann natürlich auch sein Synonym 'Titten' wählen). Männliche Akademiker sind geil auf japanische Managerinnen. Bayerische Frühgeronten sind geil auf mädchenhafte Thailänderinnen. Und Monika kann das sicherlich auch von ihrem Großvater Theodor berichten, der extra in die USA gereist ist, um dort seine Marylin zu finden.

Was tun?

Fast nichts. Erst einmal nur genießen! Aber Vorsicht! Unter grüner Haut steckt zumeist auch nur das, was wir nicht haben wollen. Also nicht die Katze im Sack kaufen oder den Hund in der Tüte, sondern lieber Kondome benutzen und den Fluchtweg für den Fall offen halten, dass sich die Eva als Lilith zu erkennen gibt oder Romeo ein Giacomo ist! Wenn die Erfahrung erst einmal oder viermal gemacht ist, legt sich die Neugier, und man erkennt, dass hinter der Haut auch nur das ist, was wir hier vor Ort haben, und dass junge Frauen aus Ecuador auch altern.

Familie

Wer kennt das nicht: An einem endlich freien Tag in unbequeme Kleidung gesteckt Mutters viel zu dick aufgetragenes Stechmückenparfum in der Nase auf engem und warmem Raum die Fahrt von zwei oder drei Stunden in Richtung Menschen ertragen, die man eh nicht sehen will? Und wenn man halb betäubt von Übelkeit angekommen ist und ausgestiegen wieder frische Luft schnappen kann, umarmen einen Onkel, Tante und noch einmal Onkel und Tante, weil die Familie etwas größer ist, und drücken einem ungefragt einen mehr oder weniger feuchten Kuss ins Gesicht, den man sich kurz darauf etwas verschämt und versteckt angewidert verstohlen wegwischt. Später Kuchen essen und langweilige Gespräche mit anhören müssen, zwischendurch vielleicht wieder an die frische Luft – mit

Cousins und Cousinen fangen spielen oder vor den Erwachsenen herlaufen, obwohl man eigentlich viel lieber zu Hause geblieben wäre, um sich mit angenehmen Dinge zu beschäftigen.

Was tun?

Dulden oder revoltieren! Doch revoltieren kostet sehr viel Kraft und führt meistens zu dicker Luft und Verboten. Also doch lieber dulden und die Ankunft des Messias abwarten, der wirklich erscheint, wenn man das Alter erreicht hat, in dem Pubertät und Verwandtenallergie als ausreichende Entschuldigungen akzeptiert werden und Mama und Papa halbwegs sicher sein können, dass man allein zu Hause die Bude nicht abfackelt oder alle Alkoholreserven ausnuckelt. Irgendwann ist das Thema Verwandtenbesuche gegessen und diese Notgemeinschaft überwunden, wenn man sich nicht vorher von einer Brücke gesprungen hat.

Frauen

Holzpflock mit Hammer und Knoblauch sollten immer in erreichbarer Nähe liegen, wenn man sich auf etwas eingelassen hat, was uns das Vögelchen mit nur einem Guckloch in unserer Mitte als erstrebenswertes Ziel vorgegaukelt hat. Ist nach einigen Unternehmungen in völliger Nacktheit eine gewisse Vertrautheit eingetreten, sollte Mann auf der Hut sein und zur Not das Netz, das um das gesamte Gehirn gewickelt wurde, mit der Schere des Schlussmachens zerschneiden oder mit der kühnen Kraft konsequenter Kündigung kappen. Denn der Beifang ist zu schädigend, als dass sich ein Weitermachen lohnen würde.

Was als Spaß und hübscher Zeitvertreib begann, schlägt allzu schnell in Erpressung und Ausnutzung um – einem sonnigen Vormittag an erfrischender Luft folgen graue Wolken der Belastung und die kalte Nacht der Beklemmungen. Wenn man erst einmal ans Kreuz der Vaterschaft geschlagen ist, kommt man so leicht nicht mehr davon. Plötzlich klingen die süßen Bitten wie bittere Klagen, die angenehme Aufforderung wird zum bleiernen Befehl, und das duftende Locken wird zur kontrollierten Schufterei. Hat sie es erst einmal geschafft, ein Ei befruchten zu lassen, fühlt sie sich wie die Herrscherin der Welt, für die keine Gesetze mehr gelten. Schokoladengrinsend schiebt sie das Produkt ihres Erfolgs durch die Straßen und amüsiert sich mit Freundinnen über den Trottel, der ihr nun das Leben finanziert, auch wenn das Kind gar nicht von ihm ist.

Geheimdienste

Familie kann man sich nicht aussuchen – und den großen Bruder schon gar nicht. Meistens kann ich ihn nicht sehen. Und wenn er sich nicht für mich interessiert – umso besser. Aber ich weiß nie, ob er sich interessiert und was ihn interessiert. Aber ich muss davon ausgehen, dass ich auf seiner Liste stehe.

Also was tun?

Am besten kein Staatsfeind werden! Denn die Leute dort sind normalerweise zu meinem Schutz da und nicht zu meiner Liquidierung. Wenn ich doch liquidiert werde, habe ich mich wahrscheinlich um das Falsche gekümmert. Und warum sollte ich ein Staatsfeind werden? Der Staat bin ich. Und alles andere und alle anderen um mich herum sind nur Himmelskörper in der gleichen Galaxie, die meine Bahnen zwar irgendwie ein bisschen oder ein groß-häppchen beeinflussen, aber in der Regel nicht auf Kollisionskurs sind. Also ruhig, Brauner, calm down, tranquilo, und setz dir einfach auch eine Sonnenbrille auf! Bei Nebel bewirkt sie wahre Wunder.

Geld

Tja, da beißt die Maus keinen Faden ab: Ohne Geld scheint ein befriedigendes Leben nicht möglich zu sein. Auch ein so genannter Aussteiger – in welcher Gesellschaft auch immer – ist nur möglich, wenn er schmarotzen kann und die Befriedigung seiner Bedürfnisse aus der Arbeit anderer zieht. Die Frage und Aufgabe lautet allerdings: Wie viel Geld brauche ich?

Wie damit umgehen?

Erkenne dich selbst! Was brauchst du wirklich? Was willst du finanzieren und warum? Wofür machst du deinen Rücken krumm und gefährdest deine Gesundheit? Bist du ein geldgeiles Gier- und Neidschwein oder ein grundzufriedenes Genuss- und Genügsamkeitsgnu? Ist dein Ziel erreicht, wenn du auf einer Klippe auf einer Bank sitzt und auf das über den Horizont reichende Meer blickst? Oder bist du erst zufrieden, wenn deine Krawattenverkleidung zu dem Mercedes und der Segelyacht passt? Muss es immer Kaviar sein? Oder schmeckt Graubrot mit Butter und Cervelat zwischendurch auch mal lecker?

Deine Welt ist nun einmal so gemacht – seit Jahrtausenden, dass du bezahlen musst, wenn du leben willst. (Selbst für die Beerdigung muss jemand heute bezahlen, wenn wir Vorstellungen haben.) Aber die Welt hält auch viele Möglichkeiten bereit, das absolut notwendige Geld, das wir für bestimmte Zwecke ausgeben müssen oder wollen, auf angenehme Art zu erwerben. Also warum verzweifeln? Lachen und machen!

Geschichte

Das Was und Warum der vor uns entstandenen Fakten können wir nicht ändern. Müssen wir auch nicht. Aber sollten wir sie überhaupt kennen? Viele Menschen scheinen der Beweis zu sein, dass wir Geschichte nicht brauchen. Und damit scheint sie die am leichtesten zu beseitigende Notgemeinschaft zu sein. Wir kümmern uns einfach nicht darum, lassen sie links liegen und würdigen sie keines Blickes.

Die Frage ist nur, ob wir die heutige Welt verstehen können und verstehen wollen. Wenn uns auch das nicht interessiert, brauchen wir die Geschichte wirklich nicht. Das Problem wird nur sein, dass wir die schlimmsten Fehler wiederholen würden. Dass viele Menschen den gleichen Fehler noch einmal machen, ist nichts Neues und tut auch nicht weh. Bitter wäre nur, wenn wir Kriege führten, die nichts brächten.

Geschlecht

Man kann von Glück reden, wenn man mit seiner Ausrüstung zufrieden ist. Wenn ich mir vorstelle etwas anderes als ein Mann zu sein, atme ich dreimal auf und durch, weil die Vorstellung nicht der Realität entspricht. Ich würde Dirndl toll finden und auch eins tragen. Ich würde sechzehn Stunden pro Tag ununterbrochen reden ohne etwas zu sagen und hätte keine Zeit zum Denken. Ich würde unter Druck geraten, wenn ich mit zweiunddreißig noch kein Kind hätte. Ich müsste mich von meinem Kind verarschen lassen, weil ich die Erziehung nicht in den Griff bekomme. Ich würde unverhofft heulen und wüsste nicht warum. Vieles würde ich nicht verstehen wollen. Oder ich müsste mich mit einer Veränderung meines Geschlechts beschäftigen und teure, langwierige und riskante Behandlungen über mich ergehen lassen. Ein grausamer Gedanke. Diese Notgemeinschaft muss ich nicht beenden.

Gewalt / Angriffe

Als Mann bin ich diesen Notgemeinschaften nur äußerst selten ausgesetzt. Zwei Mal sind Personen auf mich zugekommen, um mich zu verprügeln.

Was tun?

Am besten in der Kindheit damit beginnen seinen Geist und Körper auf diese Situationen vorzubereiten. Verhindere eine Auseinandersetzung! Geh streitlustigen Menschen aus dem Weg! Vermeide gefährliche Situationen! Zeige durch deinen Körper und deine Haltung, dass es sich nicht lohnt dich anzugreifen! Gibt es keinen Ausweg, nutze jedes Mittel, um den Angreifer so schnell wie möglich auszuschalten (bewusstlos zu schlagen oder zu töten) oder zur Aufgabe zu zwingen!

Gewissen

Gute Zeiten, schlechte Zeiten. Habe ich ein gutes Gewissen, bin ich zufrieden, weil ich denke, ich hätte gut gehandelt. Habe ich ein schlechtes Gewissen, denke ich, ich hätte gegen irgendeine Regel oder geltende Moral gehandelt.

Wie kann ich sicher sein?

Entwickle deinen eigenen kategorischen Imperativ und lasse dich nicht von anderen unter Druck setzen! Unterlasse Hilfeleistung, wenn sich nach eigenem Ermessen daraus kein Sinn ergibt! Wäge ab zwischen den eigenen Erwartungen und den

Forderungen der anderen! Am Ende solltest du immer Recht behalten haben.

Glück

Irgendwann kommt jeder einmal auf den irrigen Gedanken, er müsse glücklich werden. Dann beginnt das große Suchen und Fragen nach dem richtigen Weg. Ein ebenso irriger Gedanke ist es, dass jeder ein Recht auf Glück hätte. Was für ein Unsinn! Recht auf etwas gibt es nicht. Niemand hat das Recht auf Bildung, Respekt, Nahrung oder eben Glück. Das ist alles Glückssache und hängt davon ab, ob ich mir diese Werte erarbeite. Umsonst ist nur der Tod.

Wie also das Glück erarbeiten und finden?

Der erste Schritt besteht darin, zu erkennen, was Glück für mich bedeutet. Und wenn ich es nicht erkenne, kann ich der Erkenntnis auch nicht nachgehen. Dazu gehört denken. Das ist nicht jedermanns oder jedefraus Sache. Viele halten eine große Menge an Geld für das ultimative Glück. Andere sehen es in dem perfekten Partner, den man irgendwo finden muss.

Weil es so individuell ist, kann ich hier auch keine Pauschalrezepte anpreisen. Man hüte sich nur davor, Glück von äußeren Dingen wie Geld oder Menschen abhängig zu machen. Denn daher rührt die Jahrtausende alte Erfahrung, dass sich das Glücksrad sehr schnell dreht und das Glück sich wendet. Glück kann sich (durch meine Arbeit oder Anstrengung) für einen Moment oder eine längere Zeit oder für den Rest des Lebens einstellen, wenn ich erkenne, dass ich nichts weiter brauche als ich in jener Zeit habe und dem Tod ohne Angst und Reue in die Augen blicken kann.

Beispiel: Ich sitze als Fünfzigjähriger an einem Samstagabend in meinem Lesesessel. Neben mir steht ein Glas Whiskey, das jederzeit nachgefüllt werden kann. Ich höre die dritte Sinfonie von Beethoven und lese hin und wieder in den Essays von Montaigne. Außer dem Beethoven ist nichts zu hören, weil die anderen Menschen schlafen oder anderweitig abgelenkt sind. Ich habe also meine Ruhe. Und ich weiß, dass der Tod mir nichts anhaben kann, weil ich mein Leben so gelebt habe, wie es in meiner Lage und zu meiner Zeit bestmöglich war. Ich weiß nicht, was noch fehlt oder was ich besser machen könnte. Es ist alles da. Das ist Glück.

Gruppenzwang

Eine der primitivsten Formen der Notgemeinschaft, weil es von wenig Intelligenz zeugt, wenn man ihr angehört. Anfällig für sie sind schwache Menschen, die eine Gruppe brauchen, um überhaupt etwas darzustellen – und wenn es nur der Schuhputzer des Anführers ist oder der Anführer selbst, der Dumme dazu benutzt, weil er Anerkennung braucht.

<u>Wie sich vorbereiten?</u>

Alles dafür tun nicht länger schwach zu bleiben! Wer stark ist, braucht keine Helfer. Wer stark ist, muss sich nicht verbiegen und buckeln.

Heimat

Ein weites Feld. Ist es ein geografischer Punkt oder ein vages Gefühl? Die meisten bezeichnen ihren Geburtsort als ihre Heimat. Einige wählen sich nach Ablauf des ersten Lebensdrittels oder der ersten Lebenshälfte eine (neue) Heimat. Für einige reichen bestimmte Gegebenheiten wie Meer oder Gebirge, Menschenschlag oder Temperatur, um sich heimisch zu fühlen.

Brauche ich eine Heimat?

Nein. Es ist völlig egal, woher ich stamme oder wo ich wohne. Ich brauche Wohlbefinden. Und das entsteht in erster Linie dadurch, dass ich meine Ruhe habe und ungestört dem nachgehen kann, was mich interessiert. Ein paar Stunden ohne Straßen- und Nachbarschaftslärm begleitet von kaum wahrnehmbaren Naturgeräuschen ist Heimat. Im Winter allein im Warmen sitzen, in einem interessanten Buch lesen und Mozart hören ist Heimat. Das Abendessen in Ruhe vorbereiten, kochen und verzehren ist Heimat. Kurz: Die Abwesenheit von Störungen – bei sich sein – ist Heimat.

Was tun, um Heimat zu finden?

Trenne dich von der Vorstellung, das Gewohnte aus der Kindheit wäre Heimat! Suche keine Heimat! Meide Störungen und finde Situationen, die dich dauerhaft zufriedenstellen!

Herkunft

Dagegen kann man nichts machen. Aber gegen die Auswirkungen kann man viel machen. Wenn schlechtes Benehmen heute als ‚schlechte Gene' oder ‚schlechte Erziehung' bezeichnet wird, ist das Mumpitz, Killefit und Humbug zugleich. Wir haben gelernt, dass man Erziehung und selbst Gene verändern kann – und das innerhalb von Monaten bzw. einer Generation. Also bitte keine Ausreden mehr.

Mein Vater stammt aus Sachsen und meine Mutter aus Bayern. Muss ich deswegen eine krumme Zunge behalten? Nein. Ich kann sie selbst geradebiegen. Ich bin Deutscher. Muss ich deswegen Deutscher bleiben oder meine Zeit mit Fußball verschwenden? Nein. Ich kann auch Norweger werden und meine Zeit mit Angeln verschwenden. Ich hatte die Möglichkeit ein Mensch zu werden. Muss ich deswegen unbedingt ein Mensch werden? Nein. Es gibt viele Schweine, Füchse und Giraffen, die das Gegenteil beweisen. Wer allerdings erst einmal zum Menschen geworden ist, wird kaum etwas Anderes sein wollen.

Was denken?

Die Herkunft spielt eine sehr untergeordnete Rolle. Also ihr keine wesentliche Bedeutung zusprechen! Was ich bin und sein werde, bestimme ich selbst. Nur Nichtdenkende, sich nicht Entwickelnde bleiben an ihrer Herkunft kleben wie eine Fliege am Honigstreifen.

Hitlersyndrom

Niemand übt eine so große Faszination auf so viele Menschen aus wie er. Niemand hat je das Verhalten der deutschen Menschen und Politik auch weit über seinen Tod hinaus (bis heute) so beeinflusst wie er. So wie das Stockholm-Syndrom bei Entführungsopfern gibt es bei den Deutschen das Hitler-Syndrom (bei den Österreichern komischerweise nicht): Sie verlieren den Sinn für die Wirklichkeit und vergessen jedwede Schutzvorbereitung und den Selbsterhaltungstrieb – eine Krankheit eben. Sie helfen allen (sogar Verbrechern) in Süd und Ost und laufen permanent um Entschuldigung bittend durch ihr Leben, retten Nattern und Ratten, trösten Triebtäter und Totschläger, versorgen Feinde und Fressdiebe und lassen sich auch gern von Gewürm vertilgen, nur um Abbitte zu erlangen und Erlösung zu finden.

Als Wiederauferstehung taucht er neuerdings im Zusammenhang mit den Flüchtlingen aus arabischen / moslemischen Ländern wieder in Deutschland auf. Denn in Syrien, dem Iran, Libyen und all den anderen Herkunftsländern gibt es viele, die ihn immer noch verehren und als Helden feiern, weil er so viele Juden töten ließ. Araber mögen Juden nämlich auch nicht. Schade. Nun fallen wir wieder ein Stück zurück und müssen teilweise wieder von vorn anfangen.

Was tun?

Den Menschen und seine Geschichte studieren! Womit wir wieder bei der Geschichte wären – und

dem Menschen. Lernen ist also doch nicht so un-
cool wie viele heute meinen. Wenn die Menschen
das zur Zeit Hitlers getan hätten, wäre er nicht passiert. Auch Mussolini wäre nicht passiert. Auch
Churchill und Stalin wären nicht passiert. Aber die
Menschen wollten nicht lernen. Sie wollten fressen
und Spaß haben – wie heute. Und das Fressen
kommt bekanntlich vor der Moral. Und das Spaßha-
ben kommt vor der Erkenntnis. Und die Krankheit
kommt vor dem Tod - psychisch wie physisch. Und
das Vergessen kommt vor dem Vergessen.

Allerdings bleibt zu untersuchen, ob Hitler nicht
doch wenigstens dazu gut war, den Glauben an einen Gott in allen großen Religionen bei intelligenten
Menschen beseitigt zu haben.

Hoffnung

Stirbt zuletzt – wissen alle. Wird aber auch als
Erstes geboren – und hält sich oft hartnäckig. Ein
reiner Elitesoldat, ein sich anpassendes Virus, ein
Steh-auf-Männchen in allen Lebenslagen. Etwas,
wovon wir lernen können. Etwas, was aber auch ein
falscher Freund sein kann.

Was beachten?

Benutze sie, aber lass dich nicht einlullen! Irgendwann ist auch ihre Energie aufgebraucht. Danach wird es nur noch lächerlich, zum Beispiel im
Bereich des Friedens, der Gleichberechtigung und
der Freiheit.

Information

Information dient leider auch nur allzu oft dazu, die Menschen zu blenden und zu desinformieren.

Was tun?

Misstraue den Menschen und den Medien! Informiere dich unablässig aus verschiedenen Quellen! Sei auf der Hut vor falschen Propheten! Erweitere dein Wissen bis ins Unendliche!

Integration

Der Eine will. Der Andere will nicht. Der Eine kann. Der Andere kann nicht.

Ob ich will, hängt in erster Linie von mir selbst ab; ob ich kann, hängt in erster Linie von den anderen ab.

Was gehört zur Integration? Religionslosigkeit, Toleranz, Friedfertigkeit, Beherrschung der Sprache des Gastlandes.

Was gehört nicht zur Integration? Hass, Intoleranz, Gewalttätigkeit.

Wollte Deutschland sich nach diesen Kriterien aller unliebsamen Elemente entledigen, bräuchte man ein neues Madagaskar. Und der eine oder andere würde sich wundern, dass auch er das Land verlassen muss.

Kinder

Sind sie erst einmal geboren, lässt sich vieles nicht mehr verhindern, vor allem, wenn man als Erzeuger nicht rechtzeitig die Kurve kriegt oder kriegen will. Es bleibt nichts als zuzuschauen, wie das eigene Produkt zum Phubbing-Zombie mutiert und bei der schriftlichen und mündlichen Äußerung in seiner Muttersprache nur noch Kauderwelsch zusammenbringt, als ob man ihm das Gehirn halbiert hätte oder es so geboren worden wäre.

Außerdem zahlt sich das viele Geld, das man in es investiert hat, niemals aus; es ist verbrannt und verschwendet. Und anstatt seine Nerven strapazieren zu lassen und seine Zeit mit der Aufzucht zu vergeuden, sollte man lieber sein kurzes Leben genießen und etwas Sinnvolles tun.

Wie vorbereitet sein?

Nehmen Sie eines der vielen Angebote zur Empfängnisverhütung oder zum Schwangerschaftsabbruch in Anspruch und fragen Sie Ihren Arzt oder Apotheker! Der Same muss ja nun irgendwie verschossen werden. Allerdings sollte man auf keine Eizelle zielen.

Besondere Vorsicht gilt hier gegenüber dem Kindertrieb, der meistens Frauen betrifft – in Ausnahmefällen auch Männer. Diejenigen Männer, die behaupten, dass sie auch gerne Kinder hätten, sagen das eigentlich nur, weil sie die gleiche Frau permanent im Bett vorfinden möchten, ohne bei Bedarf eine neue suchen zu müssen, und davon ausgehen, dass dieses Zugeständnis eine notwendige

Voraussetzung für jenen faden Kompromiss darstellt. Einige nennen das ‚Ehe‘.

Wir sprechen also über diese innere Notgemeinschaft, von der eine Frau immer mehr besessen sein kann, je älter sie wird und andere Lüste wie Studium und unkontrollierten Sex à la Cosmopolitan ausgelebt hat. Es ist einfach da. Und es ist so schön.

Was dagegen tun?

Nachdenken und ausharren! Immer mehr Frauen geben zu, dass sie die Geburt ihres Kindes oder ihrer Kinder gerne wieder rückgängig machen würden. Klingt komisch, ist aber so. Die Mutterschaft, das heilige, religiöse und nationalsozialistische Bild der Mutter mit Kind als Inbegriff des Lebens und Sinn des Lebens ist out.

Ein Kind bekommen ist nicht die Lösung für Versagen auf anderen Gebieten. Und schon gar nicht bedeutet es Erfüllung oder Glück. Die Realität sieht anders aus: Ängste, Bedrohungen, Krankheiten, Verlust, Hunger, Schmerzen, Hilflosigkeit, Autoritätseinbuße, verschwendete Zeit und verschwendetes Leben, Reue, Wichtigeres nicht nachholen können, auf Klavier und Kaviar verzichten müssen und so weiter.

Also informieren und besser lassen! Die Welt ist ohne Kinder so viel schöner.

Klima

Es bestimmt unser Gemüt und unsere Denkfähigkeit. Beträgt die Außentemperatur mehr als 24° Celsius, sinkt unser Konzentrationsvermögen rapide ab. Kann jeder nachvollziehen, der im Hochsommer bei 30° eine mittelschwere mathematische Aufgabe zu lösen oder zwei Seiten Kant zu verstehen sucht. Auf der anderen Seite schauen sich in Finnland viele Bewohner ständig nach dem Fährmann um, der sie ans gegenüberliegende Ufer bringen soll, weil sie nicht genug Licht erhalten und ihr Body-Lux-Index verrückt spielt oder einfach am Boden liegt.

Abhilfe naht,

wenn ich eine andere Klimazone wähle. Wenn ich nicht so viel nachdenken und mehr tanzen will, sollte ich nach Kuba oder Südspanien ziehen, um mich wohl zu fühlen. Möchte ich konzentrierter arbeiten und mich nicht ständig von Moskitos und sexuellen Wünschen ablenken lassen, wäre Norwegen oder besser noch Grönland die geeignete Lösung.

Wer sich also oft müde fühlt oder nicht so recht weiß, woran es liegt, dass man eigentlich immer nicht so ganz zufrieden ist, sollte dem Sonnengott Ra ein Opfer bringen und das Orakel in Delphi befragen. Diese werden sagen: Hau' 'n Keil rein und mach die Fliege! Und siehe: Es ward gut.

Auf der anderen Seite verändert sich das Klima in kleinen Schritten, seit die Erde besteht. Und auch in inserer Zeit ändert es sich ständig. Es hat sich sogar in der kurzen Zeit meines eigenen Lebens verändert. Es ist wärmer geworden; und es gibt weniger Schnee als in meiner Kindheit. Aber das ist kein Grund panisch zu werden und hilfeschreiend durch die Welt zu greteln.

Das Weltklima ist eine echte Notgemeinschaft, die wir nicht loswerden können. Und was macht man, wenn man etwas nicht loswerden kann? Richtig: Man richtet sich darauf ein und macht es sich so gemütlich wie möglich. Wird es wärmer, ziehe ich leichte Kleidung an. Wird es kälter, hole ich meinen Pullover (oder auch zwei) aus meinem Schrank. Der Mensch kann bewiesenermaßen überall leben – von der Antarktis bis zur Wüste. Ich muss halt die geeigneten Hilfsmittel haben. Und die haben wir.

Lasst es ein oder zehn Grad wärmer oder kälter werden! Wir werden uns daran anzupassen wissen, wie wir es schon ungezählte Male in der Menschheitsgeschichte gemacht haben. Wer Panik schürt, verfolgt andere Ziele: Selbst reich werden, Macht ausüben, Demokratie abschaffen, Verbote auferlegen, Märkte globalisieren und monopolisieren oder einfach nur Spaß an der Dummheit der Menschen haben.

Wir haben ja aus der Erdgeschichte gelernt. Oder etwa nicht? Wer schreit, hat Unrecht. Wer flexibel ist, hat nichts zu befürchten. Und wer eine Sonnenbrille hat, kann sie auch tragen. Wer keine hat, sollte sich eine kaufen.

Körper

Auch fast ohne Erklärung einzusehen, dass ich diesen Body nicht so leicht loswerde. Aber ich kann ihn manipulieren, weil ich die Macht über ihn habe. Einige vernachlässigen diesen Aspekt oder sind sich seiner gar nicht bewusst.

Ich habe ihn. Er hat mich. Was fange ich damit an? Ich sollte ihn herausfordern und trainieren; Respekt vor ihm haben, aber ihm nicht die Führung überlassen; auf ihn hören, aber nicht zu sehr; ihm zeigen, dass ich der Meister bin und nicht er. Ich kann ihn stark machen oder schwach lassen. Meine Entscheidung.

Irgendwann wird er mir allerdings mitteilen, dass ihm die Puste ausgeht – also nicht nur den Lungen, sondern ihm insgesamt. Er fängt an Metastasen zu bilden und anzukündigen, dass er keine Lust mehr hat. Das ist verständlich nach all der Plackerei. Dann sollte ich Verständnis aufbringen und ihn nicht zu irgendetwas zwingen.

Außerdem kann es vorkommen, dass mein Bewusstsein auch davon Abstand nimmt, den Körper zu unterhalten und zu bespaßen. Die gefühlt ewige Reinstopferei und Abkackerei wird zum Überdruss – immer nur fressen und scheißen wird langweilig. Der Wunsch nach Abwechslung oder Erlösung wächst. Das Herz schwächelt, Leber und Nieren streiken (wollen dabei aber gar nicht mehr Lohn) und der Wille gibt so langsam seinen Geist auf. Es ist an der Zeit zu sagen: Good-bye, Johnny!

Krankheit

Sie sind das Produkt von Angriffen aller Art durch Viren, psychische Überbelastung, Lebensüberdrüssigkeit des Körpers und Menschen.

Krankheiten kommen und gehen – auch ohne Medikamente. Manchmal lebt man weiter, einmal nicht mehr.

Wie reagieren?

Ruhe bewahren! Ärzte und Krankenhäuser meiden (machen nur noch kränker)! Abwarten und Tee trinken! Testament schreiben! Lieblingsmusik hören!

Krieg

Es kommt darauf an, wer du bist und was für ein Mensch du bist. Vielleicht wolltest du einen Krieg. Dann musst du auch hingehen und krepieren oder siegen. Wolltest du ihn nicht – hat man ihn dir aufgezwungen, dann fliehe oder töte die Verursacher! Krieg kann auch eine Reinigung bedeuten, aber nur, wenn auch die Schlechten dabei draufgehen. Und das ist meistens nicht der Fall. Sie retten sich immer wieder hinüber und tauchen an der Oberfläche auf wie Fettblasen, die man nicht einfach ertränken kann wie kleine Katzen.

Leben

Haben es deine Erzeuger nicht geschafft dich zu verhindern, hast du die Arschkarte gezogen und musst da jetzt durch, ob du willst oder nicht. Erst wenn dein Todeswille sich ausgebildet und die Oberhand gewonnen hat, kannst du vorzeitig aussteigen. Aber solange dir eine hohe Brücke oder ein heranrollender Zug nicht attraktiv genug erscheinen, hängst du an diesem Tropf und bist einer, den man durch kleine Mohrrüben vor der Nase immer wieder von Tag zu Tag locken kann, obwohl am Ende der Reise auch nichts Anderes steht als der Abpfiff – egal was du machst und wie du lebst.

Diese Scheu vor dem selbstbestimmten Lebensende nennen einige auch ‚Lebenstrieb‘. Es ist meistens so, dass das, was entsteht, auch weiterleben will – bis auf einige ganz schlaue Säuglinge wie der von Herrn Leibniz, die es vorziehen kurze Zeit nach der Geburt wieder ‚Gehabt euch wohl!‘ zu sagen. Diese Notgemeinschaft ist uns einfach eingepflanzt wie ein vorübergehendes Perpetuum mobile. Wir vollbringen aber auch manchmal wahre Wunder, wenn es uns an den Kragen zu gehen scheint. Wir bäumen uns auf, schaffen es doch irgendwie und wundern uns am nächsten Tag, dass wir es geschafft haben.

Eklig wird es nur, wenn wir bereits die sechzig, siebzig oder gar achtzig erreicht haben und immer noch nicht sterben wollen. Von diesen Kreaturen gibt es immer mehr. Manche werden sogar neunzig und wollen obendrein hundert werden – und tun das erschreckenderweise auch noch. Was ist denn mit eurem Glauben? Ihr Christen und Moslems sprecht von Paradies, traut euch aber, wenn es drauf ankommt, nicht so recht dahin. Zweifelt ihr etwa? Ist es doch nicht so? Vertraut ihr eurem Gott nicht?

Vielleicht sollten die Angehörigen oder Staatsbeauftragte oder Spezialdienste einfach etwas nachhelfen: Bei Unterschreitung einer gewissen Schwächegrenze die Wahl lassen zwischen dem letzten Softdrink oder der begleiteten Einlösung des Resturlaubs. Viele Verkehrs-, Wohnungs- und andere Demographieprobleme ließen sich dadurch lösen.

Und außerdem ist da noch der übertragene Lebenswille der Eltern. Zu schwache Kinder müssen sterben – wie anderswo auch. Aber der Überlebensgeist der westlichen Eltern eines sterbenskranken Kindes lässt das nicht zu. Lieber soll ein lebensfähiges Negerbaby sein starkes Herz spenden, damit mein schwaches Baby ein Neues bekommt und leben kann. „Fünfzigtausend müssten reichen, oder? Davon können Sie doch noch viele kleine Babys ernähren und sie sogar studieren lassen. Top – die Wette gilt."

Ein seltsames Ding ist unser Lebenstrieb – und allzeit gewollt sterben zu lassen.

Liebe und Liebende

Was soll das sein? Ein unordentliches Gefühl? Eine positive Eigenschaft? Eine moralische Instanz? Es ist nichts anderes als die Maske für verschiedene Absichten: Versorgung, Bestätigung, Befriedigung.

<u>Was tun?</u>
Stelle fest, dass es Liebe nicht gibt!

Wie nervig kann jemand sein, der meint mich zu lieben, den ich aber nicht liebe! Und diese Leute meinen auch noch, sie wären im Recht, weil es um die Liebe ginge. Das ist ja der Gipfel.

<u>Wie reagieren?</u>
Mache ihnen deutlich, dass du sie nicht liebst! Und wenn alles nicht hilft, schlage ihnen den Kehlkopf ein! Dann ist über allen Gipfeln Ruh'.

Lügen

Die Menschen sind voller Lüge. Sie neigen schnell zum Lügen, weil sie eine Schwäche oder Ungerechtigkeit verbergen wollen oder neidisch auf andere sind, und wenn sie die Wahrheit nicht ertragen oder die Realität zu ihren Gunsten verdrehen wollen.

Zeitungen und Geschichtsbücher sind voller Lügen, weil die Masse nicht die Wahrheit erfahren soll und so im Sinne der Machthaber und Großverdiener besser gelenkt werden kann.

<u>Was tun?</u>
Überprüfe die Informationen immer wieder! Stelle sie in Frage und finde die Wahrheit unter all dem Schutt des Falschen und Erfundenen!

Mitmenschen

Menschen umgeben dich – leider. Das bringt nun mal deine Art der Existenz mit sich (Familie, Arbeit, Wohnungslage). Und welche Menschen das sind, kannst du kaum beeinflussen. Du kannst immer wieder umziehen, wenn es dir zu viel wird. Aber es sind immer andere da. Sie verschwinden nicht. Die Art bleibt dir erhalten. Und solange du es dir nicht leisten kannst, auf einer abgelegenen Klippe zu wohnen, wo du niemanden siehst und dich niemand besucht, hast du sie an der Backe wie eingewachsene Haare – die Lärmer, Stinker und Störer aller Couleur, die Fetten und Faulen, die Frechen und Fähigkeitslosen, die Fremden und Faunavernichter.

Was tun?

Abhilfe kannst du nur schaffen, indem du entweder sie oder dich umbringst. Es sei denn, dir gelingt wirklich der Sprung in die Abgelegenheit oder völlige Ignoranz und Indifferenz. Oder du schaffst es durch Meditation, den Irrsinn der modernen Zeit zu verdrängen. In dem Falle bleibt vielleicht nur noch der bittere Beigeschmack des Gedankens, dass anderswo acht Milliarden andere die Welt in den Abgrund stürzen werden. Aber vielleicht lässt sich auch das wegmeditieren.

Mode

So viele Menschen gehen mit. Warum nur? Fehlen die eigenen Ideen? Fehlt das Selbstbewusstsein? Fehlt der Blick auf das Wesentliche? Vielleicht ist es einfach nur die Orientierung.

Jennifer weiß nicht, was sie tragen soll. Also geht sie ins Geschäft und zieht etwas an, was zum Kotzen aussieht. Aber es ist ‚in‘. „Super! Ich muss mich nicht entscheiden. Und Babs und Gina finden das bestimmt auch toll."

Heiko weiß nicht, was er denken soll. Also liest er die Süddeutsche oder Bild – je nach Denkfähigkeit – und sagt sich auch: „Super, dass ich nicht nachzudenken brauche. Da steht ja alles, was ich denken und sagen muss. Meine Kollegen werden mich lieben."

„Okay, die location war jetzt nicht der Bringer. Aber der Sound war okay. Und die Drinks waren – ich weiß nicht – irgendwie – chillig, aber irgendwie auch – ach, ich weiß auch nich. Aber die Aktion von Steven – doch ziemlich krass, oder? – ja, genau – meganervig. Nächstes Mal geh ich Beachclub. Da sollen auch voll die coolen Boys abhängen. Endgeil. Meine Schwester war schon mal da.", sagt Lena-Sophie und rückt ihre Sonnenbrille im bewölkten Dezember zurecht.

„Aber besser, als wenn sie Drogen nähmen.", denken ihre Eltern Judith und Stefan. Ja: Alles ist relativ; relativ dumm.

Was tun, wenn andere sich an die Mode halten?
Denke!

Mutter

Wer liebt schon seine Mutter?! Sie hat uns den Tod geschenkt und in der Kindheit zu viel verboten. Wir sind nicht auf der Welt, weil sie uns gewünscht hat (sie kannte uns ja gar nicht), sondern weil sie ihren Kindertrieb befriedigt hat – egal, was dabei herausgekommen wäre. Und oft genug setzt sie uns ja noch dazu den Widerwärtigkeiten von Geschwistern aus, die aus dem gleichen Grund auf der Welt sind.

Je älter sie wird, desto öfter setzt sie die moralische Keule ein, wenn wir uns von ihr entfernen möchten. „Ich bin doch deine Mutter.", lautet der empörte Vorwurf.

Wie reagieren?

Sich weiter entfernen und antworten: „Na und?" Die Mutter hat nach der Aufzucht die Kinder ihre eigenen Wege gehen zu lassen – und zwar ohne Kommentare und Kritteleien. Die Lebensweise und die Freundinnen sowie Schwiegertöchter gehen die Mutter nichts an. Sie sollte sich auf ihr eigenes Leben nach den Kindern und dem Tod ihres Mannes, dessen Vorzeitigkeit sie durch ihre Quängeleien und Ansprüche mit verursacht hat, konzentrieren und sich nicht aufdrängen und rechtzeitig sterben, bevor sie ihren Kindern zur Last fällt. Denn das scheint auch eine ihrer verdeckten Absichten zu sein: Sklaven gezeugt zu haben, die sie bis zu ihrem zu späten Ende betreuen. Doch das ist nicht der Plan der Natur. Jeder sollte sterben, wenn er nicht mehr selbstständig leben kann – auch Mütter.

Nahrung

Fressen, um zu leben. Arbeiten, um zu fressen. Lernen, um zu arbeiten. Verzichten, um zu lernen. Oder sich einfach auf die Straße setzen und die Hand aufhalten. Funktioniert auch. Aber fressen muss sein, wenn ich weiterleben will.

<u>Wenn ich das alles nicht will – nicht arbeiten, nicht betteln?</u>

Das Fressen beenden. Warum auch nicht? Irgendwann ist es eh so weit. Warum noch arbeiten? Warum noch betteln? Beides ist herabwürdigend. Ein Mal konsequent sein! Das wäre so schön.

Notarzt

Richtig blöd gelaufen, wenn es endlich so weit sein könnte, aber irgendein Lebensrettungsidiot sein Ego aufpolieren muss. Du dankst dem Herzinfarkt oder einem abgelenkten LKW-Fahrer, der dich gerade überrollt hat; und dann kommt so eine Lusche und holt dich wieder zurück. Grausam. Genauso grausam wie Manuela war, als sie ihrem an ALS sterbenden Vater die ultimativen Pillen, als sie sie in seinem Nachttisch entdeckt hatte, wegnahm und ihn damit fast dem sicheren qualvollen Tod ausgeliefert hätte. Zum Glück konnte er noch mit dem linken Arm die Sauerstoffzufuhr erreichen und sie unterbrechen. Aber was für Töchter kann man zeugen?! Abschaum.

Was tun?

Die nächste Möglichkeit nutzen – wie Raimund, Ernest oder Michi und so viele andere!

Eine andere Möglichkeit ist auch, seine Organe spenden zu wollen und diese Absicht in einem Ausweis zu dokumentieren. Denn in dem Fall kümmern sich die Ärzte eher um das einzelne Organ als um dein Leben. Es bringt mehr. Und es muss schnell gehandelt werden.

Notdurft

Ist Teil der Notgemeinschaft ‚Körper'. Aus den unteren Körperöffnungen dringen zuweil Essensreste und andere Produkte hervor, die der Körper abgeben muss. Der lebende und sich erhaltende Organismus zieht diese Konsequenzen nach sich. Ich zähle den Samenerguss dazu, was vielleicht einige Leser wundert. Aber wenn ich das Sperma nicht durch eine Frau oder selbst ejakuliere, macht der Körper es (meist nächtens) selbst, indem er uns vorher einen stimulierenden Traum vormacht. Also ist es eine Körperfunktion. Also gehört das Sperma zu den Flüssigkeiten, die aus dem Körper transportiert werden müssen. Hat man diese Realität erkannt, sinkt auch der Stellenwert der Sexualität, die heute ja so viele Menschen wie einen Gott verehren. Nochmal: Es gibt keine Götter. Und wenn Brüste und schlanke Füße (eben auch schon bei zwölfjährigen, geschlechtsreifen Mädchen) reizen, sollte man sich fragen, ob es das hübsche Gesicht oder eine andere Form des Weiblichen oder sein Charakter oder ein innerer Wert ist, der uns so sehr anzieht, oder einfach doch nur der sich aufbauende Druck der Prostata und Nebenhoden, die auf Entleerung drängen. Zwischen einer Frau und einer Reisevagina ist diesbezüglich kein Unterschied.

Und dann das Kacken und Pissen: Ich liebe es Wasser, Wein und Whiskey zu trinken. Ich genieße Salate, Suppen und Steaks. Doch danach kommt unweigerlich die Entleerung der unansehnlichen und stinkenden Produkte. Und ich bekomme einen Eindruck davon, wie es in mir aussieht und stinkt – ein Organismus voller Bakterien, organischer Abfallprodukte und ekliger Flüssigkeiten. Plotin sang ein Lied davon.

<u>Was tun?</u>

Die einzige Möglichkeit sich dieser abstoßenden Symbiose zu entledigen ist Oberflächlichkeit oder Freitod.

Partner

Ein leichtes Spiel, solange wir im privaten Bereich bleiben. Gefällt dir der Partner nicht mehr, verlasse ihn! Punktum. Befinden wir uns im beruflichen Bereich, muss ich sehr vorsichtig sein, weil ich mich auf wackligem Boden bewege. Ein Partner ist eben nichts Anderes als jemand, der mir nützen soll – sowohl im Geschäftlichen wie im Privaten. Sonst bräuchte ich ja keinen Partner.

Was tun?

Immer auf der Hut sein! Ein Partner kann sich sehr schnell in einen Feind verwandeln – beruflich und privat. Beobachte den Partner! Kontrolliere ihn! Stelle ihm Fangfragen! Bleibe skeptisch! Und schrecke nicht davor zurück ihn auszuschalten, wenn er das Gleiche mit dir vorhat!

Pflege

Bewahre dich davor, körperlich und geistig abhängig zu werden! Denn in jenen Fällen bist du massiv fremden Personen ausgeliefert. Hast du den Zeitpunkt verpasst, eigenständig handeln zu können, geht es nur noch darum, aus deinem dahinvegetierenden Körper und siechenden Geist Kapital zu schlagen. Arbeitsplätze werden geschaffen, falsche Rechnungen gestellt, klinische Experimente mit dir gemacht, und dein Körper ist nur noch etwas wert, solange dein Herz schlägt.

Wie vorbeugen?

Erkenne die Zeit, zu der du dein Leben beenden musst! Es ist einfach. Beobachte dich selbst und bereite dich darauf vor! Wisse, dass du sterblich bist! Hänge nicht an einem Leben, dass kein Leben mehr ist! Glaube nicht, dass du der Mensch sein wirst, der du einst einmal warst! Wähle den Zeitpunkt deines Todes, bevor es andere machen! Wisse zu leben! Und wenn du zu leben gewusst hast, weißt du auch zu sterben.

Politiker

Traurig, aber wahr: Wir können die Wahl von Unfähigen in der Regierung nicht beeinflussen und müssen sie so hinnehmen, wie sie sind. Dabei bleibt uns nichts Anderes übrig als zu hoffen, dass diese wirtschaftsabhängige Durchwurschtelei irgendwie weiter aufgehen wird und sie nichts Größeres kaputt machen.

Wie geht es weiter?

Lass sie weiter in ihrem Sandkasten spielen und sich um die Spielzeuge streiten! Siehe du nur zu, dass keiner von ihnen größenwahnsinnig wird! Trage dein Scherflein zur deiner eigenen stabilen Wirtschaft bei und kümmere dich um dein Glück! Denn das ist die wichtigere Aufgabe.

Prüfungen

Sie dienen der Wissensabfrage und Dezimierung der Studentenzahlen. Nicht jeder kann studieren. Warum sollte auch jeder studieren? In den oberen Rängen ist nicht so viel Platz, als dass dort jeder unterkommen könnte. Jedes Land braucht auch Handwerker, Landschaftsgärtner, Taxifahrer, Müllleute, Kanalisationsarbeiter und viele andere äußerst wichtige Berufe. Was soll auch eine Frau an der Uni, wenn sie sich vorzeitig schwängern lässt oder nach abgeschlossenem Studium Kinder aufziehen will. Wann hat je eine Frau für die Empfängnis und Aufzucht des Nachwuchses studieren müssen? Dann doch lieber zweitausend weitere lernwillige Chinesen und Zoroastrier aus dem Iran pro

Semester und Uni studieren lassen und die Plätze sinnvoll nutzen anstatt sie zu blockieren!

Was mache ich, wenn ich Angst vor Prüfungen habe?

Erkenne deine Angst und erkenne dich selbst? Erkenne, dass du nicht zum Studium geeignet bist und mache dich auf die Suche nach dem richtigen Job / der richtigen Aufgabe für dich! Vielleicht bist du eine perfekte Mutter oder der ideale Pflanzenliebhaber. Schlechte Ärzte und Banker gibt es schon zu viele. Werde etwas Gutes!

Psychos und Psychas

Es gibt mehr davon als du denkst. Und vielleicht bist du selbst auch einer. Es ist nicht so schwer in dieser Welt den gesunden Menschenverstand zu verlieren – bei all dem, was viele als normal ansehen: Lebensunfähige werden am Leben gehalten; Mörder und Vergewaltiger bekommen Extrafürsorge und eine zweite, dritte und vierte Chance (im Gegensatz zu ihren traumatisierten und getöteten Opfern); Arbeitsunwillige und Schmarotzer bekommen umsonst eine Wohnung und Überlebensmittel gestellt. Rotznasige Kinder können ihre Eltern auf Unterhalt verklagen und werden bei schweren Straftaten überhaupt nicht bestraft. Wenn man da nicht verrückt wird, muss man entweder selbst schon ein bisschen gaga sein oder der gesellschaftlichen und juristischen Tollwut völlig gleichgültig gegenüberstehen.

Aber was machen, wenn man einem solchen Psycho / einer solchen Psycha selbst begegnet?

Ruhe bewahren und überlegen, wie man ihn oder sie loswird! Wenn es sich um einen akuten Angriff eines Terroristen oder eines anderen Gewalttäters handelt, solltest du versuchen ihn so schnell wie möglich zu töten. Auch darauf kannst du dich vorbereiten. In Notwehrsituationen steigt erstens dein Adrenalinspiegel auf Tötungsniveau; und zweitens wirst du deswegen vor jedem Gericht freigesprochen. Also töte ihn, indem du seine eigene Waffe benutzt oder ihm den Kehlkopf zertrümmerst, das Genick brichst oder einen Finger in eine seiner Augenhöhlen bohrst! Wenn er nur ein T-Shirt trägt, kannst du ihn auch durch einen kräftigen und gezielten Schlag auf den Solarplexus ausschalten. Übe es und sei vorbereitet!

Eine andere Situation bietet sich, wenn jemand einfach nur permanent nervt: Die Freundin macht nur Vorwürfe; der Chef ist andauernd unzufrieden; der Nachbar ignoriert deine Bitten, doch leiser zu sein. Da bleibt natürlich auch die Möglichkeit des schnellen Tötens. Allerdings musst du in dem Fall darauf verzichten auf Notwehr zu plädieren. Das klingt nämlich nicht mehr so plausibel. Besser ist es, du verlässt die Person, suchst einen neuen Job, eine neue Wohnung, eine neue Freundin. Oder du bittest Polizei und Gericht um Hilfe. Oder du machst deinen Standpunkt klar, indem du gegen sie kämpfst – und gewinnst. Das wäre der Fall, wenn sie ihr Verhalten ändern. Das kostet nur sehr viel mehr Kraft, Nerven und Zeit. Und warum solltest du das in einen Menschen investieren, der sich wahrscheinlich nicht mehr ändern lässt? Es ist weiser jemanden zu verlassen als ihn ändern zu wollen. Daher der Begriff ‚vergebliche Liebesmüh'.

Rache

Wie auch anderen Gefühlen oder Impulsen sind wir diesem ausgesetzt. Es ist eine Äußerung unseres Gerechtigkeitsempfindens. Natürlich führt dauernde gegenseitige Rache nicht zum Ziel; und vor allem müsste der Staat auf zu viele Steuern verzichten, wenn sich alle gegenseitig umbrächten.

Wie damit umgehen?

Wenn du töten willst, weil jemand getötet hat, mache es schnell! Überlege vorher aber auch, ob jemand nicht vielleicht doch besser im Gefängnis aufgehoben ist: Zum Beispiel ein Kinderficker, der im Gefängnis dasjenige hundert Mal zu erleiden hat, was er einem Kind angetan hat. In dieser Beziehung sind Gefängnisse gar nicht die schlechteste Lösung, weil man sich auf die Insassen verlassen kann, die ihr gesundes Gerechtigkeitsempfinden bewahrt haben. Wenn dich das nicht befriedigt, sinne nach einer gerechten Strafe! Aber vergreife dich nicht an Ersatzopfern (Angehörigen oder Tieren des Täters / der Täterin)! Denn so fällst du auf ihre Stufe hinab. Nur er oder sie darf das Opfer sein. Und nur dein darf die Rache sein. Überlege, ob du dich danach besser fühlst! Oft ist es so.

Rechtssystem

Sollte etwas sein, was uns nützt und schützt und Gerechtigkeit übt. Leider sind wir da zu weit fortgeschritten. Man hat so viele Gesetze erlassen, dass Juristen das eine mit dem anderen wieder ausheben können und wir zusehen müssen, wie all die Schädiger davonkommen und sich ins Fäustchen lachen, mit dem sie zuvor noch unsere Tochter geschlagen oder unseren Vater getötet haben.

Was tun?

Wenn einem Kuscheljustiz und sorgloses Gefängnisleben als Strafe nicht ausreichen, plane man sorgfältig und handle im Verborgenen. Es gibt immer einen Weg, den Täter oder die Täterin zur Strecke zur bringen. Bedenke nur die Konsequenzen! Oder plane so gut, dass es keine Konsequenzen geben wird! Denn obwohl die Mehrheit der Deutschen (und der anderen) und sogar die Mehrheit der (deutschen) Juristen für die Wiedereinführung der Todesstrafe sind, wirst du darauf wahrscheinlich zu lange warten müssen.

Regenschirm

Die einfachste der Notgemeinschaften. Es regnet, und du oder deine Begleitung hat einen Regenschirm dabei. Die natürliche Reaktion ist, dass einer den Regenschirm aufspannt und beide sich darunter begeben, um nicht nass zu werden. Meistens grinsen beide dabei auch aus noch unerfindlichen Gründen. Manche denken dabei auch an etwas Gemeinsames oder Zusammenbringendes.

Was tun?

Wenn du nicht nass werden willst, bleibe unter dem Regenschirm! Wenn du dich allerdings nicht zwingen lassen willst, gehe deiner eigenen Wege und werde nass oder lasse sie im Regen stehen! Besser allein und dadurch frei bleiben als sich aufgrund einer niederen Begehrlichkeit zu Nähe und Unwohlsein zwingen lassen.

Religion / Götter

Sie haben deine geistige Unterentwicklung als Kind ausgenutzt und dir Lügen als Wahrheit erklärt. Sie: Das sind Eltern, Priester und Politiker. Sie alle wollen aber nur deine Unterwürfigkeit. Sie wollen, dass du ihnen dienst und nicht selbstständig denkst und wirst. Sie wissen, dass dein Denken bald zu mächtig werden und ihren Absichten schaden könnte. Deshalb müssen sie dich so früh wie möglich manipulieren und dir ein geistiges Gift spritzen, das dich lähmt und gefügig macht.

Wie reagieren?

Nachdenken, lesen, sich informieren, die Lügen entlarven, die so genannten Gläubigen beobachten und überführen! Wenn dein Geist ausgeprägt ist, wird es dir sehr leicht fallen, das Falsche vom Richtigen zu unterscheiden. Ein paar Menschen haben die Götter erfunden, um über die anderen Menschen zu herrschen und sich auf deren Kosten zu bereichern. Nichts Anderes steckt dahinter. Paradiese außerhalb dieser Erde gibt es nicht. Es gibt nur deine Dummheit oder deine Intelligenz. Entscheide dich!

Rhetorik

Der Mensch ist das einzige Tier, das lügt – und das nicht zu knapp. Die Experten streiten darüber, ob er es zwanzig Mal oder zweihundert Mal pro Tag macht. Fest steht allerdings, dass jeder lügt – aus welchem Grund auch immer. Zu der reinen oder glatten Lüge gesellen sich noch die Verdrehung der Tatsachen und verschiedene, nur Eingeweihten zugängliche Codes. Wenn zum Beispiel eine bestimmte Person sagt: „Herr N. genießt mein vollstes Vertrauen.", so bedeutet das (abgesehen davon, dass es von ‚voll' keinen Superlativ gibt), dass Herr N. überhaupt kein Vertrauen mehr genießt und bald seinen Job verlieren wird.

Ein anderes weites Feld ist die Veränderung von Wortinhalten, Definitionen und Sachverhalten. So sprechen einige von Solidarität, meinen aber Unterwürfigkeit und Gehorsam. Sie sprechen von Sicherheit, meinen aber Kontrolle der Bevölkerung, also jedes Einzelnen. Sie sprechen davon eine bessere Zukunft zu gestalten, wollen aber nur die Gegenwart zerstören. Sie wollen das Klima schützen und retten (was per se gar nicht möglich ist) und meinen Abschaffung der persönlichen Freiheit. Sie sprechen von Gemeinsamkeit aller Einwohner, aber denken an eine Diktatur von Wenigen. Mit dem „wir" meinen sie immer nur sich selbst und ihre Spießgesellen.

Was tun und wie verstehen?

Man kann die Bedeutung dieser Codes und Verdrehungen erlernen, indem man zuhört und beobachtet. Schnell ergibt es sich, dass Gesprochenes und Getanes nicht übereinstimmen. Vergleiche das, was ein Mensch sagt, mit dem, was er macht! Und vergleiche das, was ein Mensch behauptet, mit dem, was du gelernt hast! Dann kannst du gleich von Anfang an zählen, wie oft ein Mensch lügt.

Routine

Überlege, ob eine Routinetätigkeit notwendig ist oder vernachlässigt bzw. abgeändert werden kann, so dass es keine Routine mehr darstellt! Besonders wenn etwas nervt, sollte man darüber nachdenken, ob es überflüssig ist, und sich von dieser Notgemeinschaft befreien.

Den Abwasch erledige ich unregelmäßig – erst, wenn die Spüle überfüllt ist und ich einen sauberen Teller brauche. Außerdem nutze ich die Zeit des Spülens zum Entspannen und Nachdenken. Es ist also eine Notgemeinschaft, der man Positives abgewinnen kann.

Anders dagegen das Rasieren und Zähneputzen. Das muss ich erledigen, auch wenn ich keine Lust habe. Wenn ich es an einem Tag nicht mache, fühle ich mich kurze Zeit darauf unwohl. Also gehören sie zu den positiven Notgemeinschaften, denn sie nützen mir.

Eine negative Routine wie der wöchentliche Anruf bei der Mutter oder der regelmäßige Besuch eines Stammtischs sollte ich ablegen, wenn ich bemerke, dass die Inhalte verschwunden sind und die Zeit verschwendet ist.

Störenfriede

Es gibt immer irgendwelche Idioten, die unsere Ruhe zersägen oder unser Nachdenken zerquatschen, unsere Nerven zertrampeln oder unsere Entspannung zertreten. Irgendwo taucht immer wieder mal oder regelmäßig eine Flachbirne mit schrillen Motorengeräuschen oder ein hochstimmiges Kleinkind auf, das neben seinem Geschrei auch mit polternden Rollern im Treppenhaus nervt.

Erste Aktionen:

Übe dich in Geduld! Sage dir, dass es nicht lange anhält: weder die Dauer der Störung noch das Alter des Kindes! Lenke dich ab und überlagere die Störung durch Musik, Meditation oder einen Ausflug!

Zweite Aktionen:

Plane klug und schlage unvermutet zu! Deponiere des nachts explosives Material an die Motorroller (am besten im Auspuff)! Breche dem Kind das Genick, aber lass es wie einen Unfall aussehen! Und wenn du vorhaben solltest, deinem Leben ein Ende zu setzen, vergiss nicht ein paar Idioten von dieser Welt mitzunehmen. Denn mit Strafverfolgung musst du ja nicht mehr rechnen. Und du wirst der Menschheit einen großen Dienst erweisen. Dir sei unser aller Dank! Gelobet seist du bis in alle Ewigkeit! Amen.

Technologie

Technologien fressen unsere Gesundheit – langsam, leise, lebensverkürzend, wenn ich sie unkontrolliert benutze. Ein Motorfahrzeug lässt den Körper unsportlich werden und Feinstaub einatmen. Handy und Computer weichen das Gehirn auf und lähmen das Denken. Massenschlachtungen führen zu Überbevölkerung und Organvergiftung.

Wie sich schützen?

Versuche möglichst wenige Technologien zu benutzen! Vor allem denk bei Bewegung daran, dass dein Körper Beine hat! Bedenke, dass dein Mund auch schweigen kann und nicht immer nur reden muss! Friss nicht so viel Fett- und Faulmachendes in dich hinein! Nimm ein gutes Buch in die Hand und setze dich an einen gemütlichen Platz! Trinke Tee und vergiss die Menschheit!

Tod

Meine Lieblingsnotgemeinschaft. Er ist immer präsent, auch wenn wir es nicht wahrhaben wollen oder ihn zu meiden versuchen, die Augen verschließen und uns Ersatzparadiese erträumen. Er wohnt seit der Geburt in unserem Körper und umgibt uns von außen, wo wir gehen und stehen; und in den Nächten, wenn wir schlafen, breitet er sich gemütlich in uns aus und übt schon einmal den Ernstfall. Er ist ein erfahrener Begleiter und gibt uns wertvolle Ratschläge. Wenn er nicht wäre, würden wir nicht leben. Zumindest würden die Intelligenten nicht so leben, wie sie leben wollen. Die anderen meinen nur zu leben und erkennen nicht seinen Wert als Freund. Meine Bitte an den Tod:

„Gehe nicht vorüber, sondern nimm meine Hand!
Führe mich weg von hier, wo ich alles erkannt!"

Wie Freunde werden?
Höre ihm zu und erwäge seine Argumente! Schaue dich um und erkenne, wo du dich befindest! Hast du die Weisheit erlangt, gibt es nichts, wovor dir bangt. Du wirst dich eher noch angezogen fühlen und beginnen mit seinen Gedanken zu spielen.

Erkundige dich nach Sterbebegleitung und Freitodmethoden! Es gibt so vieles, was dir helfen kann. Höre nicht auf die Schmarotzer von Religionen oder Arbeitgebern oder selbstsüchtigen Mitmenschen! Dein Leiden dient ihnen nur als Gelderwerb oder Ersatzbefriedigung. Nimm Abschied und trenne dich beizeiten in Frieden - selbstbestimmt!

Tradition
Nichts ist überflüssiger als sinnentleerte Traditionen. Ältere Leute zu achten ist nur gut, wenn sie sich die Achtung verdient haben; Nazi-Mitläufer, Antisemiten, Ausländerhasser oder Pädophile haben keinen Respekt verdient – auch nicht, wenn sie alt und vermeintlich bemitleidenswert geworden sind.

Ins Gebethaus gehen und zu etwas beten, was es nicht gibt, ist verschwendete Lebenszeit. Vorurteile tradieren zeugt von geistiger Faul- oder

Schwachheit; Fäulnisgestank steigt in ihrer Nähe auf.

„Kinder sind unsere Zukunft"; in jener Zukunft der Ungebildeten und Untätigen möchte ich aber nicht leben. Also gesünder leben – ohne Kinder eben!

Im althergebrachten Schulsystem weiterhin Kinder und Jugendliche opfern und zu Kanonenfutter machen spiegelt den Sadismus der sie betreuenden Gesellschaft wider. Wie wäre es damit, aus den Erkenntnissen auch endlich einmal zu lernen und die Konsequenzen zu ziehen?

Vater

Man kann von Glück oder Pech reden; es kommt auf den Vater an. Viele haben einen abwesenden Vater, der sich entweder davongemacht hat oder zu viel arbeitet – aus welchen Gründen auch immer. Es gibt den fürsorgenden Erzeuger, der sich auch kümmert – mehr oder weniger, was gut sein kann, aber nicht immer gut sein muss. Wer Pech hat (wie Bettina) wohnt mit einem notgeilen Hengst zusammen, der nicht einmal vor der eigenen Tochter haltmacht; oder einem notorischen und cholerischen Prügler, der sein Kind eher als Fußabtreter oder Boxsack benutzt denn als Bonsaipflanze oder Orchidee.

Ich war meinem Vater immer dankbar. Schon zu seinen Lebzeiten habe ich viel erkannt. Doch nach seinem Tod und mit zunehmendem Alter erkenne ich immer mehr und noch weitere Aspekte seiner schützenden Hand und allgegenwärtigen Fürsorge, je nach dem, was mein unreifes Stadium und meine unüberlegten Handlungen in jenem Moment erforderten. Auch er arbeitete zu viel. Aber er war immer da, wenn wir ihn brauchten. Es tut mir nur leid, dass er sich dazu hinreißen ließ, fünf Kinder zu zeugen und ihnen allen ein Studium oder alternativ zwei Ausbildungen zu finanzieren. Hätte er sich (eben ohne auf meine Mutter zu hören) auf drei Kinder beschränkt, hätte er einen Lebensabend gehabt – hätte, ohne bis zum letzten Tag arbeiten zu müssen, seine letzten Jahre genießen können. Denn er hatte seine anderen Interessen, die meine Mutter nicht zugelassen hat. Dafür liebe ich ihn; und dafür hasse ich sie. Wahrscheinlich hat er mir dadurch sogar noch im Sterben diesen letzten Rat gegeben: Kümmere dich! Aber mach es besser als ich! Kümmere dich auch um dich selbst!

Vergessen

Wie wohltuend! Wie ärgerlich! Wie peinlich! Wie gleichgültig!

Wir wissen alle, dass ein Mensch vergessen muss, wenn er gesund weiterleben will. Und wir wissen, dass er einiges nicht vergessen darf, wenn er erfolgreich weiterleben will. Das Blöde ist halt zu entscheiden, was wichtig ist und was nicht. Und wir wissen, dass wir einiges vergessen möchten, aber nicht können. Und wir wissen, dass wir einiges vergessen, aber nicht vergessen wollen.

Was nun tun?

Was wir nicht vergessen wollen, einfach im Kopf wiederholen (alte Lehrerweisheit)! Fotos helfen da nichts.

Was wir vergessen wollen, durch Arbeit und Lernen verdrängen und mit Unwichtigkeit kennzeichnen!

Was wir nicht vergessen können, als positives Agens nutzen und in Energie und Fortschritt umwandeln!

Was wir vergessen können, getrost vergessen! Das ist eine unserer einfachsten Übungen.

Verpflichtungen

Tja, das ist immer die Frage: Muss ich, oder muss ich nicht?

Auf jeden Fall sollte ich selbst entscheiden und mir nicht vorschreiben lassen, was ich tun muss und was nicht.

Muss ich meine Eltern ehren? Es kommt darauf an, wie die Eltern sind.

Muss ich die Frau meines Nachbarn meiden, wenn sie mir gefällt? Es kommt darauf an, was die Frau denkt. Den Magnetismus kann ich schließlich auch nicht außer Kraft setzen.

Muss ich den Mörder meiner Tochter ins Gefängnis bringen? Nein. Ich kann ihn auch töten.

Muss ich für somalische Kinder spenden? Nein. Für ihre Geburt bin ich schließlich nicht verantwortlich.

Muss ich Steuern zahlen? Ja, wenn ich öffentliche Annehmlichkeiten nutze. Die Frage ist nur, wie viel angemessen ist.

Muss ich Unfallopfern oder Schwachen helfen? Nein, wenn sie sich selbst in diese Lage gebracht haben oder generell nicht (mehr) lebensfähig sind.

Muss ich arbeiten? Ja, wenn ich ein Recht auf Leben erwerben will – und zwar jeden Tag aufs Neue.

Muss ich Flüchtlingen helfen? Nein, wenn sie sich nicht in meine Gesellschaft integrieren wollen, sprich abschwören und sich anstrengen.

Muss ich lieben und Freunde haben? Nein, wenn sich keine geeignete Person findet, die diesem Anspruch genügt.

Muss ich tolerant sein? Ja, wenn ich toleriert werden will – sonst nicht. Aber Toleranz hat Grenzen. Wo verlaufen die Grenzen? Sie verlaufen an den Grenzen meines Willens. Wenn ein Schwarzer für mich unangenehm riecht, muss ich ihn nicht tolerieren. Wenn eine Frau durch ihr ununterbrochenes Geschwätz auf die Nerven geht, muss ich sie nicht tolerieren. Wenn ein Kind nichts anderes als eine freche Sau ist, muss ich es nicht tolerieren. Wenn ein Mann mir besoffen vor die Füße kotzt, muss ich ihn nicht tolerieren. Wenn Muslime sich einschleichen und einen Juden verprügeln, muss ich sie nicht tolerieren. Und wenn sich ein Afghane als Flüchtling ausgibt, sich aber als Sohn eines Warlords verrät, muss ich ihn nicht tolerieren. Auch Toleranz muss geschützt werden und bedarf harter Bandagen. Wer Toleranz missbraucht, verdient strengste Intoleranz.

Verwandtschaft

Kann man sich auch nicht aussuchen. Warum soll ich mich jemandem verbunden fühlen, der mir sehr fern ist? Die verwandtschaftlichen Gene bringen regelmäßig Monster, Missgünstige und Mumien sowie einfach nur Uninteressante hervor. Soll denn das Blut als Argument herhalten sich verbrüdern zu müssen? Das war vor zwanzigtausend Jahren vielleicht überlebenswichtig und gilt heute noch in zurückgebliebenen Staaten mit mittelalterlichen Religions- und Gesellschaftsstrukturen. Doch warum soll ich danach handeln, der ich von Blutsgleichheit und Familienehre nichts mehr halte? Nur weil die Kinder meiner Großeltern alle nicht an sich halten konnten und sich unbedingt reproduzieren mussten, kann ich doch nicht so tun, als hätten meine Cousine und ich irgendetwas anderes gemeinsam, als dass wir uns Menschen nennen und die gleiche Muttersprache gelernt haben. Da könnte ich auch gleich alle Deutschen zu meinen Brüdern machen. Und ohne Schiller zu nahe treten zu wollen, muss ich eingestehen: Das möchte ich nicht. Ich möchte nicht der Bruder eines fetten und meinungsschwindsüchtigen Politikers sein. Ich möchte nicht der Bruder eines rollerfahrenden Homosexuellen sein. Ich möchte nicht der Bruder einer schlechten Sopranistin sein. Und ich möchte auch nicht der Bruder dummschwatzender Studenten und Studentinnen sein.

Verwandtschaft ist einen Dreck wert. Wahlverwandtschaft bindet. Blutsbrüderschaft schmiedet zusammen. Seelenverwandtschaft adhäriert. Aber wenn mein biologischer Bruder geil auf meine

Freundin ist und nicht länger Frieden gibt, bis er sie gefickt hat (mit oder ohne Gewalt) oder mein Onkel geil auf meine Tochter ist und in gleicher Weise handelt oder meine Mutter oder Großmutter so lange über meine südamerikanische Ehefrau lästern und herziehen, bis sie Erfolg haben, entscheide ich mich doch lieber gegen meine Familie, bevor sie mir das Leben schwermacht. Das gilt übrigens auch für alles andere, wobei mir die Familie das Leben schwermachen könnte. Trenne dich von ihr, bevor sie dich vom Leben trennt!

Viren

Sie kommen und gehen und kommen und gehen und kommen und gehen, schon seit der Zeit, bevor ich denken konnte. Und sie haben mir nichts getan und tun mir auch weiterhin nichts. Sie wollen auch nur leben und vielleicht nur spielen.

Natürlich gibt es gefährliche und lebensbedrohliche und auch tödliche Viren. Aber ein Grippevirus zum Beispiel tötet nur diejenigen, die sowieso an der Reihe sind und sterben müssen.

Viren leben mit uns, und wir leben mit Viren; und das nicht schlecht. Denn Viren triggern und trainieren unser Immunsystem und halten es fit. Viren abschaffen wollen ist wie den Regen abschaffen wollen. Er macht uns nass, sorgt aber auch für unsere Ernährung und damit für unseren Lebenserhalt. Der permanente oder periodische Kontakt mit den gängigen Viren erhält uns am Leben, weil unser Körper und Geist ständig auf diese „Angriffe" vorbereitet ist.

Nun werden Lügenkonstrukte gesponnen, die etwas Anderes behaupten. Aber dazu lese man den Abschnitt über die Lügen und die Rhetorik!

Was tun?

Sich umfassend informieren! Alle Wissensquellen anzapfen! Selbst denken, alles beobachten und abwägen! Keine Angst einreden lassen, die jeder Grundlage entbehrt! Das wäre ja, als würde ich schreiend auf einen Stuhl springen, nur weil eine Maus durchs Zimmer läuft – oder als würde ich einen Mund-Nasen-Schutz aufsetzen, nur weil es im Treppenhaus nach Zwiebeln riecht.

Wenn bestimmte Leute (Politiker, Medien, Korrupte, Psychopathen, Soziopathen, Gelangweilte und Selbstverliebte) wieder einmal Panik und Hysterie verbreiten, so lese man die Abschnitte über Angst und Klima in diesem Buch!

Wer Panik schürt, verfolgt andere Ziele: Selbst reich werden, Macht ausüben, Demokratie abschaffen, Verbote auferlegen, Märkte globalisieren und monopolisieren oder einfach nur Spaß an der Dummheit und Versklavung der Menschen haben.

Voraussetzungen

Vieles, fast alles hängt davon ab, wie wir starten. Das meiste wird in den ersten drei Monaten unseres Lebens entschieden. Und was wir nach drei Jahren nicht mitbekommen haben, lässt sich kaum noch aufholen. Fordert die Umwelt meine Geistestätigkeit, oder macht sie es nicht? Lerne ich Deutsch als

Muttersprache und wachse ich in Deutschland oder der Schweiz auf, oder muss ich mich mit einer afrikanischen oder indischen Subsprache zufriedengeben und kauere irgendwo im Sand? Die Zeichen sind gesetzt, die Weichen gestellt, die Voraussetzungen geschaffen. Wer an individuelle Revolutionen glaubt, kommt dem Zaunkönig gleich, der sich für einen Adler hält.

Vorurteile / Verallgemeinerungen

Ein weites Feld: Alle Menschen sind gleich. Frauen können nicht einparken. Männer lieben Fußball. Kinder stören. Ausländer schmarotzen. Soldaten töten. Priester lieben kleine Jungen. Schwarze haben große Schwänze und riechen seltsam. Alte Leute sind weise. Züge in Deutschland sind immer pünktlich. Rothaarige Frauen stöhnen besonders laut beim Koitus. Eichhörnchen sind süß und alle Raben sind schwarz usw. usf. etc.

Der Grund dafür ist, dass Menschen sich, gerade wenn sie eine Sache oder Person nicht kennen, sich möglichst schnell orientieren wollen und dabei auch eine Lüge in Kauf nehmen – nur um irgendetwas irgendwie einzuordnen – und Fremdes eben zuerst als Bedrohliches. Kennen wir ja bei allen vorschnellen Urteilen und Entscheidungen. Kennen wir aus der Natur. Besser negativ einordnen als gar nicht.

Dass diese Einschätzungen manchmal stimmen, oft aber auch nicht, interessiert kaum jemanden. US-Amerikaner sind dumm, ja – das stimmt. Aber die fünf, die ich intensiv kennen gelernt habe, sind es nicht: Ein Historiker, eine Soziologin, ein Musiker, ein Bauer und eine Schauspielerin.

Alle Russen trinken (sehr viel) Wodka. Ich habe zweiunddreißig Studenten und Studentinnen aus Russland (Sankt Petersburg, Moskau, Perm, Kasan und Wladiwostok) kennen gelernt. Keiner von ihnen trinkt Wodka.

Deutsche sind Nazis. Türken ficken Ziegen. Franzosen fressen Frösche. Und Engländer sind arrogant. Aber auf alle die, die ich kenne, trifft das nicht zu.

Was heißt das?

Genau das heißt das. Sich kennen lernen! Sich verstehen lernen! Sich akzeptieren lernen! Also in erster Linie wohl: Lernen.

Später können wir immer noch aussondern und töten. Aber lasst uns erst einmal hinhören und zuhören und verstehen! Das ist bisher im Großen und Ganzen noch nicht gelungen.

Weltgemeinschaft

Was soll das sein? Die Masse aller Menschen, die leben? Lächerlich. Ich gehöre nicht zu all den mir unbekannten Individuen, deren Schicksal mir überall vorbeigeht. Und das meiste, was sie tun, heiße ich auch nicht gut. Trotzdem sind sie da. Also eine Notgemeinschaft, die man nicht loswird.

Da es zu viele sind, ergeben sich verschiedene Probleme: Es gibt nicht genug zu fressen, es gibt zu wenig Jobs, und es gibt nicht ausreichend Wasser

– zumindest in den benachteiligten Regionen dieses Planeten; und dafür gibt es in diesen Regionen eben zu viele Menschen.

Was tun?

Die Geburtenzahlen drosseln und die medizinische Versorgung reduzieren. Wozu einen Säugling aufpäppeln, wenn der später eh nichts zu arbeiten hat und auf die dumme Idee kommt, bildungslos und bildungsresistent nach Europa rüberzumachen. Spätestens dann muss man ihn beseitigen. Also wozu der ganze vorherige Aufwand? Die Gutmenschen sollten sich einen sinnvolleren Tummelplatz suchen, zum Beispiel die Rettung der Weltmeere oder den Schutz der sibirischen Tiger. Der Mensch ist bereits eine Plage; den muss man nicht schützen. Aber man muss fast alles andere vor dem Menschen schützen.

Wozu soll ich Leuten helfen, die nicht wissen wollen, was Arbeit bedeutet? Dazu brauchen wir übrigens nicht erst nach Somalia zu fahren. Wir könnten in Deutschland damit anfangen – mit dem Drosseln und Reduzieren, meine ich.

Wirtschaft

Immer mehr Menschen provozieren eine steigende Produktion von Lebensmitteln und Gebrauchsgütern. Wir machen so lange weiter, bis alles kollabiert, da wir der regulierenden Kriege und Seuchen entbehren, die vorher zumindest zeitweise für eine Atempause für die Umwelt gesorgt haben.

Was tun?

Auch hier sollte man drosseln und reduzieren. Die Lüge vom ewigen Wachstum und ein periodisches Wachstum erdrosseln den gesunden Lebensraum. Ratten und Sklaven können auf engstem Raum überleben; aber ein Mensch braucht Freiraum und frische Luft. Auch daran können wir ablesen, ob wir noch Menschen werden können oder Sklaven bleiben.

Wohngemeinschaft

Damit meine ich jetzt nur die zeitbegrenzte Behausung einer Wohnung von drei oder vier Bewohnern – Studenten zum Beispiel. In erster Linie kommt es in diesem Fall darauf an, dass ich überhaupt ein Dach über dem Kopf habe, das nicht zu teuer ist. Es kommt darauf an einen trockenen und ruhigen Platz zum Lernen zu haben. Andere Befindlichkeiten spielen nur eine untergeordnete Rolle, auch wenn Jenny sich bei Lucy darüber ausheult, dass Jonathan nie die Toilette putzt.

Vorgehensweise bei Störungen:

Mitbewohner zur Rede stellen! Bei Uneinsichtigkeit mit gleicher Münze heimzahlen! Bei dauerhafter Störung sich des Mitbewohners oder der Mitbewohnerin entledigen! Entweder er/sie oder ich – oder umziehen!

Wohnung

Viele Menschen machen den Fehler, eine Wohnung zu suchen, die ihren Vorstellungen entspricht, anstatt eine Vorstellung zu suchen, die freien Wohnungen entspricht. Der einen gefällt die Lage nicht; dem anderen ist das Badezimmer zu klein; es stört eine Schräge im Dachgeschoss; oder es fehlt der Aufzug. Irgendetwas finden die verzogenen Kevins und Julias von heute immer. Da fragt man sich schon immer häufiger, ob diese Herrschaften lieber wohnen als arbeiten wollen.

Wie vorgehen?

Zuerst einmal überlegen, wofür ich die Wohnung brauche und wie viel Geld ich zur Verfügung habe! Wenn mir die Präsentation vor den Bekannten wichtig ist, muss ich Kompromisse eingehen: Die Wohnung mit anderen teilen – auf den Strich gehen oder anders prostituieren – Papa oder Ehemann anbetteln. Ist mir Ruhe wichtig, habe ich weniger Sorgen: Ich suche mir eine kleine Wohnung, die ich finanzieren kann und habe meine Ruhe.

Das geht allerdings nicht mehr, wenn ich mich irrtümlicherweise reproduziert habe. In diesem Fall ist der Zug der Ruhe für immer abgefahren.

Zeit und Zeitverschwendung

Ein schwieriger, aber endlich einmal ebenbürtiger Gegner.

In welche Epoche ich hineingeboren wurde, kann ich nicht beeinflussen. Aber ich muss nicht alles mitmachen, was die anderen in dieser Epoche anstellen und ausprobieren. Ich kann auf Auto, Smartphone und Fernsehen verzichten, wenn ich das will, und der Zeit im positiven Sinne den Rücken kehren. Und ich kann mir das Positive aus allen vorangegangenen Epochen aussuchen und weiterführen. In dieser Hinsicht sind wir Heutigen in einer einzigartigen Lage: Wir haben Beethoven. Wir haben Kant. Wir haben Feuerbach. Mit einem Wort: Uns steht die Vergangenheit zur Verfügung. Es ist an uns, das Beste daraus zu wählen. Dass es oft keine Wirkung zeitigt, liegt an jedem selbst.

Schwieriger ist es, den richtigen Zeitpunkt für bestimmte Entscheidungen zu treffen. Hier bedarf es einer mehr oder weniger langen Lernphase, wenn ich denn lernfähig bin. Viele schaffen das nie und verpassen auch noch den richtigen Zeitpunkt ihres Sterbens, nachdem sie es jahrzehntelang verpasst haben richtig zu leben. Aber wer sich konzentriert und weiß, was denken heißt, der kann es schaffen, fast alles im Leben richtig zu machen und immer den richtigen Zeitpunkt auszuwählen. Leider wirken Ungeduld, Trägheit und Dummheit oft dagegen.

Auch für Zeiträume braucht man ein Gespür und das Denken. Eine Beziehung ist normalerweise nach ein paar Monaten oder Jahren vorbei. Das ist die Natur von Beziehungen. Wenn sich nichts mehr aufeinander bezieht, ist es eben vorbei; und es besteht keine ‚Beziehung' mehr. Sonst würden sie ja ‚Ewigungen' heißen; und dieses Wort gibt es nicht.

Warten – Störungen – andere Menschen: So etwa lässt sich diese Notgemeinschaft in Kürze behandeln. Vielleicht sollte ich aber doch genauer auf einzelne Beispiele eingehen, da wir die Dinge auch etwas differenzierter betrachten können. Die Zeit des Wartens etwa ist nur verschwendet, wenn wir nicht vorbereitet sind. Wir müssen auf eine Bekannte warten, mit der wir verabredet sind, weil sie über kein Zeitmanagement verfügt und zur abgemachten Zeit immer noch vor dem Schminktisch sitzt. Dann stehen wir da wie bestellt und nicht abgeholt und sehen unseren Beinen zu, wie sie in den Bauch wachsen. An der Bushaltestelle oder in der U-Bahn macht es jedoch nichts aus, wenn wir ein paar Minuten oder auch mal eine halbe Stunde warten müssen, weil wir vorbereitet sind und stets ein Buch zur Hand haben, mit dem wir die Zeit verbringen können. Wir können darin lesen, uns damit vor den Kopf schlagen oder den Rücken kratzen.

Von der Zeitverschwendung durch die Schule können auch andere ein trauriges Lied singen – vor allen diejenigen, die bereits früh wissen, wozu sie ins Leben gestellt sind. Man muss sich da teilweise mit Dingen abgeben, die man sein ganzes Leben lang nicht mehr braucht – teilweise Informationen lernen, die sich später als falsch erweisen – sich mit Lehrern abgeben, die offensichtlich da nicht hingehören und einen anderen Beruf schwänzen.

Und dann die Geißel der Technologie in Bezug auf Reparaturen, Funktionsstörungen, Ausfälle und Einkäufe neuer Geräte! Oder es rufen irgendwelche Vergesslichen unter der falschen Nummer an beziehungsweise nerven Überflussverkaufende mit dummen Anfragen. Oder abgelegte sowie unbedeutende Bekannte plappern irgendetwas von Verabredung oder Lange-nichts-voneinander-gehört-Psalmen. Richtig: Deswegen haben wir ja lange nichts voneinander gehört, weil du mich nicht interessierst, denke ich dann nur. Wenn es zu lange dauert und die Person es nicht bemerkt, sage ich es auch.

Nicht zu schweigen von den so genannten moralischen Verpflichtungen aller Art, die wir uns in erster Linie abgewöhnen sollten: Geburtstagsbesuch bei Tante Gerdi; Geduld heucheln bei der Jammerei eines Bekannten, der nicht den Schneid hat sich von seiner (höflich ausgedrückt) unpassenden Freundin zu trennen; Zeit mit der Mutter verbringen, nur weil sie nichts mit sich anzufangen weiß oder den richtigen Sterbezeitpunkt verpasst hat.

Tage und Jahre gehen durch solchen Unfug ins Land, ohne dass wir Ersatz erhielten. Wir lassen uns unsere Lebenszeit kürzen, als ob wir davon reichlich hätten. Wir haben davon reichlich – egal wie alt wir werden; aber nur, wenn wir den Störenden klarmachen, dass ihre Worte, Anwesenheit und Probleme nicht unsere Sache sind. Müll muss man trennen und adäquat entsorgen und nicht einfach ins Ohr des Nächstbesten oder Nächstgeliebten oder Nächstblöden kippen, sondern selbst seine eigene Verbrennungsanlage kreieren, die aus Philosophie, Alkohol oder Religion (was von der Wirkung her das Gleiche ist) respektive Freitod bestehen kann. Oder einfach mal Sport treiben und auf die Ernährung achten! Das ändert bei den meisten auch schon Vieles.

Mögen die Leserinnen und Leser nun ein Stück weiter gekommen sein!

Nachwort

Alvor lebte noch zehn Tage, nachdem er dieses Werk abgeschlossen hatte. Ich besuchte ihn in dieser Zeit jeden Tag und zählte mit ihm herunter. Wir tranken Whiskey und sprachen über das Wetter und die sich immer wieder erneuernde Natur. Wir spekulierten über seine Wiedergeburt, taten das aber nur im Spaß, da wir beide nicht daran glaubten.

„Wir verfügen über keine Seele", sagte er. „Das ist alles Pfaffenlüge und Angstgeschwätz. Der Sinn unseres Lebens besteht darin, ihm einen Sinn zu geben und die Zeit dazu zu benutzen, unseren Anlagen gemäß zu leben. Andere mögen mein Leben als sinnlos bezeichnen, so wie ich ihr Leben als sinnlos bezeichne. Darauf kommt es aber nicht an. Ich denke, dass ich das Bestmögliche daraus gemacht habe. Und jetzt bin ich müde und mag nicht mehr."

Zwischen uns war auch alles geklärt, sodass wir nicht weiter philosophieren und diskutieren mussten; das hatten wir zur Genüge getan. Der freie Wille, die Entscheidung, um die man sich nicht drücken sollte, die Angst vor dem Tod, die man wie jede Angst überwinden kann, das Nützliche des Alten, das Überflüssige des Neuen und umgekehrt – das war erledigt. Wir sind uns darüber klargeworden.

Zwischendurch legte ich die Musik ein, die er noch einmal hören wollte. Er sprang von Abba zu Eros Ramazotti, Johnny Cash und einer Filmmusik, die ihm zwischendurch immer mal wieder gefallen hatte (Les Choristes, Der Duft von Lavendel und andere). Es war fast wie ein Schnelldurchlauf der Geschichte populärer Musik seiner Lebenszeit. Zu meiner Überraschung hörten wir fast keinen Beethoven – bis auf den Schluss.

„Weißt du, Holger. Es hört sich vielleicht komisch an. Aber selbst davon habe ich mich verabschiedet. Ich habe immer gedacht, dass sterben, auch wenn alles andere dahingehen mag, doch allein deswegen schade bleibt, weil man Beethovens Musik und Nietzsches Literatur zurücklassen muss; vielleicht auch noch das eine oder andere Kleinod – ein Glas Whiskey oder die Zufriedenheit am Abend eines erfolgreich abgeschlossenen Arbeitstages. Es hat mich am Anfang selbst überrascht. Aber jetzt weiß ich, dass das ganz normal ist. Und ich bin auch froh, dass ich sie nicht zurücklassen muss, sondern dass es wirklich gar nichts gibt, was mich zurückhält. Beethovens Leben war eines der sinnvollsten der Menschheitsgeschichte, und ich habe seine Musik bestimmt bis zum Anschlag ausgekostet. Aber ich bin jetzt auch satt. Es ist genauso, als wenn du dich seit Tagen oder Wochen auf dein Geburtstagsfrühstück mit Lachs und Kaviar und auf warmem Röstbrot geschmolzene Salzbutter freust und das alles auch an dem Tag genießt. Aber wenn du das alles genossen hast und noch Zeit und Geld hast, um das Gleiche nochmal zu veranstalten – du kannst einfach nicht, weil dein Magen voll ist. Außerdem würdest du das Gleiche sofort danach gar nicht so genießen können wie beim ersten Mal, als du darauf warten musstest oder einfach nur gewartet hast. Und jetzt bin ich so weit, dass nichts mehr richtig schmeckt oder guttut. Es ist einfach vorbei. Die

Organe sind ausgelaugt oder sogar funktionsunfähig, mögen selbst nicht mehr. Die Sinne sind müde und schwach und wollen aufhören zu existieren. Sie haben ihren Dienst geleistet und möchten ihn jetzt quittieren. Warum sollen wir sie nicht lassen? Es ist alles gesagt. Es ist alles getan. Es ist alles gedacht. Warum dann noch warten und wollen? Was uns danach erwartet, ist nur noch grässliches Ausharren und lebendiges Verwesen."

Ich antwortete meistens nur mit einem Kopfnicken oder einzelnen Worten. Jetzt war seine Zeit zu reden, seine letzte, nicht meine. Ich würde noch genügend Zeit haben meine Gedanken zu äußern oder zu ändern. Aber das gehörte nicht hierher. Hierher gehörte nur noch Zuhören und Begleitung.

„Ein letzter Gedanke beschäftigt mich.", sagte Alvor am Ende. „Ich überlege, ob ich dich wegschicken soll, um alleine zu sterben, oder ob ich dich einfach sitzen lassen soll, bis ich gestorben bin."

„Mach, wie du willst!", sagte ich. „Ich glaube, es ist ziemlich egal."

„Das stimmt. Es stirbt sowieso jeder für sich allein.", sagte er. „Aber leg doch noch ein letztes Mal die Mondscheinsonate ein!"

Ich tat es. Wir hörten schweigend zu und sahen beide vor uns hin – ins Alles und ins Nichts. Erst als der letzte Akkord verklungen war, blickte ich wieder zu ihm auf.

Seine Augen waren geschlossen und sein Herz und seine Lungen bewegten sich nicht mehr. Er war durch einen Kuss gestorben. Ich ließ die Mondscheinsonate noch einmal spielen und betrachtete sein entspanntes Gesicht. Dann rief ich den Arzt und regelte alles Weitere.

================

Vom Autoren dieses Buches sind bereits folgende Titel erschienen:

Ein alleinstehender Mann (Franz) Mitte 40 lernt im Urlaub eine Fünfzehnjährige (Iska) kennen. Im Verlauf eines kurzen Liebesverhältnisses kommt es zu einem Autounfall, nach dem die junge Frau ins Koma fällt. Franz bleibt in Iskas Nähe und rekapituliert in den folgenden zwei Jahren sein Leben. Er stellt und beantwortet sich Fragen zu seinem bisherigen Leben, zu Freundschaft, Glück und dem Sinn des Lebens. Zwischen Glück und Trauer trifft Franz auch auf alte Bekannte sowie neue Bekanntschaften, um mit ihnen das Wesentliche im Leben zu eruieren und zu diskutieren, bis er die letzte Entscheidung trifft.

Liv Rugel, eine alleinstehende, kinderlose, einundvierzigjährige Frau begibt sich mit Lumlee, einem Jack-Russell-Terrier, auf eine Wanderung durch verschiedene Länder, deren Namen nicht existieren, die aber an reale Länder erinnern. Sie begegnet einzelnen Menschen und Bevölkerungen, die sich durch bestimmte Lügen und Ungerechtigkeiten auszeichnen. Nachdem Liv und Lumlee immer wieder weiterziehen, weil sie in diesen Ländern nicht länger leben möchten, erreichen sie endlich ein Land, in dem sie sich wohlfühlen und bleiben wollen.

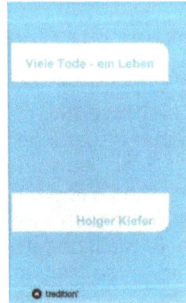

Dies ist ein Buch über Harmonie und Liebe, Glück und Zufriedenheit. Der Autor erlebt während eines Komas die Begegnung und Gespräche mit berühmten Männern wie Dante und Goethe, aber auch Frauen wie Kaufmann oder Arendt. Dazu gesellen sich Bekannte aus dem persönlichen Umfeld des Genesenden. Diese illustren Gesellschaften diskutieren über die großen Themen des Lebens wie Freiheit, Demokratie, Kriminalität, Sterben und Wahrheit. Sie diskutieren aber auch darüber, warum man Romane lesen und das Schöne suchen sollte. Aus dem Koma erwacht beginnt für den Protagonisten ein anderes Leben.

Mona Kanzer und Olos Enegard sind zwei Personen, die füreinander geschaffen sind. Es ist allerdings nicht so leicht sich über den Weg zu laufen und dann auch noch kennen zu lernen. Mehrmals und an verschiedenen Orten sind sie nur ein paar Schritte voneinander entfernt; es kommt aber nicht zur Begegnung. Sie leben auf der Suche und gehen einen ähnlichen Weg, der sie zueinander führen könnte, aber jedes Mal auch wieder trennt.

Zeitfracht Medien GmbH
Ferdinand-Jühlke-Straße 7
99095 Erfurt, Deutschland
produktsicherheit@kolibri360.de